ROMANS POPULAIRES ILLUSTRÉS

BERTALL

CLOTILDE

PAR

ALPHONSE KARR

PREMIÈRE PARTIE.

I. — La Plage de Trouville.

Trouville est un hameau à quelques lieues de Honfleur, que je ne crois célèbre dans aucune histoire. Aujourd'hui il est encombré, à la saison des bains, par des gens qui trouvent *la vie trop chère* à Dieppe, et la plage est décorée de cinq cabanes en osier, recouvertes de toiles grises, où se déshabillent les baigneuses. Mais à l'époque où se passe notre récit — (il y a une vingtaine d'années), Trouville n'avait encore été ni découvert ni dénoncé par les peintres de paysage, et n'était habité, l'été comme l'hiver, que par des pêcheurs et des paysans, qui cultivaient ses péniblement les terres arides et marneuses qui s'élèvent en amphithéâtre derrière le *pays*.

Devant Trouville, la mer s'étend immense et découvre à la marée basse une plage d'un quart de lieue, d'un sable plus fin que du grès pulvérisé. Quand on regarde la mer, on a à sa gauche une petite rivière qui descend du pays haut, et vient se jeter dans la mer. Quand le flot monte, il envahit le lit de *Touque*, qui rebrousse vers sa source et se répand au delà

117.

Le colonel de Sommery, madame de Sommery et M. Raboun.

de ses rives dans les endroits où elle n'est pas suffisamment encaissée.

C'était à la fin d'une chaude journée de juin; le soleil était descendu dans la mer, — une teinte d'un orange vif s'étendait sur le ciel, depuis la mer jusqu'à une ceinture de gros nuages noirs qui pesaient à l'horizon. — Cette teinte allait se dégradant à mesure qu'elle s'éloignait des points où le soleil avait disparu, et passait par toutes les nuances du jaune jusqu'au nankin et à la couleur de saumon pâle. Des flocons grisâtres qui roulaient sur les nuages plus solides prenaient, du jaune du ciel et du noir de ces nuages, des tons d'un vert sinistre.

Le galet s'agitait au fond de la mer et faisait entendre comme un bruit de chaînes.

Le vent soufflait par bouffées et par rafales; le soleil, ou plutôt le reflet qu'il laissait après lui à l'horizon, dorait encore les toits des maisons de Trouville, placées à l'opposite; mais la mer était sombre, et surtout elle paraissait toute noire sous la large bande orange du ciel; seulement le vent enflait les *lames*; et les pointes des vagues plus élevées, traversées par les derniers rayons, étaient vertes et transparentes. — De petits navires se

1

découpaient en noir sur le ruban orange : la coque des bâtiments, les voiles, les mâts, jusqu'aux gros cordages, se distinguaient ainsi à une grande distance.

La plage était couverte de monde : — des pêcheurs avec le bonnet de laine rouge et la chemise de laine bleue. Ils interrogeaient l'horizon d'un regard avide. Une des silhouettes noires se détacha du fond orange ; d'abord elle se présenta plus confuse et plus étroite ; le bâtiment virait de bord : on n'eût pu dire s'il marchait vers la terre ou s'il s'éloignait plus au large. Mais bientôt on le vit moins noir et moins distinct ; il était alors évident qu'il venait à terre, et qu'à mesure qu'il s'éloignait du foyer de lumière du soleil couché, il s'éclairait comme s'éclairaient les maisons de Trouville, et que la teinte mixte qu'il prenait ne faisait plus une opposition aussi tranchée avec la lumière.

— Il vient! dit un des pêcheurs. — La marée baisse, dit un autre, et il n'y a pas moyen d'entrer en rivière. — Les rafales deviennent plus violentes et plus fréquentes en même temps. — La mer ne montera que dans trois heures. — Il se passera plus de cinq heures avant qu'on puisse entrer en *Touque*. — À leur place, j'aurais autant aimé tenir la mer. Leur bateau est neuf, et résistera mieux à la lame qu'à la côte, où on risque de se briser en y venant comme ça par la marée basse. — Avec ça qu'il paraît venter fort à la mer. — Il n'y a pas un navire qui ait une voile dehors, — Ils ne sont pas maintenant à plus d'un demi-quart de lieue! — Oui, mais la lame brise furieusement et, ils commencent à rouler. — Ils n'approchent plus! — Non, même ils s'éloignent. — Je savais bien qu'ils ne pourraient pas aborder. — Ils vont aller au Havre. — Mais qu'est-ce que je vois flotter? — Il m'avait semblé voir en effet quelque chose tomber du bateau. — Ça ne peut être un homme, le bateau ne s'éloignerait pas. — C'est pourtant un homme tout de même. — Pas possible. — Baisse-toi sur le sable jusqu'à ce que tes yeux soient à la hauteur de la bande orange. — C'est un homme! — Comment, le bateau l'abandonne donc? — Le bateau ne fait peut-être pas tout ce qu'il veut. — Il nage. — Et vigoureusement, car il est contre le flot, et il a l'air de se rapprocher un peu. — Il approche en effet. — Voilà une lame qui le recule. — Il n'est pas du tout sûr qu'il arrive. — J'aimerais mieux faire trois lieues avec le flot.

Tout le monde avait alors suivi le conseil donné par l'un des pêcheurs, car la nuit approchait, et, quand on était debout, l'homme qui était à la mer ne ressortait en rien sur le flot : mais quand on le regardait de bas et obliquement, il formait une aspérité qui le dessinait sur l'horizon déjà bien pâli.

L'émotion était au plus haut degré ; le nageur courait évidemment les plus grands dangers. Il n'y avait pas moyen de mettre une chaloupe à la mer : elles étaient à sec, vu la marée basse, à plus de deux cents pas de la mer ; et d'ailleurs, quand on eût pu en traîner une jusqu'à la mer, à force de bras et avec des rouleaux, elle n'eût probablement pas pu revenir à terre sans avoir, comme le bateau plus fort et mieux gréé, la chance d'aller aborder au Havre ou à Fécamp.

Par moments, le nageur semblait maîtriser la mer ; il plongeait comme une mouette sous les lames qui brisaient en écume blanche, ou glissait sur les autres et s'avançait assez rapidement ; mais d'autres fois plusieurs lames successives le repoussaient, l'entraînaient et lui faisaient perdre en peu d'instants le trajet qu'il avait mis un quart d'heure à faire.

Cependant, quoiqu'il avançât avec lenteur, il avançait toujours, et on ne tarda pas à le distinguer assez pour s'apercevoir que de temps en temps il relevait avec la main ses longs cheveux, et les rejetait en arrière, ce qui, par une mer aussi clapoteuse, annonçait une grande liberté de mouvements et d'esprit.

— Oh ça! dit un des pêcheurs, est-ce que maître Tony était à la mer? — Sans doute, il ne manque guère de monter le bateau de son père, et il aime le mauvais temps comme un goëland. — C'est que, Dieu me pardonne, je crois que c'est lui. — Comment, lui? — Oui, je crois que c'est lui qui est à la mer. — En effet, il n'y a guère que lui et le patron de son père qui soient capables de faire un semblable trajet par une mer houleuse, et Jean n'a pas les cheveux aussi longs. — Ma foi, le voilà qui va aborder. — La lame le remporte en passant par-dessus lui. — Le voilà revenu sur l'eau.

À ce moment, le nageur fut jeté sur le sable, où il se cramponna contre une nouvelle lame qui, cette fois, ne réussit pas à l'emporter. Il fit quelques pas et sortit de l'eau ; il était lui-même jusqu'à la ceinture, et avait pour tout vêtement un large pantalon de toile. — L'eau dégouttait de ses cheveux ; les galets, lancés par la mer, lui avaient écorché la poitrine et les épaules. — Il se secoua, donna la main aux pêcheurs qui l'attendaient sur la plage, et empruntant le paletot de l'un d'eux, il se dirigea vers le bourg. C'était maître Tony Vatinel, qui revenait à Trouville pour faire une partie de loto chez M. de Sommery, colonel de cavalerie en retraite, retiré à Trouville depuis quelque temps.

II. — Le Château.

Il y avait alors à un quart de lieue de la plage, sur la hauteur, une maison assez belle, bâtie sur l'emplacement d'un château depuis longtemps détruit, et qu'à cause de cela on continuait à appeler « le Château. »

C'était la demeure de M. de Sommery, colonel, retiré du service en 1815 avec une fortune plus que suffisante, qui lui avait permis jusqu'alors de passer les hivers à Paris, et les étés seulement dans « son Château » de Trouville. Madame de Sommery, qu'il avait épousée en 1808, à l'époque où les femmes n'aimaient que les militaires, et où ceux-ci ne traitaient en pays conquis aucun pays autant que la France ; madame de Sommery avait vu succéder à une beauté assez commune un excessif embonpoint. Elle s'était aperçue depuis quelques hivers qu'elle ne comptait plus dans le monde, où elle avait cependant continué à aller pour marier sa fille, qui, cette année, venait d'épouser un M. Meunier. M. Meunier était riche et donnait à sa femme une existence élégante et confortable, et madame Meunier se consolait de la vulgarité de son nom en rédigeant ainsi les billets d'invitation à ses bals et à ses soirées :

« M. Meunier et madame Meunier, *née Alida de Sommery*, prient M.... de leur faire l'honneur, » etc., etc.

M. et madame de Sommery avaient décidé qu'ils passeraient à l'avenir toute l'année à Trouville, autant que madame de Sommery pouvait décider quelque chose dans la vénération, dans la religion qu'elle avait pour son mari, qui était à ses yeux le plus grand homme des temps modernes ; simplicité dont je n'ai pas trop le courage de rire.

Pour M. de Sommery, c'était tout autre chose. Il n'avait avec sa femme qu'un point de contact ; c'était la profonde admiration qu'il professait pour lui-même et l'importance qu'il attachait à son moindre geste, à la plus simple syllabe qui tombait de ses lèvres. C'était un de ces composés de croyances bêtes et d'incrédulités systématiques qui seraient bien extraordinaires s'ils n'étaient si communs aujourd'hui. Il avait pour Voltaire le culte qu'il refusait positivement à Dieu. Il se piquait de ne pas saluer les morts ni le Saint-Sacrement, et de traverser les processions de la Fête-Dieu le chapeau sur la tête. — Le but de ses attaques était perpétuellement l'abbé Vorlèze, le curé de Trouville, avec lequel il jouait cependant aux échecs tous les soirs. Mais l'abbé se défendait si peu, qu'il ne servait qu'à faire briller son adversaire. M. de Sommery avait souvent bien de la peine à lancer dans la discussion l'abbé, — semblable à ces daims d'un parc royal où l'empereur Napoléon voulait un jour chasser, et que des piqueurs étaient obligés de poursuivre à coups de cravache pour les faire courir.

M. de Sommery n'était pas moins absurde en politique qu'en religion ; il détestait tout pouvoir quel qu'il fût et quoi qu'il fît. Il ne parlait qu'avec un souverain mépris de tout ce qui avait lui le moindre rapport. — Quand il séjournait à Paris, il grommelait entre ses dents quand il passait près d'un balayeur ou d'un allumeur de réverbères, parce qu'ils ont le malheur d'être sous l'administration de la police. À Trouville, il appelait l'afficheur de la mairie « suppôt du pouvoir, » et ne voyait pas le maire pour ne pas avoir l'air « d'adulter l'autorité. »

En littérature, il connaissait M. de Béranger, et le mettait sans hésiter au-dessus d'Horace, dont qu'il n'avait jamais lu, et aussi Désaugiers, dont il savait plusieurs chansons grivoises. C'était à table surtout qu'il se manifestait dans toute sa splendeur. Il parlait des folies de sa jeunesse, des femmes de chambre de sa mère, ravissantes créatures qui l'adoraient, des petites cousines, aux maris futurs desquelles il avait joué de bons tours, etc., etc.

Mais tout cela ne sortait pas du fond du personnage ; il avait eu soin de faire baptiser ses enfants et de leur faire faire leur première communion, parce qu'il faut « faire comme tout le monde. » Il se soumettait scrupuleusement à toute mesure émanée de la mairie ; et son fils, ayant voulu prendre à la lettre des principes professés par son père, s'en trouva plus d'une fois fort mal. La première fois, pour avoir, à l'âge de douze ans, fait dans l'église des petites galiottes de papier, et les avoir fait flotter sur l'eau du bénitier, il fut puni du fouet, et du pain sec pendant huit jours. Une autre fois, il avait dix-sept ans, il s'avisa de suivre au grenier une grosse servante de la maison, et de vouloir l'embrasser ; — la servante cria, le père survint, souffleta son fils, et lui demanda s'il prenait « sa *maison* » pour un « *mauvais lieu.* »

Il se piquait principalement de n'avoir jamais changé d'opinion, c'est-à-dire d'avoir été toujours du l'avis du *Constitutionnel d'alors*, journal audacieux pour l'époque, qui rendait ses abonnés l'objet d'une surveillance toute spéciale de la part de l'administration.

Il était ce qu'était alors la moitié de la France, à la fois libéral et bonapartiste ; c'est-à-dire quelque chose d'absurde, attendu qu'il n'est pas douteux que Bonaparte, s'il fût resté empereur, eût fait aux idées dites libérales une guerre plus hardie et plus efficace que n'osa jamais la leur faire la restauration. En religion, il faisait l'éloge de la religion protestante, parce qu'elle permet l'examen des dogmes et la discussion. En politique, au contraire, il n'eût pour rien au monde consenti à lire un autre journal que le sien.

Il était toujours de la même opinion, en cela qu'il était toujours contre le gouvernement. Si le gouvernement faisait alliance avec l'Angleterre, il s'écriait : « Perfide Albion! » — Mais, dans tout autre cas, l'Angleterre était la terre classique de la liberté et le berceau du gouvernement représentatif.

Au fond de tout cela, c'était le meilleur homme du monde. Il chérissait sa femme et ses enfants, et il avait généreusement pris soin de la fille d'un de ses compagnons d'armes, qui était mort en la laissant sans aucune ressource. Marie-Clotilde Belfast avait été élevée avec les enfants de son bienfaiteur, Arthur et Alida. Les domestiques n'avaient jamais été admis à faire entre eux la moindre différence, et il n'existait nullement de distinction entre elle et les enfants de la maison, que la déférence de Clotilde, qui était une fille adroite et perspicace, manifestait pour eux sans que personne eût jamais eu l'air de l'exiger. Ainsi, quand il s'agissait d'une promenade, et que les trois enfants devaient donner leur avis sur le lieu du départ, elle était toujours de l'opinion des autres; en fait de parure, sans affectation, elle savait ne rien choisir qu'après qu'Alida avait laissé percer son goût, pour lui laisser ce qu'elle préférait. — Elle avait une fois renoncé à une coiffure qu'elle aimait, parce qu'on avait dit qu'elle lui allait mieux qu'à mademoiselle de Sommery.

Depuis le mariage d'Alida, les deux jeunes filles avaient cessé de se revoir, et d'ailleurs Alida avait changé d'idées à son égard. — Dès le lendemain de leur mariage, il se révéla aux filles une foule d'idées dont elles ne paraissaient pas même avoir le germe. Alida se rappelait avec inquiétude que son père devait doter Clotilde, et que cette dot serait prise sur la fortune dont une partie devait lui revenir. Ses lettres à Clotilde devinrent froides, puis elle n'écrivit plus.

Arthur de Sommery était alors surnuméraire à Paris, au ministère des finances; cette épreuve nécessaire, après laquelle les protecteurs de M. de Sommery devaient le pousser aux plus hauts emplois de l'administration. Car ce bon M. de Sommery, malgré sa haine et son mépris pour les *courtisans*, choyait fort les gens qui pouvaient être utiles à lui ou à ses enfants.

Arthur était fort amoureux de Clotilde, qui n'avait rien négligé pour augmenter cette passion, quoique le jeune homme ne lui plût pas. Arthur, bon, spirituel à un certain degré, n'avait pas la dose d'énergie nécessaire pour dominer une femme comme Clotilde; les femmes n'aiment réellement que les hommes qui sont plus forts qu'elles.

Car, si leurs plaisirs les plus vifs sont de *plaire* et de *commander*, leur bonheur est d'*aimer* et d'*obéir*.

Mais Clotilde était ambitieuse; l'affection de M. et de madame de Sommery lui avait enflé le cœur, et d'ailleurs elle était jalouse d'Alida; elle ne voulait entrer dans le monde que sur un pied au moins égal au sien, et elle caressait avec un bonheur caché l'idée de prendre ce nom de Sommery qu'Alida avait quitté, et qu'elle regrettait. Les déclamations de M. de Sommery contre la *vanité des castes nobles* tombaient dans son cœur, et elle les prenait malgré elle au sérieux.

Les dispositions qu'elle avait apportées à Trouville avaient été un peu altérées depuis quelque temps par la présence de Tony Vatinel. Ce jeune homme, fils d'un patron de barque, maître Vatinel, maître de Trouville, assez riche pour l'endroit et pour la profession, avait été par son père envoyé à Paris pour y faire ses études. Tony était revenu cette année et avait revu avec enthousiasme la mer et les bateaux. Il avait reconnu tous les pêcheurs et tous les marins de Trouville, et il passait sa vie avec eux, se promettant bien de ne plus remettre les pieds à Paris. C'était une nature vigoureuse et absolue; il lui fallait l'Océan, ses vents, les dangers. Le curé l'aimait beaucoup et l'avait fait inviter chez M. de Sommery, où il passait presque toutes ses soirées. Il n'avait pas tardé à devenir amoureux de Clotilde.

Clotilde, en effet, était une ravissante créature; elle était surtout bien complètement femme.

Nous l'avons dit ailleurs: « La nature n'avait fait que des femelles; c'est l'homme qui a créé la femme. »

Les femmes des marins, hâlées, robustes, hardies comme leurs maris, avec les jambes nues et rouges, les mains noires et calleuses, la voix haute et éclatante, la démarche ferme et assurée, buvant de l'eau-de-vie et du genièvre, mettant la main à la manœuvre et portant des fardeaux, sont des femelles que les mâles de leur espèce caressent une fois au printemps, pour leur faire un petit qu'elles mettent bas au commencement de l'hiver.

Mais il n'y a pas moyen de les aimer, de les adorer, de déposer devant elles la *riche offrande des prémices du cœur*.

Clotilde, au contraire, était remarquablement petite, svelte, légère; ses pieds étroits semblaient si peu faits pour marcher qu'on lui cherchait presque des ailes. — D'épais cheveux blonds tombaient en flocons des deux côtés de son visage, si fins, si déliés, que l'haleine de la personne qui lui parlait les agitait et les faisait frissonner. Sa voix était harmonieuse et douce; ses pas aussi peu bruyants que ceux d'un chat; simple, naïve, ignorante en apparence, elle était réellement pleine d'adresse et d'une pénétration infinie. Tony n'eût pas osé l'aimer, il l'adorait. Elle subissait l'influence de ce jeune homme si beau, si fier, si robuste, si audacieux, et devant lui elle se sentait troublée et dominée. — Seulement elle l'aimait en femme, c'est-à-dire tel qu'il était.

Lui aimait en elle tous les rêves de son cœur et de son esprit, tout ce qu'il y a de beau sur la terre et dans le ciel, tout ce qu'elle n'était pas.

Voilà au milieu de quels personnages entra Tony Vatinel, après être allé s'habiller chez lui et avoir de son mieux essuyé ses cheveux noirs tout empreints de l'eau salée.

La pièce où entra Tony Vatinel était au premier étage, grande, mais basse, — Une poutre peinte en blanc, comme le plafond qu'elle soutenait, la traversait dans toute sa largeur. — Elle était tendue de grandes tapisseries à personnages, représentant le jugement de Pâris, d'un côté, et de l'autre Hercule filant aux pieds d'Omphale. — Les fenêtres étaient arrondies par le haut; entre les deux fenêtres était une console autrefois dorée et recouverte d'un marbre rouge et blanc. La cheminée, faite du même marbre, était large, médiocrement élevée, et contournée dans le style d'ornement du temps de Louis XV.

Deux grands fauteuils en tapisserie restaient comme vestiges de l'ameublement du château. Ils étaient placés aux deux coins de la cheminée, et servaient de guérite à M. et à madame de Sommery. Quand il venait une visite peu habituelle, M. de Sommery offrait son fauteuil; mais, si on avait le malheur de l'accepter, il ne le pardonnait jamais. L'abbé Vorlèze, homme de sens, l'avait refusé positivement à la première visite. Il savait que « les petites choses font les grandes; » que Louis VII, en coupant sa barbe, attira sur la France trois cents ans de guerre, et fit périr trente et un millions de Français, ainsi que nous l'avons démontré dans notre livre intitulé *Énerley*, livre que l'on a jusqu'ici, nous ne savons pourquoi, négligé d'imprimer en lettres d'or.

Madame de Sommery, à laquelle son mari permettait d'avoir de la religion, parce que c'était un contraste qui donnait plus d'éclat à son affectation d'impiété, souffrait intérieurement de se voir mieux assise que l'abbé, car le reste de l'ameublement se composait de chaises modernes.

Elle avait tenté, par toutes sortes de moyens, de lui donner son propre fauteuil; mais M. de Sommery lui avait dit: — Ne ramenons pas, par un fanatisme aveugle, la suprématie du clergé. Il avait ajouté à cette phrase du *journal* l'anecdote de *café* des moines espagnols, qui laissent leurs sandales à la porte des femmes, pour avertir les maris qu'ils ne doivent pas entrer. Il n'y aurait eu dans la maison que Clotilde pour trouver ridicule qu'on traitât de fanatisme aveugle le désir d'offrir un fauteuil au curé, et qu'on craignît de voir *séduire les femmes*, l'abbé Vorlèze, qu'on n'avait, de sa vie, jamais distingué les femmes des hommes que par ce signe, qu'elles ont des jupes et pas de chapeaux ronds.

M. et madame de Sommery tenaient donc les deux coins de la cheminée, et chacun d'eux avait devant lui une table et deux bougies. — Sur la table de M. de Sommery était un échiquier, et en face de lui l'abbé Vorlèze. — A l'autre table, Clotilde, Alida Meunier et Arthur de Sommery.

Aussitôt qu'on vit entrer Tony Vatinel, Arthur se rapprocha de Clotilde assez pour qu'elle fût obligée de se reculer un peu; cela la contraria. Elle avait ménagé entre elle et madame de Sommery une place destinée à Tony, et cette place n'existait plus. — Son côté droit, défendu par Arthur, était également inabordable. — Tony s'assit en face d'elle, entre Arthur et madame Meunier (née Alida de Sommery.)

L'abbé Vorlèze avait une sorte de redingote violet-foncé; cette redingote sans taille, serrée au corps, le faisait paraître encore plus long et plus mince qu'il n'était, quoiqu'il le fût extrêmement. — Sa figure, pâle et maladive, avait une sérénité, une bonhomie, qui le faisaient aimer à la première vue. Il avait la voix calme et très sonore. Il fallait l'écouter quelquefois pour l'entendre dans les discussions que M. de Sommery avait quelquefois avec lui; M. de Sommery n'entendait jamais un mot de ce que lui répondait l'abbé, et sûr qu'au lieu de lui répondre à son tour, il réfutait non l'argument qu'énonçait l'abbé, mais celui auquel lui, M. de Sommery, croyait avoir la réplique la plus triomphante.

M. de Sommery avait les cheveux gris, ramenés et collés sur les faces, le teint un peu rouge, les sourcils habituellement froncés, non que cela peignît rien de féroce qui se serait passé au dedans de lui, mais c'était une suite de l'habitude qu'ont beaucoup d'anciens militaires de se donner un air sévère et méchant qui en impose singulièrement au bourgeois. — D'épaisses moustaches, plus noires que ses cheveux, cachaient entièrement sa bouche et tout ce qu'elle eût exprimé de bon.

Il était vêtu d'une redingote bleue descendant presque jusqu'à terre, d'un gilet jaune-pâle et d'un pantalon de la couleur de la redingote, tombant sur les bottes, sans être retenu par des sous-pieds. Le ruban de la Légion d'honneur couvrait tout l'espace compris entre les deux boutonnières d'en haut du revers gauche de la redingote; il portait, même à la maison, un très-haut et très-inflexible col noir avec baleine avec un liséré blanc.

Madame de Sommery avait une robe de mérinos amarante, à taille courte et à manches étroites; un faux tour de cheveux noirs, un bonnet surchargé de rubans jaunes. — Jamais une figure ne peignit plus d'apathie; elle n'avait de force que pour exister et faire à peu près mouvoir ce gros corps qui semblait n'avoir pas été prévu dans ce que la nature lui avait donné de puissance motrice.

Madame Meunier, née Alida de Sommery, était une femme quelconque, avec une robe, une figure, des poses, des gestes, une voix également quelconques, mais le tout, robe, gestes, voix, figure, à la dernière mode de *Paris*.

Elle était en cela toute pareille à M. son frère Arthur de Sommery. C'est ce qui m'empêche, ô ma belle lectrice, d'insister sur le portrait de ces deux personnages. Si je les peignais exactement, ils seraient costumés à la mode de 1815, ce qui ne vous représenterait nullement des dandys; si, au contraire, pour. vous mieux représenter la chose, je les habillais à la mode d'aujourd'hui, ce serait mentir à l'histoire...

III.

Il y a là un trait que plus de trois millions de personnes trouveraient spirituel, et dont je me prive, ô ma belle lectrice, parce que vous ne seriez peut-être pas de cet avis.

Je pourrais, je devrais ajouter : « Et pendant que je peindrais la mode d'aujourd'hui, elle aurait déjà changé. »

Je n'ajoute pas cette ligne et demie, et voici mes raisons :

J'ai commencé à regarder la mode en France comme on regarde tout, avec une idée toute faite sur les choses que l'on va voir : — déesse inconstante, capricieuse, bizarre, etc., etc. ; — de même que, pendant plusieurs centaines d'années, on n'a vu dans une tempête que Neptune en courroux, dans une moisson jaunie que la blonde Cérès. — C'est-à-dire que les descriptions ne se font pas d'après les objets eux-mêmes, mais d'après d'autres descriptions. Mais, en examinant de plus près, j'ai vu qu'il n'y a rien de si peu mobile que la mode, que l'on peut la figurer comme l'éternité, par un serpent qui se mord la queue. En effet, voici, depuis que j'existe, les audaces que j'ai vu faire à la mode.

Une année, on porte les gilets trop longs, l'année d'après on les porte trop courts; la troisième année, trop longs, et la quatrième, trop courts. Les pantalons trop larges deviennent trop étroits, pour redevenir trop larges. Le chapeau élargit et rétrécit ses bords.

Les femmes passent des tailles longues et des manches larges aux manches justes et aux tailles courtes, pour revenir l'année prochaine à ce qu'elles ont abandonné cette année.

La passe des chapeaux, comme disent les journaux de modes, se porte très-large, puis très-étroite, puis très-large, etc.

Si quelqu'un s'avise de vouloir sortir de ce cercle, on crie haro sur lui.

On n'a jamais osé changer les formes des hideux chapeaux des hommes. — Celui qui l'essaierait risquerait d'être lapidé et déchiré par le peuple le plus poli et le plus changeant de la terre.

En 1832, les jeunes gens se sont grisés pour se donner l'audace de porter des chapeaux roses. — C'était fort laid, il faut le dire; et les-dits jeunes gens pensaient par là, tant le moindre changement a de gravité, renverser le gouvernement, si tant est qu'il y ait un gouvernement en France. Eh bien ! le peuple les a battus et la police les a plongés dans des cachots; sans cela, ce seul changement de couleur d'une douzaine de feutres eût inévitablement ramené les horreurs de 1793.

Il est difficile de voir un pays plus attaché à la forme de son chapeau.

Je n'admets donc pas que la mode soit si capricieuse et si mobile qu'on le prétend. — Loin d'être une déesse légère, fugitive, prismatique, avec une écharpe couleur arc-en-ciel, c'est une vieille sibylle, radoteuse et monotone.

Voilà pourquoi je me suis abstenu du trait en question.

IV.

Clotilde avait une robe d'un vert très-foncé. — Tony Vatinel, un paletot large de gros drap bleu; ses cheveux n'étaient pas encore séchés; aussi, quand il entra, Clotilde lui dit : — Oh! mon Dieu, comme vous venez tard, et comme vous voilà fait!

Tony conta qu'il avait monté sur un des bateaux de son père, qui devait rentrer de bonne heure, mais que le vent ayant obligé le paron d'aller relâcher à Fécamp, il s'était fait approcher le plus près possible de la plage et était venu en nageant, ce qui lui avait pris un eu de temps, parce que la mer était assez mauvaise.

La manœuvre d'Arthur n'avait pas échappé à Tony, et il avait vu s'évanouir comme les ombres légères toutes les espérances qu'il était venu chercher à travers un si grand péril.

La veille, en effet, deux fois en remettant dans le sac les boules du loto, après les parties jouées, sa main avait touché celle de Clotilde, et il lui avait semblé que Clotilde apportait à ramasser ces boules une lenteur affectée qui prolongeait ce contact de leurs deux mains. Ç'avait été pour Tony Vatinel une impression si neuve et si ravissante, que sa vie n'avait plus pour but que de la retrouver. Clotilde, pour lui, était quelque chose de si prodigieusement au-dessus de l'humanité, que le soupçon seul d'être aimé d'elle l'élevait lui-même à ses propres yeux.

Depuis la veille, il avait vu se reculer l'horizon de sa vie. Tout avait changé d'aspect : ce n'était plus la même terre sur laquelle il marchait; ce n'était plus le même soleil qui l'éclairait; le ciel était d'un autre bleu. Tout ce qui l'intéressait auparavant s'était rapetissé ou avait complètement disparu. Il ne s'agissait plus que d'une chose, c'était de sentir la main de Clotilde toucher la sienne.

Il s'assit assez triste à la place que lui avait assignée la stratégie d'Arthur, n'attendant du jeu de loto, pour ce soir-là, que la somme de plaisirs qu'il renferme réellement en lui-même.

A ce moment, M. de Sommery commença à élever la voix et à rompre le silence qu'il gardait depuis un quart d'heure. Il venait de tirer d'affaire sa dame, tenue opiniâtrement en échec par le cavalier

de son adversaire. La bataille changea de face, il prenait à son tout l'offensive, et il accablait de sarcasmes l'abbé en péril. — L'abbé, j'ai l'honneur de vous prendre ce pion. L'abbé, c'est bien malgré moi que je dis échec au roi. Votre roi n'est plus en échec, mais il faut sacrifier ou la tour ou le fou. — Décide si tu peux, et choisis si tu l'oses. Vous sacrifiez la tour, abbé démantelé que vous êtes. — Mais nullement, reprit l'abbé. — La tour sera à moi dans trois coups, vénérable prélat. — Je ne crois pas. — Vous allez voir, martyr très-illustre, intrépide défenseur de la foi.

— Je le crois bien maintenant, dit l'abbé Vorlèze, mais vous me troublez par vos plaisanteries; on ne peut jouer aux échecs en parlant ainsi. Le jeu d'échecs doit avoir tout le sérieux d'une bataille véritable.

— Mais, cher abbé, soldat du Dieu des armées, le combat n'exclut pas le discours. Voyez les héros d'Homère et de Virgile, ils ne manquent jamais de se lancer chacun une trentaine de vers à la tête avant d. se porter d'autres coups; que diriez-vous donc si je vous traitais seulement comme Turnus traite le pieux Enée? — Je vous ferais, dit l'abbé en souriant, ce qu'Enée fit à Turnus, je vous gagnerais la partie. — Vous voyez bien, apôtre, que vous n'êtes pas insensible aux douceurs de la réplique; mais; puisque cela vous trouble, je ne dirai plus un mot.

Le silence se rétablit pendant quelques instants; mais l'avantage demeurant toujours au colonel, il ne tarda pas à trouver un nouveau moyen de harceler le curé sans sortir des termes de la capitulation.

Il se mit, selon la circonstance et la pièce menacée, à fredonner des airs, dont les paroles étaient assez connues pour que l'air les rappelât sans qu'on eût besoin de les dire, et il chantonna tour à tour entre ses dents :

> La tour, prends garde...
> Où allez-vous, monsieur l'abbé...
> Viens, gentille dame...
> Le bon roi Dagobert...

Echec au roi, abbé, je suis forcé de le dire. — Vous ne m'en voudrez pas pour le mot, le seul que j'aie prononcé depuis vos plaintes.

M. Vorlèze fit faire à son roi un pas de côté pour le tirer d'échec, et M. de Sommery continua à chanter :

> Malbrough s'en va-t-en guerre...
> God save the King. — Domine salvum fac regem.

Mais la confiance de M. de Sommery lui devint fatale, et ce fut bientôt lui qui, à son tour, eut à défendre son roi. Il redevint alors morne et silencieux; et quand l'abbé s'avisa de fredonner, par représailles et en prenant une tour, l'air :

> La tour, prends garde...

le colonel fit avec la langue un claquement d'impatience 'et de mauvaise humeur, et il renvoya du pied Baboun, qui était resté au coin du feu toute la soirée.

Je n'ai pas encore parlé de Baboun. Baboun était un petit chien anglais noir, à poil ras, le museau et les pattes orange; Baboun avait servi avec son maître, M. de Sommery, dans les carabiniers. Né au régiment, véritable enfant de troupes, Baboun avait six ans de service, trois campagnes, une blessure et des rhumatismes; les soldats prétendaient que Baboun avait le rang de brigadier dans le régiment. Baboun avait quitté les drapeaux en même temps que le colonel, et tous deux étaient venus prendre leurs invalides à Trouville.

Baboun était vieux, le jais de son dos et de ses tempes était mélangé de poils blancs. — Il restait volontiers couché une partie du jour sur un coussin de velours d'Utrecht vert, au coin du feu et assis entre les jambes de M. de Sommery; ce n'était plus, à beaucoup près, le Baboun d'autrefois, leste, fringant, le premier levé quand on sonnait le réveil, toujours prêt à monter sur le cheval de son maître pour le mener à l'abreuvoir; toujours sautant, courant, rentrant exactement à l'heure des repas et à celle de la retraite. Baboun était devenu lourd et paresseux. Si on l'appelait, il détirait ses pattes, bâillait, prenait la plus refrognée de ses mines, et s'avançait au pas. Je dirai plus, Baboun devenait morose et humoriste, et on le réveillait sans ménagement. Il grommelait entre le reste de ses vieilles dents, qu'il montrait en rechignant et retirant ses babines. Il devenait difficile et dédaignait des mets qu'il n'eût pas osé rêver quand il était au service. Il n'aimait pas être réveillé de bonne heure, et s'endormait aussitôt le dîner fini. Si le chat de la maison s'avisait de vouloir jouer et venait se frotter contre lui en faisant le gros dos, ce qu'autrefois Baboun eût pris parfaitement, un sourd grognement annonçait qu'il ne voulait pas être troublé dans sa méditation, et si le chat insistait, il ne devait pas tarder à faire un bond en arrière, pour éviter un coup de croc que le pauvre Baboun donnait dans le vide. Ses dents claquaient les unes contre les autres, et ses yeux mornes se ranimaient un moment et lançaient des éclairs qui ne tardaient pas à s'éteindre. — Si Baboun eût su parler, il eût radoté.

Néanmoins, la fin de la vie de Baboun devait être douce; il était aimé de tout le monde et respecté des domestiques. Il n'était pas permis de le tutoyer, et en parlant de lui, on devait dire monsieur Baboun.

Le médecin de la famille donnait des soins à Baboun, car M. de Sommery n'eût jamais consenti à le livrer à un simple vétérinaire. Baboun adorait M. de Sommery : quand celui-ci sortait pour une course que le grand âge de Baboun ne lui permettait pas d'entreprendre, le pauvre chien se tournait et se couchait du côté de la porte d'entrée du salon, et longtemps avant qu'on pût entendre le moindre bruit, il sentait l'approche de son maître, il redressait les oreilles, agitait son nez noir, se levait et allait renifler par-dessous la porte ; et quand M. de Sommery entrait, c'étaient des trémoussements, des souvenirs de bonds et de sauts, de petits cris de joie. M. de Sommery alors le faisait sauter par-dessus sa canne, mais il avait soin de la mettre très-bas et de la baisser encore si le saut de Baboun paraissait manqué. Hélas ! quelques années avant, Baboun sautait ainsi plusieurs fois de suite et à une grande hauteur par-dessus le sabre du colonel. Maintenant un saut l'essouffle et il ne tarde pas à aller se coucher sur son canapé, où il reste quelques minutes la langue pendante, la respiration fréquente et le flanc agité.

Baboun, poussé du pied par son maître, se lève et le regarde tristement. — Viens, viens, dit M. de Sommery, viens, mon vieux camarade, reviens prendre ta place. C'est l'abbé qui me met de mauvaise humeur. Reviens à ta place. Baboun revint en remuant la queue ; il lécha la main de son maître qui le flattait, et se remit sur son coussin de velours vert, et il ne tarda pas à oublier ce petit chagrin dans un sommeil profond et bienfaisant.

— Colonel, dit l'abbé Vorlèze, j'aurai la douleur de vous enlever ce *fou*. — Comment, comment, monsieur Vorlèze ? — Hélas ! oui, monsieur de Sommery, votre *fou* blanc est perdu.

— Il me semble, l'abbé, que vous pourriez dire simplement que vous me prenez un *fou*, si toutefois vous pensez que je suis aveugle ou que je ne sais pas le jeu, sans faire des plaisanteries inutiles, et que ne comporte pas un jeu sérieux. — *J'ai la douleur*, — *hélas!* etc.

— Hélas ! mon bon monsieur de Sommery, dit le curé, je n'ai pas l'imagination assez féconde pour avoir inventé ces plaisanteries que je croyais innocentes, et que je n'hésiterais pas à déclarer mauvaises, puisqu'elles vous contrarient, sans cette circonstance embarrassante que je ne fais que répéter ce que vous me disiez il y a un quart d'heure.

— Il y a un quart d'heure, reprit M. de Sommery, la partie n'était ni si intéressante ni si avancée.

L'abbé ne répondit pas et continua à jouer. Deux coups après, il prit avec sa *reine* un *cavalier* qui s'était aventuré aux alentours de la résidence royale et avec lequel M. de Sommery comptait, le coup suivant, mettre en échec le *roi* de son adversaire. — L'abbé prit le *cavalier* sans rien dire, et mit sa *dame* sur la case du vaincu. — Mais, que faites-vous, l'abbé ?

L'abbé, sans parler, replaça le *cavalier* et la *reine* sur les cases qu'ils occupaient avant le coup, et le recommença. — C'est juste, mais on ne prend pas ainsi sans rien dire : il n'y a pas moyen de contrôler les coups, c'est une véritable surprise, et il ne doit pas y en avoir au jeu d'échecs. — Mais, colonel, vous vous fâchez quand je parle et aussi quand je ne parle pas. — Je me fâche, je me fâche ! je ne me fâche pas, ou plutôt je me fâche, c'est vrai, mais avec raison ; parce que vos paroles, comme votre silence, sont une plaisanterie de mauvais goût et un sarcasme déplacé. Ou vous m'enlevez mes pièces sans m'en avertir, ou vous me dites : *J'ai la douleur de vous prendre,* — *hélas !* — Monsieur de Sommery, dit l'abbé confus, j'aime mieux vous rendre votre cavalier. — Tenez, voilà bien les gens d'église, dit M. de Sommery ; avec leur fausse humilité on croirait qu'ils cèdent, et cette parole soumise qu'ils laissent dévotement tomber de leurs lèvres, les yeux baissés et la voix tremblante, n'est autre chose qu'une nouvelle insulte.

Ici le regard et la voix du colonel reprirent de la douceur et de l'enjouement ; il était content de revenir à son attaque si bien amenée contre l'Eglise, il triomphait. Il ajouta en souriant : — Allons, allons, l'abbé, ne soyons pas tartufe, même aux échecs. Et il se mit à rire de tout son cœur, d'un rire bruyant, d'un rire de maître de maison prenant d'avance pour lui seul toute la gaieté que pouvait produire le mot qu'il croyait avoir dit. Il était tard, l'abbé se retira. — J'espère, l'abbé, que vous n'êtes pas fâché ? dit M. de Sommery, et il lui fit répéter plusieurs fois une réponse négative ; il se leva pour lui souhaiter le bonsoir en lui serrant les mains. L'abbé se retira touché de ces manifestations inusitées. — S'il fût resté, je crois que M. de Sommery l'eût fait asseoir dans son fauteuil, tant le brave colonel était bon homme au fond, et, tout en aimant à sabrer, était désolé de la pensée d'avoir blessé quelqu'un. Néanmoins, quand l'abbé fut parti, il reprit sa thèse contre les gens d'église. Il fit l'éloge de la religion protestante qu'il ne connaissait pas, et de l'abbé Châtel, qui venait à Paris de se faire sacrer évêque par un ancien évêque assermenté, devenu épicier rue de la Verrerie, et qui avait, rue de la Sourdière, une église de garçon garnie, au premier au-dessus de l'entresol, où la cheminée servait d'autel, et le portier, sexagénaire, d'enfant de chœur ; puis il finit par un discours sur le fanatisme et sur la tyrannie du clergé ; le tout à propos du pauvre abbé Vorlèze qui, depuis deux ans, demandait inutilement qu'on fît au presbytère quelques réparations dont l'urgence l'eût rendu inhabitable pour un homme moins simple et moins craintif. On finit alors la partie de loto, et Tony Vatinel se re-

tirait fort triste quand Clotilde s'approcha de lui, saisit sa main et y glissa un papier fort petit, sur lequel il lut, quand il fut sorti de la maison : « *Cette nuit, à une heure, à la niche de la Vierge.* »

V.

Quand Clotilde se fut retirée dans sa chambre, quand elle se fut assurée qu'elle possédait la clef de la maison pour pouvoir sortir et rentrer ; quand elle n'eut plus à lutter contre les difficultés de son entreprise ; quand elle ne vit plus d'obstacle à sa volonté, elle eut peur. Seulement alors elle aperçut tous les inconvénients et toute l'imprudence de sa démarche ; la résistance que lui avaient opposée les habitudes de la maison avait irrité sa volonté et l'avait affermie dans une résolution qui l'épouvantait depuis que cette sorte de lutte avait cessé.

Lorsque, dans un taillis, vous apercevez un chevreuil broutant les jeunes pousses des arbres, — vos pieds ont fait frémir les vieilles feuilles des chênes, qui ne sont tombées que lorsque les nouvelles ont paru, — le chevreuil frissonne, lève sur vous deux grands yeux noirs ; puis, détendant les ressorts de ses jarrets d'acier, il s'élance à travers les broussailles. Cette fuite, cette résistance vous animent, et vous frappez de loin d'un plomb meurtrier le chevreuil qui fait encore deux ou trois bonds convulsifs, et tombe en tachant seulement de quelques gouttes de sang sa robe fauve et lustrée. Mais si vous eussiez pu voir de près ses regards inquiets, ses flancs agités par la crainte, s'il vous eût laissé contempler plus longtemps son corps svelte et ses petits pieds frémissants, et surtout le calme et la paix qu'il trouvait entre les genêts aux fleurs d'or, sur ces tapis de bruyère rose, à la douce odeur qu'exhale le feuillage des chênes ; s'il vous eût fallu de près le tuer avec vos mains, vous eussiez reculé d'épouvante à cette seule pensée, et alors, à votre tour, la poitrine oppressée, suspendant vos pas, vous eussiez craint de déranger ce bonheur caché.

Clotilde avait peur ; elle ne comprenait plus elle - même comment elle avait osé, comment elle avait pu aller aussi loin.

Cet entretien avec Tony Vatinel, qui lui avait semblé ne pouvoir être retardé tant qu'elle l'avait cru impossible, elle n'en voyait plus, sinon la nécessité, du moins l'urgence, maintenant que rien ne l'empêchait plus. Un frisson qu'elle ne pouvait réprimer agitait tous ses membres ; elle se levait, elle s'asseyait, elle regardait sa pendule ; tantôt elle eût voulu que l'heure indiquée arrivât tout à coup pour ne pas lui laisser de réflexion, tantôt elle regardait avec terreur l'aiguille avancer fatalement. Elle cherchait dans sa mémoire les causes qui l'avaient conduite à donner un rendez-vous à Tony Vatinel, et elle ne les retrouvait plus. Arthur était amoureux d'elle ; elle avait encouragé cet amour ; elle marchait à son but. Avec de l'adresse et de la suite dans les actions et dans les idées, elle devait devenir madame de Sommery. Le père et la mère d'Arthur la chérissaient ; elle était séparée d'Arthur que par des préjugés contre lesquels M. de Sommery n'avait pas passé une journée de sa vie sans faire au moins une phrase.

Que voulait-elle de Tony Vatinel ? Être aimée de lui, c'était perdre tout ce qu'elle avait voulu, tout ce qu'elle avait rêvé ; — c'était rejeter le fruit de plusieurs années de soins, d'adresse, d'humiliations ; c'était renoncer à ce nom, à cette fortune qui lui coûtaient déjà si cher.

Mais Clotilde aimait Tony Vatinel ; — il lui semblait qu'aimée de lui elle trouverait tout en lui. Il était si beau, si énergique, la fortune ne pourrait rien lui refuser ; s'il l'aimait, lui, il saurait faire de son nom obscur de Vatinel un nom dont elle serait fière, un nom que lui envieraient les autres femmes, un nom qui ne lui laisserait jamais regretter celui d'Arthur. S'il l'aimait, il deviendrait riche et puissant. Il devait exercer sur le monde entier cette puissance de fascination que possédait sur elle son regard.

A sa voix, tout le monde devait comme elle frissonner et obéir. Ah! quand cet homme fort sera amoureux, il se fera reconnaître au monde pour un de ses maîtres.

Et elle, Clotilde, cette énergie qu'elle a trouvée dans sa tête pour travailler en secret à la réalisation d'un plan déjà si avancé, combien elle sera doublée quand elle y ajoutera toutes les puissances de son âme ; où n'arriveront-ils pas ensemble, unis, s'appuyant l'un sur l'autre!...

Oh! oui, il fallait lui parler, car, le matin, Arthur avait écrit à Clotilde : « C'est dans quelques jours la fête de mon père ; je me jetterai à ses genoux, et je lui demanderai votre main. »

Ce soir-là encore M. de Sommery l'avait appelée *ma fille.* Arthur l'avait alors regardée, et elle s'était sentie toute rouge. Il fallait parler à Vatinel, elle avait fait cent fois dans sa tête diverses manières, le *discours* qu'elle voulait lui tenir. — Ah! il est une heure ; — elle part; elle craint qu'on entende le bruit de son cœur, tant il bat fort dans sa poitrine. — Elle tourne lentement la clef dans la serrure; elle sort, elle referme la porte, et elle glisse comme une ombre légère.

La lune s'est levée derrière Trouville et éclaire la mer que l'on aperçoit de la hauteur à travers les branchages des haies qui bordent le chemin. Depuis longtemps le vent s'est apaisé, la mer est muette comme l'air. Au milieu de ce profond silence, le moindre de ses mouvements cause un vent qui l'effraie. Si sa robe touche un buisson, elle s'arrête, écoute, et n'ose retourner la tête. Le bruit de ses artères l'empêche d'entendre; elle se calme, personne ne la suit. — Elle est seule, seule sous ces grands arbres qui projettent des ombres bizarres; elle avance, elle les fuit, et le chemin tourne en s'enfonçant un peu dans les terres. Tout à coup elle aperçoit la niche de la Vierge, dans le mur, au coin d'une haie.

— Est-ce vous, Vatinel? — Est-ce vous, mademoiselle? — Mon Dieu! que j'ai peur; et elle s'appuya sur son bras comme si elle se fût sentie prête à tomber. En effet, elle était pâle et extraordinairement émue. Pour Vatinel, il sentait les mots qu'il voulait dire lui serrer la gorge et l'étrangler; aussi se contenta-t-il, pendant quelque temps, de la regarder sans parler et sans presque respirer. Il étendit son manteau sur le banc de pierre placé au-dessous de la niche de la Vierge, et l'y fit asseoir. — Mais Vatinel était assailli de sensations qu'il n'avait jusque-là pas même soupçonnées.

Un homme jeune comme Vatinel, exalté comme lui, placé si fort au-dessus des nuages la première femme qu'il aime, qu'il ne peut, sans une extrême surprise, lui voir faire quelque chose dans les humbles conditions de l'humanité.

Nous avons dit plus haut, et nous ne savons si notre phrase a été bien comprise, — faute d'être claire, bien entendu, — que Vatinel n'osait pas *aimer* Clotilde et n'en était encore qu'à l'*adorer*. Le moment était venu brusquement de quitter pour l'autre le premier de ces deux sentiments. Clotilde, divinité quelques heures auparavant, devenait tout à coup une femme, sans rien perdre de son influence ni de son charme. — Mais Vatinel était assailli de sensations qu'il n'avait jusque-là pas même soupçonnées. Il avait senti le corps de Clotilde sur son bras, et le fit sen que lui causait toujours la présence de la jeune fille avait tout à coup changé de nature.

Clotilde était aussi en proie à des sensations toutes nouvelles. Ce n'était pas une fille romanesque. C'était moins encore une rêveuse. Les femmes en général le sont peu, ou du moins leurs rêveries restent circonscrites dans les espaces réels; elles n'ont pas au même degré que l'homme la perception de l'infini. Il faut que toute idée puisse se traduire à leurs yeux par une forme visible; leur religion est l'amour pour un Dieu fait homme. Mais, nous l'avons dit, Clotilde aimait Vatinel et elle était dominée par lui. Elle était sous l'empire d'une exaltation étrangère à sa nature; l'amour prenait pour elle un parfum tout mystique, et, en même temps que Clotilde devenait une femme pour Vatinel, Vatinel devenait un Dieu.

Cependant, d'où ils étaient placés, ils voyaient toujours, au loin et sous leurs pieds, la mer mollement éclairée des pâles rayons de la lune.

VI.

J'aime la nuit. A cette heure, l'homme qui veille possède à lui seul tout ce que le jour il lui faut partager avec tout le monde.

La lune est à lui avec ses bleuâtres clartés.

C'est pour lui seul que les acacias ouvrent leurs petites cassolettes blanches pleines de parfums.

A lui tout seul est cette belle voûte bleue du ciel avec ses étoiles d'or.

Et les chants mélancoliques du rossignol dans les chèvrefeuilles en fleurs.

Et comme si ce n'était pas assez encore d'hériter ainsi, pendant plusieurs heures, de tous les gens qui dorment, le poëte qui veille voit pour lui la nature se remplir de créations nouvelles.

Les peupliers deviennent une longue file de grands fantômes noirs.

Le vent, dans les feuilles, lui dit des choses plus belles que la poésie et la musique n'en peuvent exprimer.

Les ombres de ses journées lui apparaissent, et ses amours morts se réveillent et viennent peupler avec lui cette terre dont il est le roi jusqu'au jour.

Les vers luisants s'allument dans l'herbe comme des étoiles dans le ciel.

Tout se pare et s'embellit.

La nature, qui se trouvait suffisante le jour pour tous les hommes réunis, revêt pour le poëte seul de plus magnifiques atours. C'est que le monde entier, c'est la foule, c'est le poëte, c'est l'amant...

VII.

— Tony, dit Clotilde, parlez-moi! J'ai peur. — Que vous dirai-je, mademoiselle? reprit Tony. Tout ce que j'éprouve en ce moment est si nouveau pour moi, que je ne sais pas de même l'exprimer. Il me semble que jusqu'ici j'ai toujours dormi et que je m'éveille après des songes fatigants. Tout est inconnu pour moi. J'ose vous dire que je vous aime, et j'ose croire que vous m'aimerez; les arbres qui sont au-dessus de nous, le ciel qui est au-dessus des arbres, ne sont ni les arbres ni le ciel que j'ai vus jusqu'ici; les étoiles ont un éclat inusité; le vent, des parfums que je respire pour la première fois. Il faut que je rapprenne à vivre, à respirer, à parler, pour un autre air, pour d'autres sensations. Je vous aime, mademoiselle, et je comprends que ce sera là toute ma vie quand la remplira et en chassera tout ce qui n'est pas vous. C'était, à peu de chose près, les mêmes paroles qu'Arthur avait dites à Clotilde, et cependant, prononcées par Tony Vatinel, elles lui semblaient une céleste musique qu'elle écoutait avec son âme. Aussi n'eût-elle pas fait trop attention au sens des dernières paroles de Tony, s'il ne se fût avisé de les paraphraser.

— Oh! oui, ajouta-t-il, toute ma vie est là, en vous, en votre amour; ambition, honneurs, richesses, je n'ai plus besoin de rien, je ne veux plus rien : la plus misérable cabane au bord de la mer, le travail le plus dur et le plus pénible, et je serai le plus riche et le plus digne d'envie des mortels, si vous me permettez de vous aimer, si vous m'aimez vous-même. Ah! mademoiselle, tout ce que recherchent et envient les autres hommes, l'or, ce *vil métal* qu'ils ont déifié; ces distinctions de la naissance et de la gloire, tout cela a été inventé pour remplacer le bonheur que l'amour que je ressens pour vous me fait connaître. Oh! je comprends l'indifférence que j'avais toujours ressentie pour tout cela, c'est que j'attendais une passion, la seule qui pût remplir mon cœur, et le remplir si entièrement, que rien n'y pourrait subsister en même temps.

Il eût été singulier de voir le visage de Clotilde pendant que Tony Vatinel lui tenait ce langage passablement bucolique. Elle restait, la bouche entr'ouverte et les sourcils élevés, en proie au plus grand étonnement. Ce n'était plus là le Vatinel qu'elle avait imaginé, le Vatinel qui, tirant de son amour une puissance invincible, devait arracher à la fortune les plus brillantes faveurs; se faire, à force d'énergie, un nom et une position, et ne pas laisser regretter à Clotilde le sacrifice qu'elle voulait lui faire du nom, du rang et de la fortune que lui offrait Arthur de Sommery.

Cependant elle se remit bientôt en pensant que ce que disait Tony n'était que l'expression de ses sensations du moment, et elle lui dit :

— Comprenez-vous, Tony, tout ce que l'amour doit donner d'énergie; comprenez-vous comme la volonté des autres hommes doit céder devant celle d'un homme amoureux; comme tout doit lui devenir facile; comme il doit se sentir fort et invincible; comme il doit être heureux de conquérir, pour celle qu'il aime, les richesses et les honneurs et faire d'elle la plus heureuse et la plus enviée des femmes? Comprenez-vous tout ce qu'il doit y avoir de bonheur à justifier son choix, à lui pouvoir dire : — Aucun homme n'eût pu te donner autant que moi; ce choix que tu as fait par amour, tu pourrais le faire par ambition, par intérêt, par vanité?

— Qu'est-ce que tout cela, mademoiselle, reprit Tony Vatinel, auprès de l'union de deux cœurs, auprès d'un amour partagé? Qu'a besoin de fortune celui qui n'a rien rencontré dans toute la vie qui lui semblât aussi précieux que cette fleur, que vous avez laissée tomber l'autre jour!

Et Vatinel tira d'une poche placée sur sa poitrine une petite fleur sèche qu'il posa sur ses lèvres.

Clotilde se sentit émue, et elle allait tendre la main à Tony en lui disant : Je vous aime aussi, moi; — lorsqu'il ajouta : Je ne changerais pas cette fleur pour le grand cordon de la Légion d'honneur. Tout le temps que j'enlèverais à mon amour, fût-ce une minute, pour devenir l'homme le plus riche du monde, me semblerait du temps tristement perdu. Si vous m'aimez, Clotilde, c'est-à-dire si, d'un seul mot, vous me donnez plus de bonheur que je n'ai jamais cru qu'en contint la vie, — jamais nous ne quitterons ces lieux où je vous ai vue pour la première fois. La petite fortune que m'a amassée mon père suffira à nos besoins. L'amour sera notre luxe. Ici, d'ailleurs, mademoiselle Clotilde, tous les sentiments ont plus de grandeur et d'élévation; je ne voudrais pas éparpiller dans les soucis et les plaisirs de Paris des jours arrachés à une vie que votre amour rendrait si heureuse.

Chaque mot de Vatinel produisait sur Clotilde un effet bizarre. Clotilde était ambitieuse par tempérament, l'amour que lui avait inspiré Vatinel n'était qu'un accident dans sa vie, une graine tombée sur un sol aride, qui germe, s'élève, fleurit et meurt après avoir exhalé de sa pâle corolle un parfum languissant. Quelque doux que lui parût l'amour, depuis qu'elle connaissait Tony Vatinel, elle ne le regardait cependant que comme un luxe qui ne pouvait prendre rang qu'après les nécessités de la vie, c'est-à-dire une grande fortune et une belle position dans le monde.

Aussi les idées champêtres de Vatinel lui faisaient perdre tout son prestige aux yeux de Clotilde. — Elle se sentait plus forte que lui; il lui fallait soutenir et entraîner cet homme fort, sur lequel elle avait cru pouvoir s'appuyer. Ses indécisions cessèrent, et avant que Tony eût cessé de parler, elle avait résolu d'épouser Arthur, et ne songeait plus qu'à se tirer de l'embarras où l'avait mise sa démarche auprès de Tony, démarche causée par un moment d'hallucination ou d'ivresse dont elle ne pouvait plus se rendre compte.

Elle plaça sa petite main sur le bras de Vatinel, et lui dit :

— Tony, je ne me suis pas trompée en vous jugeant un bon et noble cœur, et je ressens pour vous une véritable amitié. J'ai deviné que vous vous laissiez entraîner par un sentiment plus vif, et j'ai voulu vous arrêter. Mon cœur n'est pas libre...

Tony devint froid et pâle.

— Mon cœur n'est pas libre, et, ce qui est un secret pour tout le monde, j'ai voulu que ce n'en fût pas un pour vous. J'ai tout bravé pour vous parler cette nuit, parce que j'ai cru m'apercevoir que vous aviez souffert ce soir, et que vous aviez souffert pour moi. J'ai eu en vous la confiance qu'on accorderait à peine à un ancien ami. Je veux que vous soyez mon ami; l'amour dans un cœur comme le vôtre doit être capable des plus grands et des plus nobles sacrifices. Quand je vous aurai dit que je vais me marier, et que ce mariage fera mon bonheur, je suis sûre que, s'il était en votre puissance de le rompre, vous ne voudriez pas le faire.

Tony restait immobile et étourdi de la chute qu'il venait de faire du haut de toutes ses espérances.

Clotilde continua : — L'homme que j... Elle n'osa pas finir ce mot. — L'homme que je vais épouser est M. Arthur de Sommery. Vous avez en ce soir un peu d'aigreur contre lui ; il ne faut plus que cela arrive. Si vous m'aimez réellement, vous ne pouvez haïr l'homme auquel je crois pouvoir confier ma destinée ! Tony ne répondit pas, malgré l'intention interrogative que Clotilde avait donnée à sa phrase. — Ne voulez-vous donc pas, Tony, dit-elle en prenant sa main qu'il avait laissée tomber le long de son corps, ne voulez-vous donc pas de toute cette part de mon cœur, que je vous réserve et que je vous donne ? Voulez-vous être l'ennemi de mon bonheur et le mien ?

Tout en parlant, elle avait repris le chemin de la maison de Sommery, et elle marchait, et Tony, absorbé, la suivait machinalement.

— Tony, dit-elle, vous réfléchirez à mes paroles ; je vous aime comme une sœur. Voudrez-vous repousser cette affection que je vous offre ; vos actions seront votre réponse. Si vous acceptez, si vous partagez ce sentiment, vous aimerez Arthur et vous éviterez tout ce qui peut l'alarmer. Si vous faites autrement, je saurai que penser de votre attachement, je verrai que je me suis trompée, et je renfermerai dans mon cœur...

A ce moment, on était arrivé devant la petite porte de la maison.
— Tony dit : — Mademoiselle, je n'aimerai ni M. Arthur, ni vous, et je ne vous reverrai jamais, ni l'un, ni l'autre.

En disant ces mots, il tourna la maison et disparut.

Clotilde tremblait et ne pouvait ouvrir la porte, dont la serrure lui semblait vaciller et éviter la clef qu'elle tenait à la main.

Mais une fois entrée, une fois qu'elle eut fermé en dedans la porte de sa chambre, son cœur se desserra, et elle dit : — Ah ! mon Dieu ! je vous remercie.

Elle ne pouvait songer sans effroi combien elle avait manqué d'engager toute sa vie, ou plutôt de la perdre ; et elle cherchait en vain les traces de la pensée ou plutôt de la folie qui l'avait conduite jusque-là. Elle passa le reste de la nuit à répondre à la lettre d'Arthur.

VIII.

Ce pauvre Tony Vatinel nous fait réellement grande pitié avec son mépris pour l'or, ce *vil métal*, comme il l'appelle. Nous ne pouvons nous souvenir sans tressaillement de la première fois qu'on ouvrit devant nous une *caisse*, une vraie caisse en fer, avec de gros clous et une serrure à secret ; une de ces caisses qui coûtent si cher , qu'une fois que nous l'aurions payée, nous n'aurions plus rien à mettre dedans. Il y avait dans cette caisse des billets de banque, de l'or et de l'argent de toute sorte. Nous nous rappelons encore parfaitement les paroles qui retentirent à nos oreilles pendant que le caissier y fourrait la main et agitait l'or et les billets de banque. Par moments, c'était un bruit confus de voix claires et aiguës ou fêlées et un frôlement de papier ; d'autres fois, une seule voix prenait la parole, puis toutes reprenaient ensemble, et quand la caisse fut fermée, nous entendions encore un sourd murmure. Mais voici ce que nous nous rappelons.

UNE PIÈCE DE DIX SOUS, d'une petite voix flûtée.

Un bon vieux petit livre relié en parchemin, — un Horace chez les bouquinistes, — une contre-marque au théâtre de la Gaîté.

PLUSIEURS PIÈCES DE DEUX SOUS, d'une voix de cuivre.

Des aumônes aux pauvres aveugles, des petits cierges à faire brûler devant la chapelle de la Vierge à l'église.

UNE PIÈCE DE CINQ FRANCS.

Une bouteille d'Aï, une bouteille d'esprit et de gaieté, une bouteille d'insouciance, une bouteille d'illusions.

TROIS PIÈCES DE CINQ FRANCS, à l'unisson.

Un beau bouquet pour la femme que l'on aime, des camélias rouges comme ses lèvres. — Le bouquet, entre tous ceux qu'on lui a envoyés le matin, sera préféré, soigné, conservé, et le soir du bal on le tiendra à la main : les rivaux seront furieux. Et en sortant, au moment où on cachera de belles épaules sous un manteau de moire grise , on rendra à l'heureux son bouquet, sur lequel il aura vu, pendant le bal, appuyer une bouche charmante ; et le baiser, il va le chercher toute la nuit sur les pétales de rubis des camélias.

UN LOUIS D'OR.

La discrétion de la femme de chambre de celle que tu aimes ; la femme de chambre elle-même, si tu veux, si elle est jolie ; — un dîner avec un camarade que l'on n'a pas vu depuis longtemps, et que l'on rencontre sur le boulevard, marchant dans l'ombre pour que le soleil ne trahisse pas les coutures blanchies d'un habit trop vieux ; — les souvenirs de l'enfance au dessert, la jeunesse, les illusions, la gaieté, le souvenir des premières amours.

UN BILLET DE CINQ CENTS FRANCS.

Veux-tu ce beau bahut gothique, à figures de bois, richement sculpté ?

TROIS BILLETS DE MILLE FRANCS, d'une petite voix grêle et chiffonnée.

Veux-tu, dis-moi, ce beau cheval aux jarrets d'acier, que tu admirais l'autre jour, et qui donnait tant de noblesse au cavalier qui le montait, sous les fenêtres de la femme que tu aimes ?

Veux-tu ce châle de cachemire vert, qu'un autre va donner demain, et qui sera le prix de bien douces faveurs ?

BILLETS DE MILLE FRANCS dont nous ne dirons pas le nombre, attendu que les uns trouveraient que nous n'en mettons pas assez, les autres que nous en mettons trop.

Veux-tu une femme vertueuse, veux-tu des vierges au boisseau ; veux-tu des myriades d'épouses invincibles ! Ne souris pas avec cet air d'incrédulité ; celles qui refuseraient de l'argent accepteront des fleurs , des plaisirs, des sérénades, des fêtes ; elles accepteront l'admiration de ton luxe et la beauté qu'il te donnera.

Veux-tu des princesses ?
Veux-tu des reines ?
Veux-tu des impératrices ?

UNE CENTAINE DE BILLETS DE MILLE FRANCS mis en paquet.

Veux-tu des prairies à toi, des arbres à toi, de l'ombre à toi, des oiseaux, de l'air, des étoiles à toi ; veux-tu la terre, veux-tu le ciel ?

BEAUCOUP MOINS DE BILLETS.

Veux-tu des consciences d'hommes incorruptibles, veux-tu de la gloire, des honneurs, des croix ? veux-tu être grand homme, veux-tu être homme incorruptible, veux-tu être demi-Dieu, Dieu, Dieu et demi ?

IX.

A quelques soirs de là, l'abbé Vorlèse annonça qu'il avait quelque chose à demander à M. de Sommery. Il y avait plusieurs jours que l'on aurait pu le deviner, tant le pauvre abbé avait encore accru l'humilité habituelle de ses allures, tant sa voix était faible et respectueuse. Depuis trois jours, en effet, il était parti sans avoir osé commencer l'attaque qu'il méditait presque toujours. Au moment où il ouvrait la bouche, quelques sarcasmes de M. de Sommery lui faisaient comprendre le peu de chances de succès qu'il rencontrerait sa démarche. Aussi est-ce pour ne plus pouvoir reculer qu'il avait déclaré en arrivant l'intention de livrer bataille.

Il débuta par une chance assez favorable, il perdit deux parties d'échecs. — Le pauvre abbé était un homme si simple de cœur, que nous n'osons pas penser qu'il les ait perdues volontairement. — D'ailleurs, sa préoccupation était plus que suffisante pour lui donner un désavantage marqué. Quand il crut le moment opportun, il dit le plus négligemment possible, et comme si les paroles fussent tombées de ses lèvres sans qu'il le fit exprès :
— C'est dans quatre jours la Fête-Dieu.

M. de Sommery caressa Baboun, voulant montrer par un air distrait qu'il ne supposait pas que ce fût à lui que l'abbé s'avisât de parler de Dieu.
— Et le temps sera magnifique, continua l'abbé.

Monsieur de Sommery réveilla tout à fait Baboun, et le fit sauter deux fois par-dessus sa canne.
— Nous avons, dit l'abbé, quelque chose à demander à ce sujet à M. de Sommery. — Au sujet de la Fête-Dieu ? dit M. de Sommery en se redressant. — Au sujet de la Fête-Dieu, dit l'abbé avec calme. Le chemin pour sortir de l'église est tout défoncé par suite des réparations qui n'ont pu être terminées. A gauche du chemin est une pièce de terre en jachère cette année. Cette pièce de terre appartient à M. de Sommery. Veut-il permettre qu'elle soit traversée par la procession ?
— Voilà bien, s'écria M. de Sommery, les envahissements du clergé ! Quoi , n'est-ce pas assez que , par une honteuse intolérance pour les autres religions, le culte catholique fasse des processions extérieurement, sans que ce soit encore une occasion de tyrannie contre les propriétaires ? L'Eglise croit-elle encore avoir droit aux dîmes et à la corvée ; veut-on nous ramener aux temps où le pape Jules II excommunia Louis XII, donna son royaume au premier occupant, et, lui-même, le casque en tête et la cuirasse sur le dos, mit à feu et à sang une partie de l'Italie ?... — Mais, monsieur, dit l'abbé Vorlèze, je vous demande simplement et humblement le droit de traverser une fois un champ en jachère. — Aux temps, continua M. de Sommery , s'enivrant du bruit de sa voix et s'animant par degrés, où le pape Alexandre VI acheta publiquement la tiare, où les bâtards firent périr les Vitelli et les Urbino, pour ravir leurs domaines ?... — Mais, monsieur, vous pouvez refuser, et... — Aux temps où l'Eglise assassina Henri III , et Henri IV, et Guillaume, prince d'Orange , et fit couler des flots de sang, depuis Constantin ?... — Refusez, dit l'abbé, et il n'en sera plus question. — N'a-t-on pas vu les Irlandais sacrifier à Dieu leurs frères protestants, les enterrer vivants, ouvrir le ventre des femmes enceintes , en tirer les enfants à demi formés et les donner à manger aux chiens ? — Mais, monsieur, dit l'abbé Vorlèze en élevant la voix, il s'agit de votre jachère. — Depuis les jours florissants de l'Eglise, poursuivit M. de Sommery, jusqu'à 1707, pendant 1400 ans, la théologie n'a-t-elle pas causé le massacre de cinquante millions d'hommes ?

Alors, dit l'abbé, ne parlons plus de jachère, passons à la seconde demande. Je vous avouerai que l'année dernière vous avez scandalisé toute la commune. Votre maison était la seule qui ne fût pas tendue; cela ne vous coûterait pas beaucoup de faire tapisser votre maison avec des draps blancs, et d'y attacher quelques bouquets. — Je déclare, répondit M. de Sommery, qu'il n'y aura pas seulement une feuille d'arbre. Je ne veux pas, par mon exemple, encourager le retour du fanatisme. — Du moins, consentirez-vous à faire balayer avec un peu plus de soin le devant de votre maison? — Il ne se fera rien d'extraordinaire. — Voudrez-vous alors faire rentrer, pour ce jour-là, le bois qui encombre la rue? — Pour quel jour? — Pour la Fête-Dieu. — Quand est-ce la Fête-Dieu? — Dans quatre jours... — Le bois ne peut être rentré que dans six. — Avancez le terme. — Reculez la fête. — Vous plaisantez. — Pas plus que vous.

Madame de Sommery essuya furtivement une larme qu'elle ne put retenir, et elle resta les yeux baissés, craignant mortellement que cette larme n'eût été vue par M. de Sommery.

Le fils de M. de Sommery s'avisa un jour de suivre au grenier une grosse servante de la maison : la servante cria, le père survint...

L'abbé leva les yeux au ciel, et perdant graduellement sa timidité, donna à sa voix plus de sonorité.

— Mon Dieu, dit-il, quelle est donc cette époque où nous vivons, où l'on détruit tout ce qui est grand et beau, la royauté et la religion? Après avoir inventé le roi constitutionnel, vous faut-il donc encore un Dieu constitutionnel, la retraite, ou plutôt condamné à une détention perpétuelle dans ses églises?

Mais ces fleurs que l'on offre à Dieu et dont on jonche les rues, ce n'est qu'une faible dîme prise sur les fleurs dont il couvre la terre. Vous voulez chicaner à Dieu cette fête d'un jour, et s'il vous retranchait cette belle et joyeuse fête de trois mois, qu'on appelle le printemps! Cette année il n'y a eu un seul lis : le froid de l'hiver les a tués dans la terre. Cette année les lis sont morts; chaque année peut-être il mourra une fleur, et une année viendra où il n'y en aura plus, où la terre oubliera de se revêtir au printemps de son riche manteau vert; où, sous la mousse séchée, le muguet et la violette, perle odorante, améthyste parfumée, se feront en vain chercher et ne fleuriront pas. Mais cette fête, dont vous refusez à Dieu sa part, ne voyez-vous pas que c'est à lui que toute la nature la donne, tous ces parfums qui montent au ciel, toutes ces voix joyeuses d'oiseaux qui chantent! Croyez-vous que ces parfums et ces voix ne vont pas plus haut que vous, et qu'après que vous les avez respirés et entendues, ils s'évanouissent, elles s'éteignent? Oh! non, pensez à toutes les roses de toute la terre, qui ouvrent leurs fleurs en petits encensoirs de pourpre et exhalent toutes à la fois leur parfum; ne semble-t-il pas que le ciel de juin soit tout formé du parfum des roses!

Ah! si l'impiété pouvait se comprendre, ajouta l'abbé, ce serait au sein des grandes villes où il ne reste presque plus rien de ce que Dieu a fait, où on ne voit pas le ciel. Mais ici, où, en présence des grandes colères de l'Océan, l'homme se trouve à chaque instant dans des situations telles que la puissance de tous les hommes réunis n'en pourrait sauver un seul; — ici, peut-on oublier Dieu, peut-on croire que les fleurs n'ont été inventées que pour être jetées au théâtre à des danseuses en sueur?...

— Monsieur de Sommery, dit en se rasseyant l'abbé qui s'était levé involontairement, vous n'êtes pas un méchant homme, cette impiété n'est pas dans votre cœur, c'est une malheureuse vanité qui vous fait parler ainsi. Cette dernière phrase était malheureuse; elle irrita M. de Sommery, qui dit : — Monsieur Vorlèze, je ne savais pas que vous alliez prêcher en ville.

X.

Le lendemain était la Saint-Paul, la fête de M. de Sommery. Quoiqu'il ne l'avouât pas, le colonel était fort sensible à ces petites solennités; aussi ne négligeait-on rien pour y ajouter toute la pompe désirable. Après le dîner auquel avait été invité le curé, tous les domestiques parurent avec des bouquets. — Madame de Sommery la première embrassa son mari en lui donnant son bouquet; Alida et Arthur la suivirent. — Clotilde avait joint au sien divers petits ouvrages qu'elle avait faits pour M. de Sommery. Elle s'inclina vers lui et lui baisa la main. — Viens dans mes bras, Clotilde, vous n'êtes pas un enfant, car tu es aussi mon enfant, tu es le troisième; — viens, ma charmante Clotilde. — Oh! monsieur, oh!... mon père, dit-elle en baissant la voix; et elle l'embrassa avec effusion.

Le soir, le curé ne resta pas, M. de Sommery ne pouvait jouer aux échecs. Il pria Clotilde de lire.

Elle ouvrit la bibliothèque, et prit *Nanine*; Clotilde était assez adroite pour choisir Voltaire, quand même M. de Sommery aurait eu d'autres ouvrages que ceux de *son auteur*.

Clotilde lisait à ravir, mais le livre qu'elle avait choisi avait un tel rapport à sa situation, que, d'abord, elle se contenta de lire froidement et en psalmodiant, tant elle craignait que sa voix ne prît des inflexions trop vraies. Mais bientôt elle pensa qu'il ne fallait pas hésiter; que cette soirée devait être terminée par une scène d'où dépendait sa vie; qu'elle allait jouer sur un seul coup toutes ses espérances; et elle ne négligea rien pour donner à sa voix toute la puissance qu'elle lui connaissait, pour faire ressortir les pensées et les sentiments de l'auteur.

Quand la baronne avoue au comte qu'elle soupçonne sa passion pour Nanine, et qu'elle lui dit :

> Vous oseriez trahir impudemment
> De votre rang toute la bienséance;
> Humilier ainsi votre naissance,
> Et, dans la honte où vos sens sont plongés,
> Braver l'honneur?

elle eut soin d'enfler le débit d'une façon presque grotesque, de telle sorte qu'Arthur et son père, saisis par le ridicule de la baronne, se fissent d'avance à eux-mêmes la réponse que fait le comte, réponse que Clotilde lut avec infiniment de verve et de noblesse.

> Dites les préjugés.
> Je ne prends pas, quoi qu'on en puisse croire,
> La vanité pour l'honneur et la gloire.
> L'éclat vous plaît; vous mettez la grandeur
> Dans des blasons, — je la veux dans le cœur.
> L'homme de bien, modeste avec courage,
> Et la beauté, spirituelle et sage,
> Sans biens, sans nom, sans tous ces titres vains,
> Sont à mes yeux les premiers des humains.

En lisant ce passage :

> LA BARONNE.
>   Comment !
> Comme elle est mise! et quel ajustement!
> Il n'est pas fait pour une créature
> De votre espèce;

Clotilde décupla l'insolence du rôle; mais comme elle fut humble et douce dans la réponse :

> NANINE.
>   Il est vrai, — je vous jure,
> Par mon respect, qu'en secret j'ai rougi
> Plus d'une fois d'être vêtu ainsi;
> Mais c'est l'effet de vos bontés premières,
> De ces bontés qui me sont toujours chères;
> Dût tant de soins vous daignez m'honorer!

Elle s'inclina imperceptiblement vers M. de Sommery. Avec quelle touchante et fière mélancolie elle ajouta :

> C'est un danger, c'est peut-être un grand tort
> D'avoir une âme au-dessus de son sort.

Clotilde, jeune comme elle était, n'avait que l'instinct de la politique; aussi se laissa-t-elle prendre elle-même à ce qu'elle lisait, et elle se sentit des larmes dans les yeux en lisant ce que le comte dit à Nanine :

> Non, désormais soyez de la famille,
> Ma mère arrive, elle vous voit en fille.

Elle fut un peu embarrassée en disant, dans le monologue du comte, ces vers qui lui semblaient un éloge qu'elle s'adressait tout haut à elle-même :

Je l'idolâtre, il est vrai, mais mon cœur
Dans ses yeux seuls n'a point pris son ardeur.
Son caractère est fait pour plaire au sage,
Et sa belle âme a mon premier hommage.

Mais elle s'observa, se remit, et dit avec un ton convenable et avec une excessive froideur, pour donner au couplet tout l'air d'un raisonnement sans passion :

Mais son état... Elle est trop au-dessus ;
Fût-il plus bas, je l'en aimerais plus.
Mais... puis-je enfin l'épouser? — Oui, sans doute.
Pour être heureux, qu'est-ce donc qu'il en coûte?
D'un monde vain dois-je craindre l'écueil,
Et de mon goût me priver par orgueil?
Mais la coutume? — Eh bien! elle est cruelle,
Et la nature a des droits avant elle.

Clotilde Belfast.

— Mais, à la dernière scène, quand le comte dit à Nanine :

Ce qui vous reste, en des moments si deux,
C'est... à leurs yeux... d'embrasser... votre époux ;

tout le monde était ému; Clotilde ne put se défendre de l'émotion générale, et ce fut avec un sanglot qu'elle cria le « moi! » que répond Nanine.

Après l'avoir remerciée et lui avoir fait compliment de la façon dont elle avait lu, M. de Sommery commença un discours sur l'égalité et sur le mépris des préjugés. Alida s'esquiva et alla se coucher. Arthur et Clotilde écoutèrent religieusement M. de Sommery, car il ne disait pas un mot qui ne fût pour eux une promesse ou un engagement. Pour madame de Sommery, elle n'embarrassait ni n'entendait pas beaucoup plus qu'un fauteuil, quoiqu'elle écoutât avec attention et respect.

Quand le discours fut fini, Arthur, très-ému, se leva, vint prendre la main de son père et lui dit :

— Mon père, j'aime Clotilde.

— Parbleu, dit M. de Sommery, belle nouvelle! nous l'aimons tous, Clotilde, pourquoi ne l'aimerais-tu pas?

Ce pauvre M. de Sommery était à mille lieues de prévoir l'affreuse situation où il arrivait par une pente rapide d'avoir à appliquer ou à renier une théorie dont on n'a pas prévu les conséquences tant qu'il ne s'est agi que de parler, conséquences qui se présentent en foule aussitôt qu'il faut agir. Arthur ajouta : — Mon père, je l'aime d'amour, et je vous la demande pour femme. — Ah bah! s'écria le colonel. Qu'est-ce que c'est que cette plaisanterie-là? — C'est l'intérêt le plus sérieux de ma vie, mon père. — J'espère que Clotilde n'est pas complice d'une pareille folie.

Clotilde baissa les yeux sans rien dire ; la bataille lui paraissait mal engagée et perdue, elle ne voulait pas donner. Elle se leva, fit une révérence et se retira. Elle eut soin de faire entendre les portes qu'il fallait ouvrir et fermer pour aller du salon à sa chambre, puis elle revint sans bruit écouter ce qui allait se passer dans le salon.

XI.

C'était le soir, l'abbé Vorlèze arriva très-affairé et, sans vouloir prendre un siège, dit à M. de Sommery : — Au nom du ciel, monsieur... mais j'oublie que c'est près de vous une mauvaise recommandation; au nom de la morale publique, au nom de ce qui vous est quelque chose, — au nom de M. de Voltaire, — si vous voulez..... faites balayer le devant de votre maison : ce sera la seule demain matin pour laquelle on n'aura pas pris ce soin. M. de Sommery ne fut nullement troublé de l'exorde *ex abrupto* de l'abbé; il l'avait prévu, et toute la journée il s'était attendu à le voir arriver d'un moment à l'autre. Aussi il répondit en souriant : — L'abbé, je suis fâché pour vous que vous n'ayez pas pu voir la singulière grimace que vous avez faite en prononçant le nom de Voltaire. — Ne plaisantons pas, monsieur de Sommery, vous n'êtes pas méchant; si je vous demandais un service plus important à vos yeux, où il vous fallût m'aider de votre argent ou de votre personne, je suis persuadé que je l'obtiendrais, et vous ne me refusez ce que je vous demande que par votre entêtement contre tout ce qui tient à la religion. Vous le poussez si loin, que Vatinel, le maire, m'a dit que vos domestiques avaient chassé, injurié et menacé les balayeurs de la mairie. N'est-ce pas un enfantillage que d'empêcher qu'on nettoie la rue? — Monsieur Vorlèze, dit M. de Sommery avec l'air le plus sérieux et le plus digne dont il pût s'affubler, certes, en des temps ordinaires, je ferais à peu près comme tout le monde ; mais à cette époque, où le parti prêtre, échoué sous les *coups* de la philosophie, dont *l'égide* peut à peine *arrêter le char* de l'État suspendu sur *un volcan*; à cette époque où le clergé *relève sa tête* et *renaît de ses cendres*, pour dominer encore despotiquement notre malheureux

Premier rendez-vous de Clotilde et de Tony Vatinel.

pays; à cette époque où tout le monde courbe le front sous le double joug de l'Église et du pouvoir, un citoyen doit protester par un exemple énergique. — O mon Dieu! murmura l'abbé, est-ce donc par de semblables phrases que l'on gouverne les hommes? Mon bon monsieur de Sommery, qu'est-ce donc que ce *vaisseau échoué qui relève la tête et renaît de ses cendres pour dominer?* Qu'est-ce encore, ô mon bon ami, que ce *bouclier qui arrête un char?* Comment voulez-vous que je réponde à un semblable galimatias?

— Je le crois, dit M. de Sommery avec un sourire de satisfaction, je le crois bien, vous ne comprenez pas ce langage ferme et franc; ce langage qui dénonce avec courage les abus et les tendances de l'Église et du pouvoir. — Église dangereuse, en effet, dit avec amertume M. de Vorlèze, Église dangereuse, et contre laquelle on ne saurait trop prendre de précautions, que celle qui est représentée ici par un pauvre prêtre, qui a un peu moins de revenu que vous ne donnez de gages à vos domestiques, et qui, ce soir encore, va raccommoder lui-même la seule soutane qu'il possède pour se faire beau demain! Pouvoir bien menaçant que celui d'un maire en sabots, qui déjeunait ce matin sur la plage avec un morceau de pain et un ognon cru! — L'abbé, je suis réellement fâché de vous refuser, mais tout mon monde est occupé, et je ne puis faire négliger des travaux importants.

L'abbé s'inclina et sortit. M. de Sommery ne tarda pas à sortir également pour promener Baboun, comme cela lui arrivait à peu près tous les soirs. — Baboun descendit lentement, puis, s'arrêtant à la porte de la rue, fit entendre un grognement. Ce grognement était causé par une grande figure noire qui s'agitait devant la porte. M. de Sommery regarda qui pouvait venir si tard, il était dix heures, rôder ainsi devant sa maison. — On ne rôdait pas, — la grande figure noire tenait un balai et balayait. — Ah! pensa M. de Sommery, ils entretiennent des intelligences jusque dans les maisons et au sein des familles; ils arment le fils contre le père, et le serviteur contre le maître. L'abbé aura corrompu quelqu'un de mes domestiques pour faire balayer. Et, comme le colonel s'avançait pour reconnaître lequel de ses gens l'Eglise avait armé contre lui d'un balai de bouleau, la figure se retourna brusquement en entendant des pas, et M. de Sommery reconnut l'abbé Vorlèze lui-même. Le pauvre prêtre ne pouvait connoître personne, — c'est ce qui ne nous met pas à même de juger s'il aurait eu la vertu de ne pas le vouloir, — et il balayait lui-même le devant de la maison de M. de Sommery. — L'abbé, êtes-vous fou? s'écria le colonel. Quoi! vous-même, faire la besogne d'un valet de ferme? — Vous m'avez dit, monsieur de Sommery, répondit l'abbé tout confus, que vos gens étaient occupés. — Mais je ne veux pas, l'abbé, que vous balayiez, — vous, — le devant de ma maison; homme obstiné, appelez un domestique. — Oh! mon Dieu! dit l'abbé, j'ai presque fini. Et il se mit à continuer. — Mais je ne le veux pas, répéta M. de Sommery; vous, monsieur Vorlèze, ce n'est pas là votre place ni votre ouvrage.

Et, comme l'abbé continuait, M. de Sommery mit la main sur son bras et l'arrêta.

— Laissez-moi faire, monsieur, dit l'abbé, laissez-moi éviter le scandale qui aurait lieu demain. — Mais non, mais c'est impossible, — un prê..., — un homme bien élevé.

Et M. de Sommery, arrachant le balai des mains de l'abbé, voulut balayer lui-même. L'abbé reprit le balai, que M. de Sommery lui arracha encore une fois pour donner les derniers coups que la propreté de la rue demandait encore.

L'abbé serra les mains du colonel et disparut. Le colonel resta debout dans la rue, fort irrité contre lui-même de ce qu'il venait de faire; mais cependant, se disait-il, on ne pouvait le laisser... Il frappa du pied et rentra. Il ne dit rien à personne de ce qui venait de se passer, et se coucha de mauvaise humeur.

XII. — Zoé Reynold à Marie-Clotilde Belfast.

Je t'avouerai, ma chère Clotilde, que je ne comprends plus rien à ton histoire. Rien ne t'arrive qui ressemble à ce qui arrive à tout le monde; les événements les plus ordinaires et les plus communs prennent un air de bizarrerie sitôt que tu y es pour quelque chose. L'atmosphère qui t'entoure semble un de ces lieux enchantés où tout change de forme et de figure; je ne trouve l'équivalent de ta vie ni dans la vie ordinaire, ni dans les romans, ni dans les comédies. Tout toutes les prévisions en défaut; le commencement avec toi ne sert jamais à deviner la fin.

Je me rappelle encore notre liaison quand nous étions petites filles; — nos paroles pour lesquelles nous étions si sévères, et nos jardins où nous plantions dans le sable des fleurs coupées. — De nous trois, toi, la chère Alida et moi, il n'y a encore qu'Alida de mariée. Son roman n'a présenté aucun intérêt; elle a épousé un homme riche, sans que l'amour d'un beau jeune homme, pauvre, mais honnête, vint se jeter à la traverse. Moi, j'épouserai mon cousin aussitôt qu'il aura la place qui lui est promise, et je ne changerai même pas de nom. — Je m'appellerai madame Reynold comme je m'appelle mademoiselle Reynold. Je le vois tous les jours, du consentement de mes parents qui l'appellent leur fils; nous avons tellement le droit de nous dire tout ce qui nous passe par la tête et par le cœur, qu'aucun de nous n'a encore pensé à écrire à l'autre. Je ne comptais donc que sur toi pour voir se réaliser un de ces beaux romans que nous lisions la nuit avec des bougies volées chez les parents et rapportées clandestinement dans les manchons — ou au fond du jardin de récréation.

Au commencement, tout allait pour le mieux. Orpheline, accueillie par un compagnon d'armes de ton père mort au champ d'honneur, élevée avec le fils de la maison, qui te regardait comme une seconde sœur, tu étais entraînée par la situation, rien n'y manquait; ton père, simple capitaine, homme sans noblesse et sans fortune; ton frère d'adoption riche et noble. Il y avait entre vous la question de la mésalliance si chère et si commode aux romanciers allemands; un père inflexible, une malédiction, ta fuite dans une chaumière, etc.

Mais non, il faut que M. de Sommery, imbu de la philosophie du dix-huitième siècle, passe sa vie à parler contre les préjugés, et que dès le premier chapitre il vienne déclamer :

> Les hommes sont égaux, ce n'est pas la naissance,
> C'est la seule vertu qui fait la différence.

Il n'y a plus de roman; le fils t'aime, te demande à son père, qui dit : — Mais comment donc!... Et l'on fait imprimer les lettres de faire-part. Ce roman manqué, il s'en présentait un autre. Un jeune homme aux cheveux noirs, au langage énergique, aux muscles d'acier, apparaît au milieu des sifflements du vent et des colères de la tempête; son œil est perçant, sa voix vibrante. — Tu te sens subjuguée; tu renonces à la fortune, aux grandeurs pour la simple cabane de pêcheur. Celui-là manque aussi : et cette fois par ta faute, car le jeune homme se conduit à merveille. Il ne brusque rien, il te tient les discours les plus corrects, les plus indiqués pour la circonstance; il te parle de la lune et des étoiles; il renonce à tout pour toi; il n'ose effleurer ta robe, et te demande presque pardon d'oser marcher sur la même terre que toi. — En un mot, il se conduit comme un amant un peu bien élevé le doit faire vers la page 180 du premier volume.

Mais toi, tu trouves le livre mauvais et tu le jettes pour reprendre le premier que tu avais déjà jeté, et tu reviens à Arthur de Sommery.

Hélas! ma Clotilde, il n'y a rien à faire de ce côté-là; tu ne feras jamais de ce brave M. de Sommery un père capable de finir convenablement un premier volume. Il n'a à répondre à la demande de son fils que par le plus plat consentement. Il sera fier de cette mésalliance qui rendrait épileptique tout autre père; il n'aura qu'un regret, c'est qu'elle ne soit pas assez complète pour que son sacrifice à la philosophie en prenne plus d'éclat.

M. de Sommery, j'allais dire ton beau-père, et il l'est peut-être déjà, tant votre situation est ridiculement simple; M. de Sommery voudrait que ton père eût été un simple soldat; que dis-je! un mendiant; il serait même pas bien fâché qu'il eût été un peu aux galères, parce qu'alors il y aurait un bon gros préjugé à braver. Mais la fille d'un capitaine!...

Dans les idées d'égalité qui règnent aujourd'hui, c'est-à-dire d'abaissement des grands au-dessous des petits; dans ces idées où il n'y a de tyrannie que celle des opprimés, c'est toi qui fais la mésalliance, c'est toi qui braves le préjugé; toi, roturière, tu consens à épouser un noble!

Presque tous les romans se faisaient autrefois sur cette thèse : On a vu des rois épouser de simples bergères. Mais qu'a cela d'étonnant aujourd'hui? Quel obstacle sépare les bergères des rois jusqu'au moment où on ne trouvera plus de bergère assez simple pour consentir à épouser un roi?

Il ne me reste qu'un espoir, c'est que ton jeune forban, le Vatinel aux cheveux noirs, t'enlève en qualité de pirate, ou fende d'un coup de sa hache d'abordage la tête du jeune Arthur de Sommery, ton fiancé et peut-être déjà ton époux.

Mais, sérieusement, une chose me console de voir qu'aucune de nous trois ne réussira à faire un petit roman, c'est la mauvaise humeur qu'aura Alida de ce mariage qui te donnera un nom dont elle était si impertinente, et dont, malgré la parenthèse (née de Sommery), aucune de ses amies n'a la charité de faire annoncer dans son salon.

Je ne te dis pas de me répondre; — ta dernière lettre m'annonçait que tu avais autorisé l'amoureux Arthur à demander ta main à son père; — le reste va tout seul. Tâche seulement que la noce se fasse à Paris, sinon je ne pourrai pas te tenir la promesse que nous sommes faite de nous servir réciproquement de demoiselle d'honneur.

Zoé.

XIII. — Clotilde à Zoé.

Hélas! ma chère Zoé, me voici jetée, plus que tu n'aurais osé me le souhaiter, dans ces voies romanesques que tu regrettais si fort de me voir abandonner.

M. de Sommery a refusé positivement; il n'a été ébranlé ni par les prières, ni par les larmes de son fils. J'ai eu la maladresse de lui montrer la contradiction de ses principes et de ses actes, et je l'ai humilié. Ses manières d'agir ont tout à coup changé avec moi. Il a cru devoir me marquer avec sévérité les limites que j'avais voulu franchir. Je ne suis plus dans la maison le troisième enfant. Tout me rappelle la charité qui m'a élevée et qui me nourrit. Depuis trois jours, il ne se dit pas un mot, ne se fait pas un geste qui ne soit pour moi un coup de poignard. O Zoé! tu ne sais pas ce que c'est que d'être humilié par des gens à qui l'on doit de la reconnaissance; cela est si poignant qu'au premier mot de dureté de M. de Sommery je me suis crue quitte envers lui de quinze années de bienfaits, et j'ai au second je me croyais à mon tour bien généreuse de ne pas les haïr tous.

Quelle fausse pitié ces gens-là avaient de moi! S'ils m'avaient réellement aimée, ne devaient-ils pas redoubler de tendresse et de bontés au moment où ils me refusaient ce que je leur disais être mon bonheur? Ne devaient-ils pas chercher à guérir mon cœur meurtri de la chute qu'ils lui faisaient faire? Mais non, ils m'ont accablée encore. Que faire maintenant? Car je ne resterai pas dans cette maison, où l'on ne m'avait accueillie que pour en tirer vanité, et où l'on me punit si cruellement d'avoir pris au sérieux tous ces faux semblants d'affection que l'on ne tenait à persuader qu'aux spectateurs. Quel est maintenant le service que l'on m'a rendu? — quel peut être mon sort? — quels sont mes moyens d'existence? — à quoi me servira cette éducation que l'on m'a donnée, au lieu de m'avoir élevée d'une manière conforme à ma triste fortune et qui me permît de me suffire à moi-même dans l'abandon où l'on me rejette, abandon mille fois plus cruel que celui où m'avait laissée en mourant mon malheureux père?... Ah! pourquoi n'ai-je pas cédé à cet instinct secret qui me poussait vers Tony Vatinel? Mais aujourd'hui que je l'ai repoussé irai-je lui dire : — Je reviens à vous parce que les parents d'Arthur me chassent et ne veulent plus de moi? J'ai tout sacrifié à l'ambition, et aujourd'hui je suis seule, — sans appui. Mais non, le châtiment doit retomber sur ceux qui ont commis la faute, sur ceux qui ne me laissent pas d'autre ressource que d'arriver malgré eux à mon but. La partie est perdue, mais cependant j'ai encore un coup à jouer. Tu me reverras triomphante, ou tu ne me reverras pas. Je mourrai à dix-neuf ans dans les flots de cette mer moins orageuse que mon cœur, ou dans un mois on annoncera chez toi madame de Sommery.

CLOTILDE

XIV. — Robert Dimeux de Fousseron à Tony Vatinel.

C'est incroyable combien plus de sottises on dirait encore qu'on n'en dit, si les anciens n'étaient venus avant nous pour nous les enlever. Il est vrai que les générations qui se sont suivies ont toujours en ce sens repris leur bien où elles le trouvaient, et ne se sont fait aucun scrupule de traduire et de répéter ce qu'avaient dit déjà et répété les premières. Dans les livres de tous les temps et de tous les peuples, on trouve répété à chaque instant le *fugit* INREPARABILE *tempus*; on l'a écrit sur le marbre, sur le papyrus, sur la cire, sur le papier : ce qui n'a jamais empêché ceux qui écrivaient, lisaient et répétaient ces lieux communs sur la rapidité et la fuite *irréparable* du temps de passer toute leur vie à se plaindre également des heures qui durent un siècle. Pour moi, je n'ai jamais trouvé *irréparable* le temps qui s'en va, et il est toujours en ma puissance de revoir les jours passés. Nous disons que le temps passe, comme il semble que les arbres s'enfuient en déroute sur les deux rives d'un fleuve dont le courant nous entraîne. Le temps est immobile et c'est l'homme qui passe; mais il peut, quand cela lui plaît, revenir sur ses pas et parcourir de nouveau la partie de la rive où il a trouvé les plus belles fleurs et les plus doux parfums. Il peut revenir entendre encore cet oiseau qui chantait dans l'aubépine en fleurs quand il a passé la première fois. Cette puissance magique est ce qu'on appelle le souvenir.

C'est ce qui m'arrive quand, à la tournure que prennent les choses, je vois qu'une journée sera triste et insignifiante. J'en rappelle une de ma vie passée et je la recommence. Il suffit pour m'y reporter complétement de me faire jouer un air que j'ai entendu ce jour-là, ou de voir au ciel un nuage fait comme un nuage que j'avais remarqué, et la transformation est aussi subite que complète. Mets-moi au soleil de juin, dans un champ de luzerne rose sous laquelle voltigent de petits papillons d'un bleu changeant; et j'ai dix ans, et je ne sais plus rien de la vie. Je poursuis les papillons et je ne trouve plus en moi d'autre ambition que de les atteindre; et, s'il passait alors quelque homme vêtu d'un vieil habit noir, je me cacherais derrière les peupliers, par crainte de M. Pocquet et de ses *pensums*.

Il a tombé ce matin une de ces pluies fines et tièdes qui répandent dans l'air tant de sérénité, de silence et de parfums. J'ai beaucoup d'affaires aujourd'hui. Eh bien! je me suis cramponné à ce jour où nous sommes; le souvenir m'a enlevé dans ses serres comme le *Roc* des Mille et une Nuits, et m'a reporté à huit ans en arrière; je me suis enfermé et je l'écris. A demain les choses sérieuses, elles me paraissent trop futiles aujourd'hui. C'est de ce jour, il y a huit ans, mon cher Vatinel, que date notre amitié, qui jusque-là n'avait été qu'une camaraderie de collége; notre amitié, la seule chose aujourd'hui réelle et sérieuse pour moi.

Ce jour-là, nous étions partis de Lisieux de grand matin pour aller voir mon château de Fousseron. Je me rappelle bien encore la salle de l'auberge où nous avions passé la nuit à Lisieux. De la rue, il fallait descendre trois marches. Un parent, mort depuis quatre mois, m'avait légué sa terre de Fousseron, et nous étions partis de Paris pour la visiter. Te rappelles-tu comme moi de quel crêpe énorme j'avais couvert mon chapeau en l'honneur de ce parent que je n'avais jamais vu? De *Paris à Lisieux*, nous avions fait tous plus beaux projets sur ma terre de Fousseron. Nous étions tout jeunes encore. J'avais vingt ans et tu en avais à peine dix-sept. Nous devions y passer les étés, y chasser à courre; et tu te mettais, à cette idée, à chanter un air de chasse. Le *sanglier*, disais-tu, et nous chantions la fanfare du *sanglier*; au *sanglier* succédait le *chevreuil*, au *chevreuil* la *vue*, à la *vue* les *lancés*. Et nous perdions la mémoire de nos projets pour épuiser tout notre répertoire de musique de *trompe*. Tu m'appelais M. de Fousseron, et cela nous faisait étouffer à force de rire. — Je voudrais bien savoir s'il y a des créneaux, messire, me disais-tu, à ton château de Fousseron. — Et un pont-levis, ajoutais-je, et le droit de haute justice, et un colombier. — Ma foi, Robert, disais-tu, tu *feras* bien de

ne pas le faire reconstruire à la moderne. — Je le *laisserai* tel qu'il sera, répliquai-je, passant comme toi du *conditionnel* au *futur.* —Tout ce que je demande, c'est qu'il y ait de grandes prairies. — Et un petit courant d'eau. — L'eau est la vie du paysage. — La barque *doit être* pourrie. — Nous en mettrons une autre. Je me trouvais que tu disais un peu trop *nous* relativement à ma seigneurie de Fousseron. A Lisieux, nous n'osâmes pas demander des renseignements sur *Fousseron*, et nous dîmes même pas dans l'auberge où nous avions couché de quel côté nous dirigions nos pas. Nous sortîmes de la ville du côté opposé à Paris, et nous demandâmes au premier paysan; le rustre ne connaissait pas *Fousseron*. — Vous n'êtes peut-être pas du pays? — Si vrai bien. — Pas depuis longtemps? — Mon père y est né et défunt. Un second ne connaissait pas davantage *Fousseron*. Un troisième, un quatrième n'étaient pas plus savants. Enfin une vieille femme nous dit : — Prenez le chemin en montant; allez jusqu'à une ferme sur la droite, et là vous demanderez.

Nous nous remîmes gaiement en route. Nous avions pensé un moment que Fousseron n'existait peut-être pas. La vieille femme nous avait rassurés. Il était tombé au point du jour une petite pluie fine et tiède comme ce matin. Seulement on était alors au mois de mai. Tu vois comme je me rappelle tout : ces souvenirs me donnent une sensation agréable dans la poitrine; avec cet air semblable de ce matin, j'ai respiré la jeunesse, les rêves et les idées d'alors. Cette petite pluie douce, c'était le printemps qui tombait du ciel; un beau soleil vint après, et sous ses rayons s'ouvrirent dans l'herbe les petites pâquerettes blanches avec des gouttes de pluie qui brillaient de couleurs changeantes comme des opales. Les pommiers, en boutons la veille, ouvraient leurs fleurs blanches bordées de rose. Il semblait que tout cela était tombé du ciel avec la pluie; la nature avait sa robe de noces.

Sous nos pieds les marguerites, sur nos têtes les fleurs des pommiers : il semblait aussi que l'âme s'épanouissait. Une foule de petites sensations, de petits bonheurs fleurissaient dans nos cœurs. Nous étions joyeux sur le chemin comme les fauvettes qui chantaient dans les haies, comme les abeilles qui bourdonnaient dans les pommiers, comme le lézard qui faisait frémir l'herbe. — Oh! Robert, me disais-tu, que l'homme est riche, et comme Dieu a doté ses enfants! Tiens, Vatinel, en rappelant tes paroles, je les prononce avec ta voix, je les entends, je te vois; mon imagination n'oublie pas un brin d'herbe; je revois le ciel bleu que nous voyions par taches à travers les branches des pommiers. Je ne saurais te dire quelle inexprimable sensation de joie et de bonheur j'éprouve. Tiens, Vatinel, nos premières années sont comme des pères prodigues; elles déshéritent les dernières; mais, en retrouvant si bien ces doux souvenirs, surtout en retrouvant dans mon cœur tant de puissance pour les sentir, même aujourd'hui, je m'écrie comme toi alors : — Oh! Vatinel, que l'homme est riche, et comme Dieu a doté ses enfants!

Nous trouvâmes enfin un enfant qui nous conduisit à mes domaines de Fousseron. Chemin faisant, nous essayâmes de le faire parler, sans cependant lui adresser de questions trop directes sur l'importance de mes propriétés. — Tu connais Fousseron? — J'crès ben, j'y mène tous les jours mes chèvres que Dieu fait pâturer mes chèvres dans le jardin. — Comment! pâturer tes chèvres dans le jardin, et comment y entres-tu? — A travers la haie donc, j'y ai fait un trou à passer un homme. — Un trou dans une haie! te dis-je à voix basse. — Allons, me dis-tu, te sens-tu déjà pris du démon de la propriété, et l'air de la Normandie ne peut-il se respirer sans qu'on soit atteint de la contagion des procès? Je ne trouvai pas, je puis te l'avouer aujourd'hui, de très-bon goût ta plaisanterie sur une chose aussi grave. — Et que dit le garde? demandai-je à l'enfant. — Le garde? — Oui, le garde. Qu'est-ce qu'il te dit quand tu passes à travers la haie? — Est-ce qu'il y a un de garde? — Je te le demande. — J'sais pas, mé, j'en ai point vu, dà. — Et qu'est-ce que tu fois pendant que tes chèvres pâturent? — Et j'coupe d'l'herbe donc, et je pêche dans le ruisseau.

Ce petit usurpateur commençait à me devenir aussi odieux qu'un autre Normand, Guillaume, dit l'être aux Anglais huit siècles auparavant. Cependant cette mention du ruisseau fit que toi et moi nous échangeâmes un sourire de satisfaction. — Sommes-nous bientôt arrivés? — Eh bé! voilà le trou de la haie, passez itou comme mé. — Merci, voilà pour la peine; va-t'en. — Nenni, que j'm'en vas point, mes chèvres y sont pas pâturent. — Comment, tes chèvres! J'étais prêt à faire explosion; tu passas à travers la haie; nous nous trouvâmes dans une cour couverte d'herbe et de pommiers. — Où est le château? — L'château? Ça doit être ça, y a point autre chose, dà. Et le petit paysan nous montra quatre murs sur lesquels restait la moitié d'un toit. — Comment, il n'y a pas de maison? — La v'là la maison. — Mais sur le reste de la terre? — Vous la voyez, j'vous dis. L'homme finit à l'haie d'épine, — que le ruisseau est *soi-disant* à Pierre Meglon, qui va faire un procès. — C'est ça Fousseron? — Et j'en sais point d'autre, dà.

Nous nous regardâmes abasourdis du coup, et puis nous partîmes d'un grand éclat de rire. Tu t'inclinas et tu te mis à chanter:

Tout le village
Vient à l'unisson
Pour rendre hommage
Au seigneur de Fousseron.

— Tiens, dis-je à l'enfant, voici pour toi, et va faire pâturer tes chèvres ailleurs. — Merci, m'sieu. Et il s'en alla. — Messire de Fousseron, dis-tu, permettez au plus fidèle de vos vassaux de vous faire hommage lige.

Les éclats de rire recommencèrent, puis nous nous mîmes à examiner mon domaine. — La maison avait parbleu bien une chambre et demie, les murs étaient verts de mousse; sur un des côtés montait un vieux lierre. — Le toit était couvert de giroflées en fleurs qui, vues d'en bas, semblaient des étoiles d'or dans le ciel. L'herbe était verte et molle et parsemée aussi de pâquerettes; mais cette herbe et ces pâquerettes étaient à moi; elles me parurent bien plus belles que celles que nous avions foulées depuis le matin. Les pommiers avaient plus de fleurs; — le soleil était plus chaud; le ruisseau murmurait sur les cailloux, et je me sentis l'ennemi de Pierre Meglou, qui avait l'audace de me le disputer. Mon ruisseau, vive Dieu! à la rescousse! mon ruisseau est à moi. Et ce trou dans la haie me gênait aussi beaucoup. Nous finîmes par trouver Fousseron un endroit ravissant; les oiseaux qui y chantaient à moi. Tu les intitulas : La musique de sire Fousseron. Un gros merle noir, au bec orange, fut promu à la dignité de maître de chapelle. C'était un calme et un silence enchanteurs. On sentait une si grande paix dans le cœur! On était affectueux et bienveillant.

— Robert, me dis-tu, nos cœurs sont en ce moment un digne temple pour l'amour. Où est la femme que j'aimerai? — Tony, repris-je, j'aime, et je te parlai d'Alida de Sommery; je te lus une de ses lettres, et de ce jour nous fûmes amis pour la vie.

Depuis ce jour-là, j'ai perdu toutes mes belles illusions. J'ai fermé mon cœur, parce que la réalité n'y entrait que pour le ravager, et j'y ai précieusement serré le passé. — Je me suis fait une existence factice. — J'assiste à la vie comme un spectateur assez bien assis. Mais, je te le répète, Tony, quand j'ouvre ce riche écrin de mon cœur, et que j'en vois tant de belles pierreries; — quand je pense surtout à notre amitié, je dis : — Que l'homme est riche, et comme Dieu a doté ses enfants!

ROBERT.

XV. — Tony Vatinel à Robert Dimeux de Fousseron.

Au moment où je reçois ta lettre, je viens de conduire au Havre un homme qui emmène, pour l'épouser en Angleterre, une femme que j'aimais de toutes les forces de mon âme.

TONY.

XVI. — Robert Dimeux de Fousseron à Tony Vatinel.

Pauvre Tony, je sais ce que doit être l'amour dans un cœur comme le tien. Tu dois être bien abattu, bien malheureux.

Écoute, — pars : va à Honfleur, de Honfleur à Lisieux. — Je vais partir de Paris; nous passerons quelques jours ensemble. — Il y a deux ans, j'ai fait refaire le toit de mon château de Fousseron, et j'ai chargé Pierre Meglou de refermer la haie et d'en prendre soin. — Viens y rester avec moi pendant un mois, nous y vivrons seuls au sein de la nature. — Viens, nous parlerons de ton amour, de ton chagrin. — Moi, depuis longtemps, je n'ai plus ni amours ni chagrins que les tiens.

Je me mets en route ce soir.

ROBERT.

XVII.

Tony et Robert passèrent quelques jours ensemble au château de Fousseron. Robert avait eu, au commencement de sa vie, une grande passion qui avait fini tristement, comme cela doit être chaque fois que l'on demande à la vie des choses qui ne sont pas en elle. Il avait voyagé et il était revenu guéri, avec une ferme et invincible résolution de ne plus prendre la vie au sérieux, et il avait parfaitement soutenu son paradoxe : l'amour surtout était pour lui une perpétuelle ironie. Il était convaincu qu'en amour il y a toujours un qui aime l'autre et est sa dupe. Il était décidé à n'être jamais que l'autre. Avec le souvenir de ce qu'il avait ressenti pour une seule femme, il s'était fait à l'usage des autres une éloquence du plus grand effet. D'ailleurs, n'étant jamais entraîné par la passion, il apportait dans l'escrime de galanterie, que l'on appelle amour dans le monde, un sang-froid et une sûreté de coup d'œil qui lui assuraient un immense avantage sur ses belles adversaires. Il communiquait à Vatinel ses théories que Vatinel éprouvait pour Clotilde était devenu la vie tout entière.

— La maladie est rebelle, dit Robert, les symptômes graves et alarmants résistent à mes efforts. Tu vas voyager.

Tony Vatinel se laissa embarquer.

Pendant ce temps, Clotilde, qui avait réussi à se laisser enlever par Arthur, avait été mariée en Angleterre et était venue s'établir à Paris, où elle avait fait quitter à son mari sa place dans l'administration.

M. de Sommery avait refusé de la reconnaître pour sa belle-fille, et il avait envoyé à son fils une malédiction d'après la formule antique et une menace de le déshériter; mais, au bout de six mois, il trouva sa maison bien vide, et il consentit à ce que son fils vînt passer quelques mois à Trouville, mais sans MADEMOISELLE Belfast.

Le fils refusa, le père cria et obtint quinze jours. Clotilde fut très-irritée de l'obstination de la famille à ne pas l'admettre. Madame Alida Meunier accoucha d'une fille et n'en fit point part à sa belle-sœur. Clotilde se mit à recevoir. Sa grâce, son esprit, le bon goût de sa maison firent bientôt regretter à Alida de ne pas aller là où allait tout le monde, et elle céda aux instances de son frère.

Ce qui n'aurait été entre les deux belles-sœurs qu'une malveillance fort ordinaire si elles eussent continué à ne pas se voir devint une haine envenimée par l'obligation où elles se trouvèrent de vivre aux yeux du monde dans une intimité fraternelle. Clotilde, infiniment supérieure à Alida par sa beauté et par la fascination de son esprit, aurait augmenté cette haine tout naturellement par ses succès, quand même elle aurait négligé toutes sortes de petites humiliations dont elle ne se faisait pas faute.

Alida ne pouvait répondre à des attaques qu'elle seule comprenait que par des aigreurs bruyantes, et elle se sentait encore plus irritée de paraître toujours avoir tort dans un combat d'où elle sortait le plus profondément blessée.

XVIII.

Nous avons imprudemment laissé entrer dans notre livre une petite Zoé Reynold, qui maintenant a le droit d'y paraître et d'y vivre aussi bien que nos autres personnages. Mademoiselle Zoé Reynold nous impose son cousin et futur mari, M. Charles Reynold. Je suis réellement effrayé de voir à combien de personnages j'ai donné une dangereuse hospitalité, et j'ai pris la résolution de n'en plus ouvrir à la foule, ai toujours eu un si grand soin de n'admettre que deux ou trois personnes dans ma retraite. Car, ces personnages évoqués, ils vont demeurer avec moi pendant un mois et demi. Ils vont être ma société intime, ils ne me quitteront pas, ils se promèneront pendant six semaines dans mon jardin. Bien heureux serai-je encore s'ils veulent bien ne marcher que dans les allées; ils parleront et bourdonneront sans cesse à mes oreilles, et le vendredi, à cette table où il ne s'assied que l'ami Gatayes, ils viendront pendant six semaines manger notre gigot et nos haricots. Plus de calme, plus de solitude! Passe encore quand je ne donne asile qu'à d'honnêtes personnes, à des gens selon mon cœur; j'ai eu parfois d'excellentes relations, et je ne regrette pas le temps que j'ai passé avec quelques-uns des héros de mes livres précédents. Je ne me plains ni de Stephen ni de Magdeleine. Wilhem Girl a toujours été bon compagnon. Antoine Huguet sont amis m'ont bien amusé. Geneviève, Rose et Léon ont été pour moi d'excellents amis, sans parler de plusieurs centaines d'autres enfants qui me doivent le jour, et dont je n'ai pas trop à me plaindre. Mais cette fois, cette petite Clotilde me gêne étrangement. Il y a en elle je ne sais quoi de sinistre et de menaçant; c'est ce qui m'explique la faiblesse qui m'a fait donner accès à Zoé Reynold et à son cousin, dont nous allons un peu nous occuper, tandis que Tony Vatinel voyage; que Clotilde et Alida s'envenimeront l'une contre l'autre; que M. de Sommery et l'abbé Vorlèze jouent aux échecs et se disputent, et que madame de Sommery existe, car elle n'a pas autre chose à faire dans la vie.

XIX.

Un dragon traverse au grand trot les rues de Paris, — les fers de son cheval font jaillir du pavé des milliers d'étincelles; son sabre retentit dans le fourreau. On se range en toute hâte sur son passage; les mères se serrent contre les murailles avec leurs enfants. — Les hommes laissent échapper des paroles de mauvaise humeur. Où vas-tu, guerrier, — où s'arrêtera ton coursier écumant? Vas-tu sur un champ de bataille rejoindre ton drapeau, donner ou recevoir la mort? ou, simple messager, apportes-tu la nouvelle d'une victoire ou d'une défaite? Demain les cloches des églises appelleront-elles les hommes pieux et les hommes curieux à un De profundis ou à un Te Deum? Quelque malheur public va-t-il réjouir les employés, les ouvriers et les lycéens, en fermant les ateliers, les bureaux et les collèges pour vingt-quatre heures? En te voyant passer aussi rapidement, on s'interroge, et chaque portière pense à retirer son argent de la caisse d'épargne. Où vas-tu, guerrier, et d'où viens-tu? Es-tu un messager de crainte ou d'espérance, — de joie ou de deuil?

Non, le guerrier est une estafette envoyée du ministère des finances à la rue du Faubourg-Poissonnière, par M. Charles Reynold, employé de ce ministère, pour porter à sa cousine, mademoiselle Zoé Reynold, la lettre que voici, et sur laquelle il a écrit : Service du ministre.

« Ma chère Zoé,

» Il me sera impossible d'aller ce soir chez mon oncle, comme tu me pries de le faire. Une partie de plaisir, convenue avec plusieurs amis, prendra toute ma soirée; — mais, demain soir, je me rendrai à ton invitation. J'ai, à ma dernière visite, oublié mon parapluie; fais-le me mettre de côté et recommande-le.

» Ton cousin,   » CHARLES REYNOLD. »

Le dragon fit marquer l'heure à laquelle il était arrivé; car il faut que les affaires de l'État se fassent exactement, et ce n'est pas pour rien que l'on entretient en France une armée de quatre cent mille hommes; puis il remit son cheval au trot, et disparut.

— Voilà, en effet, dit Zoé, quand elle eut lu la lettre de son cousin, un amant bien agréable et tout à fait entraînant, que mon cher cousin Charles.

XX.

Le lendemain, Charles vint assez tard; Zoé, pour la première fois, s'en impatienta. — Qu'a donc Zoé aujourd'hui, demanda le père Reynold, qu'elle est toute distraite? — Voici, reprit la mère, trois jours que Charles ne vient pas. Zoé entendit ses parents, et fut très-contrariée de l'interprétation qu'ils faisaient de son agitation. Le père Reynold sortit; — la mère continua à faire du filet. Charles entra. — Bonjour, ma tante. — Bonjour, mon neveu. As-tu rencontré ton oncle? — Oui, ma tante, je venais en flânant, et il m'a dit de venir plus vite, que l'on avait à me parler. — C'est sans doute ta cousine. — Qu'est-ce que tu me veux, Zoé? Zoé lui fit signe de se taire, puis elle lui fit des questions sur la santé de sa mère et sur une foule de parents dont elle n'avait pas coutume de se soucier, et dont l'existence importait fort peu à Charles.

CHARLES. — Mais, Zoé, quelle tendresse prends-tu donc tout à coup pour cette partie ignorée de notre famille?

ZOÉ. — Ma mère dort, — maintenant causons. — Je t'ai écrit de venir; où est ma lettre?

CHARLES. — Ma foi, je ne sais pas; peut-être dans mon portefeuille.

ZOÉ. — Bien, ne cherche pas, c'est inutile.

CHARLES. — Que me veux-tu?

ZOÉ. — J'ai à te parler d'une chose de la plus grande importance, d'une chose qui peut faire à tous deux notre malheur ou notre félicité.

CHARLES. — Oh!

ZOÉ. — Nous devons nous marier.

CHARLES. — Oui, après?

ZOÉ. — Nous aimons-nous?

CHARLES. — Mais... oui, nous nous aimons. — Est-ce que tu ne m'aimes pas, toi?

ZOÉ. — Si, mon cousin.

CHARLES. — Et bien! je t'aime aussi, ma cousine.

ZOÉ. — Ce n'est pas là ce que je veux dire.

CHARLES. — Alors je ne comprends pas.

ZOÉ. — Tu en es bien capable.

CHARLES. — Cela veut dire que je suis un butor? Merci, ma chère cousine.

ZOÉ. — Parlons sérieusement.

CHARLES. — Je t'écoute.

ZOÉ. — Eh bien!... c'est assez difficile à dire,... écoute bien. Crois-tu m'aimer d'amour? Je réponds moi-même : — Non, tu ne m'aimes pas d'amour.

CHARLES. — Ah!

ZOÉ. — Tu as eu quelque chose de plus pressé que de venir me voir hier.

CHARLES. — Je le crois bien, une partie charmante.

ZOÉ. — Quand on est amoureux il n'y a rien de charmant.

CHARLES. — Excepté la personne...

ZOÉ. — Oui, tu as reçu une lettre de moi, sans trouble, sans émotion; tu ne l'as pas couverte de baisers. Tu ne l'as pas relue cent fois, tu ne l'as pas mise la nuit sous ton oreiller; le matin, tu ne t'es pas réveillé tout joyeux. Au lieu de l'enfermer comme un avare son trésor, tu ne sais pas où elle est.

CHARLES. — Mais...

ZOÉ. — Laisse-moi continuer... Tu viens près de moi en flânant, ta barbe n'est pas fraîchement faite, tes gants sont fanés; tu as, en me parlant, précisément le même son de voix qu'en parlant à ma mère.

CHARLES. — Oh! ça...

ZOÉ. — Tais-toi... Tu n'as, en m'abordant, ni émotion, ni embarras... tu ne m'aimes pas, tu n'es pas amoureux de moi; c'est évident. Ne m'interromps pas; ce que je dis là n'est pas très-facile à dire, si tu m'interromps, il me sera impossible de continuer. Je ne t'aime pas non plus.

CHARLES. — Eh!...

ZOÉ. — Tout à l'heure nous nous sommes baissés pour ramasser mon mouchoir, nos cheveux se sont touchés et nous n'avons frémi ni l'un ni l'autre; je t'attendais, et je n'ai pas plus mis de soin à ma coiffure qu'hier que je ne t'attendais pas; le bruit de tes pas, dans l'escalier, ne me fait nullement battre le cœur; je ne reconnais pas ton coup de sonnette. Quand tu n'es pas là, si on vient à parler de toi, je ne me sens pas rougir et je me mêle sans aucun embarras à la conversation; si on dit du mal de toi, j'ose te défendre; si on en dit du bien, ce qui, je dois te l'avouer...

CHARLES. — N'arrive pas souvent?

ZOÉ. — C'est toi qui l'as dit. Eh bien! mon cher cousin...

CHARLES. — Eh bien! ma chère cousine?...

ZOÉ. — Nous ne nous aimons pas.

CHARLES. — Je suis tout étourdi de ta science. Où diable l'as-tu puisée?

ZOÉ. — Dans des livres, l'histoire du cœur.

CHARLES. — Si tu t'en rapportes à tes livres, il est clair que nous ne nous aimons pas.

ZOÉ. — Je suis enchantée de te voir partager ma conviction à ce sujet. Cependant on veut nous marier.

CHARLES. — Certainement.

ZOÉ. — Nous ne pouvons nous marier sans amour.

CHARLES. — Tu crois?

ZOÉ. — Sans ces transports, sans ces ravissements, ces enivrements...

CHARLES. — Cousine, tu m'intimides.

ZOÉ. — Réponds-moi, es-tu de mon avis?

CHARLES. — A te parler franchement, quoique j'aie eu sous ce rapport une éducation plus négligée que la tienne, j'y avais déjà pensé.

ZOÉ. — Aimes-tu quelqu'un?

CHARLES. — Non, et toi?

ZOÉ. — Ni moi. Mais nous ne pouvons nous marier ensemble.

CHARLES. — Le mariage sans amour, c'est le jour sans l'aurore.

ZOÉ. — Où as-tu lu cela?

CHARLES. — Nulle part, j'improvise.

ZOÉ. — Il faut résister à la tyrannie de nos parents.

CHARLES. — Es-tu bien sûre qu'ils nous tyrannisent?

ZOÉ. — N'est-ce pas de toutes les tyrannies la plus cruelle et la plus odieuse que celle qui porte des parents insensés à contraindre de s'unir deux cœurs qui ne sont pas faits l'un pour l'autre? — à condamner leurs enfants au malheur et au désespoir?

CHARLES. — Je te demanderai à mon tour où tu as lu cela; à coup sûr, c'est dans un mauvais livre.

ZOÉ. — Cesse de plaisanter; il faut déjouer leurs projets.

CHARLES. — Mais, Zoé, je ne m'aperçois pas qu'on nous entraîne à l'autel.

ZOÉ. — Faisons-nous un serment?

CHARLES. — Un serment d'amour?

ZOÉ. — Charles, tu es fou.

CHARLES. — Sérieusement, je suis un peu de ton avis sur notre mariage; cela n'aurait pas le sens commun.

ZOÉ. — Il faut faire part à nos parents de notre résolution.

CHARLES. — Pourquoi faire? — Attends que l'on nous parle du mariage.

ZOÉ. — Tu me promets donc me refuser?

CHARLES. — Tu jures de repousser ma main?

ZOÉ. — Je le jure.

CHARLES. — Moi, je t'en donne ma parole d'honneur.

ZOÉ. — Mon cher Charles, je suis ton amie pour toujours.

CHARLES. — Ma chère Zoé, tu es une fille adorable.

XXI.

Charles alla voir Robert Dimeux. Robert était bien placé dans le monde, et Charles ressentait quelque orgueil d'être avec lui sur un certain pied d'intimité, intimité qu'il exagérait du reste beaucoup lorsqu'il parlait de Dimeux absent ou quand il y avait des spectateurs.

Robert aimait Charles, parce que sous un réseau de petits ridicules il distinguait parfaitement un cœur bon et honnête; il savait que le jeune homme se parait de certains vices qu'il n'avait pas, comme il mettait le gilet et la cravate à la mode. Robert était si indifférent que l'indulgence lui était facile, indulgence semblable à celle qu'aurait un homme auquel vous donnez un coup de pied dans la jambe, si sa jambe est de bois.

Robert connaissait les jeunes gens; il savait que l'on ne se résigne à être soi qu'après avoir pris et arraché successivement une demi-douzaine de masques; il savait qu'un jeune homme...

XXII.

Me voici désagréablement arrêté par un mot. Ma plume vient de harponner dans l'encrier une pensée pleine de finesse, d'observation et de vérité, et je ne puis l'exprimer. Je ne puis l'exprimer, parce que j'ai besoin pour cela d'un mot choquant. Puisque je ne la dirai pas, je puis bien au moins la regretter et dire que c'était la plus belle, la plus neuve, la plus grande, la plus noble, la plus inouïe des pensées; que c'était... Allons toujours, je ne risque rien, personne ne pourra me démentir, puisque je vais rejeter la pensée dans l'encrier, — faute d'un mot, ou plutôt par la faute d'un mot. C'était une pensée d'une délicatesse, d'une...

Mais l'éloge que j'en fais m'exalte moi-même, et je vais la risquer. Il convient donc de prendre des allures plus modestes, et de dire simplement que c'est un aperçu à la portée de tout le monde, que cent mille personnes ont trouvé avant moi, que ce n'est presque rien, que ce n'est même absolument rien. Alors je n'ai presque plus envie de la dire; et puis, il y a ce mot, ce maudit mot... Ma foi, les personnes qui ne voudront pas le lire passeront le chapitre suivant.

XXIII.

Dimeux savait bien qu'il faut qu'un jeune homme jette — ses gourmes. Dont voici quelques-unes. Faire un poëme épique en seconde.

Porter à des souliers lacés, dissimulés par des sous-pieds très-tirés, des éperons si longs qu'on devrait, pour la sûreté des passants, y attacher de petites lanternes et crier : gare ! Conduire soi-même un cabriolet de louage et faire monter le cocher derrière. S'écrire à soi-même des lettres de comtesses que l'on s'envoie par la poste. Avoir pour ami un acteur de mélodrame que l'on tutoie. Mettre un œillet rouge à sa boutonnière pour simuler à vingt pas la croix d'honneur. Faire partie d'un club ou d'une société secrète, ou se cacher quoiqu'on ne soit pas cherché et dire : le gouvernement veut en finir avec moi.

Parler de créanciers et de dettes que l'on n'a pas. Plaisanter beaucoup sur les femmes, sur l'amour, etc., tandis que le moindre geste de la femme de chambre de la maison vous fait pâlir ou devenir rouge, et que le son de sa voix vous fait frissonner. Appeler, en parlant d'eux, tous les hommes remarquables de l'époque par leur nom sans y joindre le monsieur. Se dire désillusionné quand on n'a encore rien vu de la vie. Parler avec dédain de l'amour, de l'amitié, de la vertu, à cette riche époque de l'existence où le cœur, gonflé de bienveillance et d'exaltation, laisse déborder toutes les tendresses et tous les beaux sentiments.

Prétendre fumer avec le plus grand plaisir des cigares violents qui vous font vomir, dans une allée détournée du jardin, jusqu'aux clous de vos bottes. Parler avec un enthousiasme grotesque des choses à la mode que l'on ne sent pas, et cacher avec soin les beaux et vertueux enthousiasmes de la jeunesse. Voler dans les maisons des cartes à la mode que l'on n'a jamais vus, et les accrocher à sa propre glace pour donner à son portier, à sa femme de ménage et à ses amis, une haute opinion de ses relations.

Parler tout haut avec un ami que l'on rencontre au théâtre ou à la promenade, et ne rien lui dire qui puisse l'intéresser, la conversation n'ayant d'autre but que d'être entendue des promeneurs et des spectateurs auxquels on veut faire de l'effet. Porter un lorgnon avec des yeux excellents. Appeler ses parents ganaches — quand, le matin, trouvant un vêtement de sa mère tombé sur un tapis, on l'a baisé en le ramassant précieusement. Etc., etc., etc. Toutes choses dont les gens les plus sensés, les plus spirituels, les meilleurs, trouveront quelques-unes dans leurs souvenirs.

Ah ! mon Dieu, voici le chapitre fait, et j'aurais pu dire...

— Il faut que le jeune homme jette son écume comme un vin généreux qui fermente, — ses scories comme un métal en fusion.

Peut-être l'autre mot exprime-t-il mieux ce que je voulais dire. Du moins, me servirai-je de ce prétexte pour ne pas recommencer ce chapitre.

XXIV.

Charles entra bruyamment, Robert Dimeux avait près de lui deux hommes de ses amis qui fumaient et buvaient de quelques flacons de liqueur placés sur la table, tandis que Robert déjeunait. — Charles, voulez-vous fumer ? lui demanda Robert.

CHARLES. — Certainement.

ROBERT. — Voici des cigarettes ou des pipes avec du tabac turc, doux comme du miel.

CHARLES. — Non, donnez-moi le brûle-gueule culotté et du tabac plus fort que cela, sacredieu ! du caporal.

ROBERT. — Que devenez-vous donc, Charles, que je ne vous vois plus ?

CHARLES. — Que voulez-vous, mon cher, le tourbillon de Paris vous entraîne, — les soirées, les concerts, les spectacles, les femmes.

ROBERT. — Vous ne parlez pas de votre bureau.

(Charles, qui était à son bureau un modèle d'assiduité, se sentit, à cette allusion à ses vertus privées, devenir rouge jusqu'aux oreilles.)

CHARLES. — Mon bureau, mon bureau, ce n'est pas là ce qui me prend le temps, j'y vais pour me faire rabâcher mon père. — Quand j'ai le temps, trois ou quatre fois par mois,

ROBERT. — Mais c'est une place fort commode. Et l'on vous donne pour cela ?

CHARLES, qui ne reçoit au ministère que 1,200 francs. — Oh ! une misère, une bagatelle, que je lâcherai aussitôt que mon bonhomme de père aura passé à l'état d'ancêtre, — un millier d'écus.

ROBERT. — Prenez-vous des liqueurs ? — Voici de l'anisette, du curaçao.

CHARLES. — De l'anisette, du curaçao, — c'est écœurant ; donnez-moi du dur, du rack ou du wiski, — sacredieu ! — du coupe-figure, du casse-gueule, — du tord-boyaux.

Les deux amis de Dimeux s'en allèrent, — Charles et Robert restèrent seuls. Charles but son verre de wiski d'un seul coup, et se détourna pour cacher à Robert qu'une partie lui en ressortait par les yeux en larmes d'angoisse. Robert s'était, comme cela lui arrivait quelquefois, donné à lui-même une petite représentation des ridicules du jeune homme. Quand ils ne furent qu'eux deux, il pensa que l'absence des spectateurs rendrait moins odieux à Charles d'être lui-même, et lui donnerait moins de honte de paraître un bon et excellent jeune homme.

— Il cessa donc de provoquer ses sorties, et prit la conversation sur un autre ton.

ROBERT. — Charles, il ne faut pas quitter votre place, même quand vous auriez le malheur de perdre votre excellent père. — Votre existence est parfaitement arrangée, vous n'avez qu'à vous laisser aller sans efforts au courant de la vie ; d'ici à un an vous épouserez votre cousine Zoé, qui est une charmante fille, et vous aurez la plus heureuse vie du monde.

CHARLES. — Ma cousine Zoé, ah ! oui, c'est encore une des billevesées de la famille. On voudrait me marier, me marier dans un an. Mettre déjà un terme à ma liberté et à mon heureuse vie de garçon, si pleine de fêtes et de plaisirs ; et d'ailleurs, je n'aime pas Zoé.

ROBERT. — Vous êtes difficile.

CHARLES. — Un peu.

ROBERT. — Elle a une taille charmante.

CHARLES. — Elle est maigre.

ROBERT. — Dites svelte et élancée.

CHARLES. — Elle a les mains rouges.

ROBERT. — Je l'espère bien. — Et que dites-vous de ses yeux pleins de malice et d'esprit, de sa bouche dont les coins ont tant d'expression, — de son pied si étroit et si cambré.

CHARLES. — Mon cher, elle est prude et romanesque.

Allons, allons, pensa Dimeux, le jeune homme est décidé à poser tout le jour, il faut le laisser faire.

— Alors, mon cher ami, vous refusez votre cousine ?

CHARLES. — Oui, certes ; d'ailleurs, nous nous sommes expliqués ensemble ; nous avons décidé que nous ne nous aimions pas, et nous sommes résolus à tout braver plutôt que de céder à l'odieuse tyrannie de nos parents, et je viens vous prier de me rendre un service.

ROBERT. — Je le ferai avec plaisir.

CHARLES. — Je veux aller dans le monde, présentez-moi dans quelques maisons.

ROBERT. — Volontiers. Vendredi, si vous voulez, je vous mènerai chez madame de Sommery.

CHARLES. — Je la connais ; c'est mademoiselle Clotilde Belfast, c'est une amie de Zoé. À la bonne heure, voilà une charmante femme.

ROBERT. — Eh bien ! vendredi, vous pourrez lui dire cela à elle-même.

Charles se sentit serrer le cœur à la seule idée de toute la résolution qu'il faudrait pour dire à une femme qu'il la trouvait charmante. Néanmoins, il triompha de cette angoisse et dit d'un air avantageux :

— Certainement.

ROBERT. — Mardi, chez madame Meunier.

CHARLES. — Autre amie de ma cousine.

ROBERT. — Enfin, si cela vous plaît, j'emploierai toute votre semaine.

CHARLES. — Merci, mon cher, à vendredi.

Et Charles sortit en fredonnant.

XXV.

Robert Dimeux reçut une lettre de Tony Vatinel ; elle portait le timbre de Londres. — Ah ! dit Robert, ici mon malade sera distrait ; il a bien des choses à me dire sur le berceau du gouvernement représentatif, si haï des vaudevillistes.

Voici ce qu'écrivait Tony Vatinel :

XXVI. — Tony Vatinel à Robert Dimeux de Fousseron.

Londres.

Mon cher Robert,

Je me rappelle le premier jour que je la vis ; — c'était à Trouville, à la marée basse. — On pêchait aux équilles. Les filles du pays, — les jambes nues et rouges, — avec un petit panier d'une main et un petit trident de l'autre, creusaient dans le sable fin et serré et jetaient dehors les équilles, semblables à de petites anguilles grises. Elles avaient relevé jusqu'aux jarrets leurs robes de laine rayée. Je me promenais par là avec mon fusil et mon chien pour abattre quelques mouettes.

Le soleil se couchait, — les nuages à l'horizon étaient rouges et violets, — et le soleil lançait sur Trouville des rayons obliques, moins ardents déjà que dans la journée, mais empourprant tout ce qu'ils touchaient. — La mer commençait à monter, — et la Touque refluait vers sa source ; — mais comme elle descend d'une colline élevée, il se livre un combat entre le courant et le flot de la mer qui le refoule, et elle se répand sur les rives.

Il y eut un moment où les pêcheuses se trouvèrent sur une sorte d'île entre la Touque débordée et la mer qui montait. Il n'y avait là rien d'inquiétant pour les filles du pays, — qui en seraient quittes pour relever leurs jupes ; mais mon attention fut attirée par les éclats d'une bourgeoise que je n'avais pas d'abord remarquée au milieu d'elles. Je m'approchai, et les filles firent autour d'elle un cercle pour la cacher ; je reculai quelques pas. Bientôt le cercle se dérangea, et j'aperçus la plus ravissante créature que j'eusse jamais rêvée. — Rien dans son aspect ne pouvait faire supposer qu'elle fût de la même espèce que les femmes qui l'entouraient. — Elle était petite et svelte, de beaux cheveux blonds flottaient au vent, légers comme l'écume de la mer. — Son visage, éclairé par les rayons rouges du soleil, était doucement lumineux, comme on peint celui des anges; — elle venait de se déchausser pour pouvoir franchir les flaques qui s'étaient répandues; — mais sa robe était si peu relevée, malgré les conseils des filles qui l'accompagnaient, qu'on ne voyait que le commencement de sa jambe — et un pied petit à le cacher dans la main et blanc comme du lait, une cheville sèche et fine comme une arête. — Sa démarche était gracieuse et légère, et en la voyant ainsi sortir presque de la mer, avec ses cheveux blonds, je me rappelai ce que Virgile dit de Vénus, *et vera incessu patuit dea*, et Homère de Thétis, qu'il appelle *Arguropodos*, déesse aux pieds d'argent.

Tu ne saurais croire combien ce tableau est resté complet dans ma mémoire, et comme je n'ai rien oublié de ce qui se passait en ce moment, — même des choses qui n'avaient aucun intérêt et qui ne se rapportaient pas à la scène qui enchantait mes yeux. — Je n'ai, quand j'y pense, qu'à fermer les yeux pour tout voir dans les moindres détails. Sa robe était d'un gris sombre.

Il y avait au ciel un grand nuage qui avait la forme d'un aigle avec une aile étendue. — Ce nuage noir devant le soleil donnait à l'aigle l'air de voler dans le feu, qui avait brûlé une de ses ailes.

Le vent soufflait du sud-ouest — et inclinait un petit arbre qui dépassait le toit de la première chaumière de Trouville.

Dans le sable jaune s'était ouvert un *phlox* aux fleurs d'un rose pâle — quoique ce ne fût pas encore la saison, car nous n'étions qu'au mois de juin.

TONY VATINEL.

Ah! — pensa Robert, — voilà donc tout ce qu'il a vu en Angleterre! — J'envoie son corps là-bas, et son cœur et son esprit sont restés à Trouville.

XXVII. — Tony Vatinel à Robert Dimeux de Fousseron.

Dublin.

Je suis à Dublin.

Un jour que j'arrivais chez M. de Sommery, je fus, comme de coutume, obligé de m'arrêter à la porte, tant mon cœur battait fort, pour me remettre avant d'entrer. Il se répand autour de la femme que l'on aime un parfum céleste; ce n'est plus de l'air, c'est de l'amour qu'on respire.

M. et madame de Sommery tenaient, comme de coutume, les deux côtés de la cheminée, où le vent frais avait fait allumer du feu, quoiqu'on fût au mois de mai. *Elle* était près de madame de Sommery; Arthur près d'elle; près d'Arthur une femme en visite. Le seul siège vacant se trouvait entre cette femme et madame Meunier qui, avec l'abbé Vorlèze, finissait le demi-cercle jusqu'à M. de Sommery. Je m'assis d'assez mauvaise humeur entre ces deux femmes, qui toutes deux cependant étaient assez jolies. Mais, depuis le premier jour où je l'avais vue, toute mon organisation était changée. Je n'éprouvais plus de ces désirs sans but, de cet instinct qui entraîne un jeune homme vers *la femme*; elle remplaçait pour moi toutes les femmes, et toutes les femmes n'auraient pu la remplacer un moment; elle seule me semblait belle; elle seule me semblait femme, ou plutôt elle était plus qu'une femme, et les autres étaient moins. Un baiser, dans mon ardente imagination, ce n'était plus ses lèvres jointes aux lèvres d'une femme, mais ma bouche sur la sienne. Je ne voyais plus qu'elle, tout ce qui n'était pas elle n'existait plus ne me gênait. Je trouvais trop peu de toute ma vie employée à l'aimer, et je ne voulais pas qu'un vînt m'en dérober rien.

Dans mon chagrin de n'être pas près d'*elle*, je tâchais au moins de ne pas me mêler à la conversation, pour être tout à mon amour. Je la regardais; j'aurais voulu avoir mille ans à vivre; chacun de ses cheveux eût rempli une année de ma vie. — Je n'ai d'elle qu'une fleur sèche, et quand je m'enferme le soir, je passe quelquefois la nuit entière à la regarder. — Cette fleur était une branche de genêt cueillie dans les petits bois qui dominent Trouville; un jour, je m'y suis promené avec elle, dans de petites allées où il y avait de la mousse. — Il n'y avait rien de joli comme ses petits pieds sur ce velours vert de la mousse. — Mais qu'est-ce que je disais, et en étais-je? Ah!... *Elle* se leva, et s'approchant de la femme qui était en visite, elle lui soutint qu'elle avait froid et la força de prendre sa place près de madame de Sommery, et conséquemment plus près du feu. Naturellement elle prit la place vide qui se trouvait auprès de moi.

TONY VATINEL.

XXVIII. — Tony Vatinel à Robert Dimeux de Fousseron.

New-York.

Je suis arrivé hier à New-York.

J'arrivai un jour chez M. de Sommery, dans la journée. Tout le monde était à la promenade; elle était seule, je me sentis fort troublé.

C'est singulier, mon cher Robert, je me suis battu une fois, étant étudiant, avec un maître d'armes qui m'a donné un coup d'épée. J'ai une autre fois été emporté par un cheval fougueux qui s'est brisé la tête contre une muraille.

J'ai lutté contre la mer en furie.

Je n'ai jamais rien rencontré dans toute ma vie qui m'ait inspiré autant de terreur que le froncement du sourcil étroit de cette femme, si petite et si frêle que je n'oserais la toucher dans la crainte de la briser.

Après les premiers compliments d'usage, nous restâmes sans rien dire; mes rêveries m'emportaient au ciel, et je n'osais ouvrir la bouche; je sentais mon cœur si plein d'amour que, quoi que j'eusse voulu dire, je craignais de le prononcer malgré moi : Je vous aime.

Cependant je voulus savoir si son silence avait la même cause que le mien; je lui parlai d'une chose indifférente, des nombreuses fleurs qui couvraient les ajoncs des falaises d'étoiles d'or, et qui, s'il faut en croire les dictons du pays, promettaient à nos marins une bonne pêche.

Certes, si on m'eût forcé de répondre à une chose aussi éloignée de ce que je pensais un instant auparavant, j'eusse eu l'air le plus étonné et le plus étourdi du monde. Elle me répondit simplement qu'elle en serait enchantée. Il est vrai que, entre deux personnes qui s'aiment, *bonjour* peut vouloir dire : « Je vous aime et mon âme est à vous; » mais sa voix ne disait rien de plus que ces paroles.

Je partis désespéré.

TONY VATINEL.

XXIX. — Robert Dimeux de Fousseron à Tony Vatinel.

Paris.

Je ne m'aperçois pas, mon cher Vatinel, que tes voyages t'apportent de grandes distractions, et tu me sembles précisément un peu plus amoureux qu'avant ton départ, que j'avais considéré comme un moyen de guérison invincible. Il y a, mon bon ami, des ânes parmi les médecins du cœur comme parmi les autres, et je me déclare digne d'être reçu *in corum docto corpore*.

Comment n'avais-je pas vu tout d'abord de quelle nature était ta passion? Aujourd'hui je ressemble à un médecin qui fait l'autopsie de son mort et qui explique parfaitement comment il aurait fallu le soigner.

Ton amour est tout en toi; — tu es comme ces boîtes à musique qui jouent les airs qu'elles contiennent aussitôt qu'elles sont montées, — n'importe par quelle main. Tu aimes Clotilde comme tu aurais aimé toute autre femme, sans que la différence qui aurait existé entre cette autre femme et elle eût amené la moindre différence dans ton amour. Tout ce qu'il y a en toi de bon, de grand, de généreux, tu l'en as revêtue, — comme une femme italienne revêt sa madone de ses plus beaux colliers, — et dans ce culte que tu as maintenant pour elle, c'est ton amour que tu aimes et que tu adores; — ton amour sans lequel Clotilde, sans être une femme vulgaire, serait une femme dont les défauts et les qualités l'inspireraient de l'éloignement.

J'ai donc agi maladroitement pour la guérison en t'éloignant d'elle. — Quand tu ne la vois pas, tu te la figures comme tu l'aimes et comme tu veux qu'elle soit. La Clotilde que tu aimes n'est pas ici à Paris, tu l'as emportée dans ton cœur.

Mais, si tu étais ici, si tu la voyais comme la vois, il y aurait de temps en temps des moments où tu t'apercevrais de quelques légères différences entre elle et l'objet de ton amour.

Dans l'éloignement, ton mal est incurable, et, je te le répète, je suis un âne de ne l'avoir pas deviné. Ah! si tu aimais une femme vivante, une femme réelle, il pourrait arriver que tu voulusses la comparer à une autre et que la comparaison ne fût pas à son avantage. Aujourd'hui tu verrais une femme dont les cheveux seraient plus fins, demain une autre dont le pied serait plus petit. — Mais tu es amoureux d'une femme que tu as inventée; et, quand on invente une femme, on aurait bien tort de lui laisser craindre la comparaison avec une autre : tu lui donnes libéralement les cheveux *les plus fins du monde*, le pied *le plus petit qu'on puisse voir*.

Arrivez avec des cheveux invisibles et presque pas de pieds, vous ne pouvez l'emporter sur la divinité sortie tout armée du cerveau de l'amoureux. Les cheveux les plus fins du monde, — cela veut dire encore plus fins que les vôtres; — cela même tourne à son avantage. On n'avait pas imaginé de cheveux aussi fins que les vôtres; mais, puisque les voilà, les cheveux les plus fins du monde sont obligés de l'être encore plus que cela.

Les rois persans ne se montraient jamais. A peine a-t-on vu les rois que, par des transitions successives, en à la guillotinés.

Le seul peuple qui soit resté religieux est le peuple turc, chez lequel il n'est pas permis même de représenter Dieu par la pierre ou la toile. — Dieu a, dit-on, fait l'homme à son image. Cela n'a été inventé que pour donner une apparence de justice, de représailles et de talion à l'insolence qu'ont eue les hommes de peindre Dieu à leur ressemblance.

Je n'ai cependant pas renoncé à te guérir, mon cher Vatinel, mais je vais employer un autre moyen; tu verras Clotilde, tu lui parleras de ton amour, tu seras son amant, et alors tu seras sauvé, alors tu ne l'aimeras plus.

Viens, viens, j'ai consenti à ne priver de mon ami, parce que j'espérais te guérir; — viens ici; si tu ne guéris pas, au moins tu auras le sein d'un ami pour reposer ta pauvre tête malade.

ROBERT DIMEUX.

XXX.

Madame Clotilde de Sommery demeurait à la place Royale, dans un de ces vastes appartements, aux plafonds élevés, que l'on ne trouve plus guère que là, si j'en excepte pourtant mon atelier. — Il n'y avait rien de féminin dans l'arrangement de son salon. Autour du plafond régnait une corniche dorée sur une boiserie blanche ; de grandes draperies de damas rouge couvraient les fenêtres et les portes ; un lustre pendait d'une rosace dorée ; les fauteuils, dans le style de Louis XV, étaient dorés et de l'étoffe des rideaux et des portières ; de grandes glaces, placées sur des consoles dorées, s'élevaient jusqu'au plafond. Tout cela avait une grande harmonie et une élégance sérieuse. Madame de Sommery faisait les honneurs de son salon avec beaucoup d'aisance et de tact.

Tony Vatinel.

A voir cette femme si frêle, si petite, on était sans cesse étonné de sa conversation sérieuse ; son visage était grave et son sourire extrêmement rare, ce qui la rendait d'autant plus charmant, semblable à ces rayons du soleil qui percent un moment un ciel orageux d'un long faisceau de lumière.

Elle aimait à parler de la politique du moment, et prévoyait les choses avec une sagacité et un instinct merveilleux. Elle ne négligeait aucun moyen de mettre son mari en évidence, et savait l'obliger à une foule de démarches dont seul il n'aurait pas eu seulement l'idée.

Elle voulait qu'Arthur fût député, et elle avait déjà choisi ses amis politiques et fixé la place qu'il occuperait sur les bancs de la chambre. Elle lui faisait à son insu une considération qui devait le précéder. Plusieurs personnages influents venaient chez elle avec plaisir. Ils lui faisaient bien un peu la cour, mais elle avait un art merveilleux pour les payer d'espérances vagues sans les décourager. Non que Clotilde fût gouvernée par des principes bien sévères, ou gardée par de l'amour pour son mari ; — mais tous ces hommes qui l'entouraient étaient pour elle des *moyens*, et elle pensait prudent de compter sur leurs désirs plus que sur leur reconnaissance. La résistance d'ailleurs lui était facile. Tony Vatinel avait épuisé pour longtemps tout le pur amour qui pouvait se trouver dans son cœur. Elle recevait tous les soirs à peu près, — mais c'étaient des soirées intimes — où il n'y avait que des hommes. Elle permettait que l'on vînt en bottes et crotté ; — elle exigeait ces soirs-là qu'on ne la traitât pas en femme. — Le ton était alors sérieux et familier. Arthur allait dans le monde et n'y était presque jamais. Quand par hasard il restait, Clotilde était silencieuse et ne se mêlait nullement à la conversation. Autrement, elle était assise ou plutôt à demi couchée dans un immense fauteuil de velours bleu-foncé, dans lequel elle avait l'air d'une charmante petite chatte, — dont elle avait la grâce, les manières et la séduction. Et elle prenait part aux discussions les plus ardues — sur la politique et la philosophie — avec une hardiesse et une indépendance d'idées extraordinaires.

Le vendredi, elle recevait les femmes et elle redevenait femme. — D'ailleurs Arthur était là, et elle lui cachait avec un soin et une adresse infinis toute la force et la supériorité de son esprit ; elle ne voulait pas qu'il s'aperçût de l'influence qu'elle exerçait déjà, et qu'elle voulait pousser au plus haut degré sur lui et sur ses actions. Le moyen le plus sûr de ne pas l'inquiéter était d'afficher une grande futilité, et il était singulier de l'entendre causer toute une soirée, — parler de toilettes, de modes, de bals, de concerts, et avoir l'air de prendre le plus grand plaisir à cette conversation, quand la veille et le lendemain on l'avait entendue disserter assez raisonnablement des intérêts les plus graves avec des hommes considérés.

Il y avait chez Arthur bien plus de la femme que chez Clotilde. Il s'occupait le plus sérieusement du monde de cravates et de gilets, — et il passait une heure avec le coiffeur à discuter s'il convenait de faire tomber ses cheveux à gauche ou à droite. Malgré cela, ou à cause de cela, il affectait de grandes prétentions à la gravité ; il considérait sa femme comme une enfant, et il lui reprochait souvent son excessive futilité.

Alida Meunier, la sœur d'Arthur, avait en vain tenté à plusieurs reprises de détruire l'influence de Clotilde ; enfin elle avait pensé que le moyen le plus sûr était de le rendre amoureux d'une autre femme, — et elle ne négligeait rien pour y parvenir ; elle faisait remarquer les grâces et la beauté de celle-ci, les talents et l'originalité de celle-là. Une autre, Alida en était sûre, cachait au fond de son cœur un tendre sentiment pour Arthur, etc.

Mais rien de tout ce manége n'échappait à Clotilde ; et elle savait regagner en une journée le peu qu'Alida avait mis un mois à lui faire perdre.

Robert avait eu dans sa jeunesse une grande passion, — dont nous avons parlé, — pour Alida, qui s'était à peu près moquée de lui ; plus tard, il l'avait rencontrée dans le monde ; — et, comme on réussit mieux avec l'amour que l'on parle qu'avec l'amour que l'on a, — il avait été son amant. Il n'avait jamais fait la cour à Clotilde. Chacune

M. de Sommery reconnut l'abbé Vorlèze lui-même.

prenait cela pour une préférence. Alida croyait avoir été trouvée plus belle que Clotilde. — Clotilde, à la manière dont Robert avait quitté Alida, pensait que Robert n'eût pas osé lui offrir un amour aussi futile, — le seul qui pût trouver place dans son cœur. Toutes deux le redoutaient à cause de sa moquerie et de son indifférence presque générale qui le rendait tout à fait invulnérable.

XXXI.

Alida Meunier, lorsque Robert Dimeux avait recommencé à s'occuper d'elle, l'avait traité comme le premier venu. — Elle avait fait avec lui tout ce petit manége de coquetterie que les femmes varient si peu. Robert s'était soumis à toutes ses exigences, à tous ses caprices, et sa soumission avait fort encouragé sa belle inhumaine, qui avait mis sa patience à l'épreuve des plus cruelles férocités féminines. Jamais peut-être il n'y eut d'amoureux aussi maltraité que Robert, et Robert attendait sans se plaindre; mais chaque soir, en rentrant chez lui, il écrivait une ou deux lignes sur un petit cahier richement relié.

Enfin sa constance fut couronnée. L'heureux Robert envoya le lendemain matin le petit cahier relié. Voilà ce qu'il contenait :

Compte de madame ALIDA MEUNIER, née de Sommery.

7 *février.* Avoir pris, pendant que je lui parlais, un air distrait et impertinent.

8. Avoir chanté avec M. M***, et m'avoir fait de ce ridicule personnage un éloge emphatique.

9. Avoir jeté négligemment sur la cheminée un bouquet que je lui avais envoyé, et avoir mis dans l'eau celui du même M***.

10. M'avoir obligé à débiter des fadeurs et des lieux communs.

11. *Idem.*

12. *Idem.*

13. *Idem.*

14. M'avoir fait jouer à l'écarté avec son imbécile de mari.

15. S'être fait accompagner par moi dans des magasins de modes et de nouveautés.

16. M'avoir forcé d'écrire une lettre de quatre pages — extrêmement bête.

17. Avoir montré ma lettre à madame Clotilde de Sommery.

18. M'avoir accordé une sorte de rendez-vous aux Tuileries, et n'y être pas venue.

19. Avoir pris vis-à-vis de moi des prétextes qui ne pouvaient être admis que par un homme sur la sottise duquel on croyait pouvoir compter.

20. M'avoir fait faire des phrases ridicules.

21. *Idem.*

22. M'avoir montré, en plein salon, comme un amoureux rebuté.

23. M'avoir parlé de sa vertu, de ses devoirs, comme on en pourrait parler à M***.

24. M'avoir dit avec un air de vertueuse indignation : — Est-ce que vous avez espéré, monsieur, que je serais votre maîtresse?

N. B. J'ai parfaitement tenu mon sérieux, et j'ai protesté de mon respect et de ma timidité.

25. M'avoir, dans sa loge à l'Opéra, reçu avec un petit air tout à fait dédaigneux, devant plusieurs personnes, ce qui m'a un moment embarrassé.

N. B. On ne peut s'empêcher de désirer un peu la mort de quelqu'un qui vous embarrasse.

26. M'avoir, à dîner chez elle, placé assez mal à table.

27. Avoir refusé de répondre à mes lettres.

28. *Idem.*

29. Avoir enfin répondu, mais une lettre pleine de restrictions, comme si j'étais un malhonnête homme capable de la montrer, procédé tout à fait méprisable. Pourquoi, en effet, cette femme accepte-t-elle ma cour si elle me croit ainsi fait?

1er *mars.* M'avoir accordé un rendez-vous et n'y être pas venue.

2 *mars,* idem.

3 *mars.* M'avoir fait prendre dix billets de 20 francs pour une loterie au profit des pauvres, qui, par ce moyen, doivent l'être moins que moi.

4. Avoir exigé de moi une toilette ridicule.

5. M'avoir fait couper mes moustaches.

6. M'avoir fait entendre M. Kalkbrenner, pianiste.

7. M'avoir fait dîner à onze heures.

8. M'avoir forcé de dire que madame*** est laide, ce que je ne pense pas du tout.

9. M'avoir rendu maussade, désagréable et malveillant pour mes amis.

10. Continuation.

11. Continuation.

Item, report d'autre part.

Avoir rempli trois de mes plus belles années de chagrins, d'angoisses, de désespoir.

Etc., etc., etc.

Ce *journal* se continuait jour par jour pendant quatre mois, — et se terminait par ceci :

« Voici, madame, ce que m'a coûté le bonheur dont vous avez bien voulu me combler hier. Je crois de bon goût de vous dire que je ne pense pas l'avoir payé trop cher. — Profiter plus longtemps de vos bonnes dispositions à mon égard; accepter de vous de nouvelles preuves de votre bonté, — ce serait me conduire en usurier qui prête à un taux exorbitant, ou en créancier qui ne se croit suffisamment payé; ce serait, dans ce dernier cas, ne pas mettre à un assez haut prix les faveurs que j'ai obtenues; — je suis au contraire vraiment honteux d'avoir si peu donné en échange d'une pareille félicité, et je n'accepterai rien au delà.

» Pour acquit,

» R. DIMEUX DE FOUSSERON. »

« Alida indignée avait d'abord roulé dans sa tête des projets de vengeance auxquels avait cédé une habituelle malveillance dans la conversation; mais elle n'avait pas tardé à s'apercevoir que quand Robert était présent, elle n'était pas assez forte pour lutter contre lui, — et que, lorsqu'il était absent, ses attaques témoignaient un intérêt tout à fait compromettant.

» Robert, du reste, semblait avoir oublié le passé; il était plein de prévenance et de galanterie pour Alida, qui finit par n'y plus penser.

XXXII. — Un vendredi chez madame de Sommery.

Robert présenta Charles Reynold, auquel on ne fit pas la moindre attention, tant il était exactement pareil à une trentaine d'autres jeunes gens, entre lesquels on n'établissait aucune distinction et que l'on désignait sous le nom générique de danseurs.

Alida arriva tard, et son entrée produisit une sorte d'effet dans le salon. Elle était très-parée et mise fort à son avantage. Sa robe montrait beaucoup ses épaules qui étaient assez belles, et cachait

— Eh bien, tiens, voici mon bouquet avec le papier : s'il m'en parle, je dirai que tu me l'as pris.

ses pieds qui étaient médiocres. Elle attira surtout l'attention du personnage avec lequel causait Clotilde, à un tel point que Clotilde s'en impatienta. Elle se leva, alla au-devant de madame Meunier, et la fit asseoir auprès du feu, lui soutenant qu'elle devait avoir froid aux pieds, à cause de ce terrible escalier de pierre. Alida avait, en effet, les pieds glacés, et tout lui donnait à craindre que cela ne lui eût rougi le nez; mais elle se tenait en garde contre Clotilde, et ses pieds restèrent cachés sous sa longue robe. Clotilde alors prit un tabouret, et invita madame Meunier à mettre ses pieds dessus, tout en ayant soin de placer le tabouret à une assez grande distance. Alida tint bon, et remercia avec un sourire de reconnaissance pour les touchantes attentions de sa belle-sœur.

A cette époque on valsait peu, et dans beaucoup de maisons on ne valsait pas du tout. Clotilde fit jouer une valse; on vint inviter Alida, qui refusa. L'homme qui l'invitait était assez de connaissance pour pouvoir insister. — Alida répondit qu'elle ne savait pas valser. — Ah!... dit Clotilde, vous valsez à ravir. — Il fallut alors qu'Alida supposât un violent mal de tête. — J'en étais sûre, dit Clotilde, vous avez eu froid aux pieds; — chauffez donc vos pauvres pieds. Alida dansa, mais en marchant, et les pieds sous sa jupe.

Il y avait à la mode une romance dont l'air était tellement joli, que tout le monde y produisait de l'effet. Alida l'avait chanté cet hiver-là deux ou trois fois avec succès; il était parfaitement dans sa voix. Ma-

dame de Sommery alla *supplier* Zoé de chanter *quelque chose.* — Tiens, dit-elle, chante-nous cet air que tu chantes si bien : — et elle désigna l'air d'Alida. Zoé se fit prier juste ce qu'il fallait, et chanta.

LE MORT AMOUREUX.

Je ne sens plus la pierre
Peser sur mon corps froid ;
Une voix douce et fière
Me dit : Réveille-toi !
Les cieux ouverts révèlent
Leurs splendeurs à mes yeux ;
Et les anges m'appellent
Pour devenir l'un d'eux.

Son amour, sur la terre,
Me fut si précieux,
Que mon âme n'espère
Rien du plus dans les cieux.
Secourez-moi, mon père,
En ce nouveau péril ;
Tant qu'*elle* est sur la terre
Le ciel est un exil.

Ah ! donnez-moi, près d'elle,
Mon Dieu, mon paradis.
Que mon âme se mêle
Aux songes de ses nuits !
A la fleur qui lui donne
Ses enivrants parfums,
Au zéphyr qui frissonne
Dans ses beaux cheveux bruns.

La vie est une épreuve,
Bien pleine de combats,
Pour la pauvre âme veuve
Que j'ai laissée en bas.
Mon Dieu, je vous en prie,
En ce séjour mortel,
Ajoutez à sa vie
Tout mon bonheur du ciel.

Alida se mordit les lèvres de dépit, et fut obligée de joindre des éloges à ceux du reste de la société. Mais quand on la pria à son tour, elle se dit enrhumée. Zoé avait sinon bien chanté, du moins chanté avec une voix fraîche et bien timbrée ; elle avait surtout certaines cordes graves qui dans une voix de femme causent une impression poignante. Elle n'était pas encore faite à cette habitude de chanter en public, que prennent tant de femmes du monde à un degré qui intimiderait des actrices. Elle rougissait et ses yeux brillaient d'un éclat tout prêt à devenir une larme. Robert s'approcha d'elle, lui fit des compliments, et l'invita à danser.

Zoé fut touchée de l'attention de Robert. Toute charmante fille qu'elle était, elle jouait dans le monde un rôle très-accessoire. Elle n'était pas assez riche pour que les hommes à vues sérieuses s'occupassent d'elle, et les *jeunes gens* appartiennent aux femmes de trente ans.

Charles, cependant, avait dansé avec Clotilde et lui avait adressé quelques lieux communs de galanterie, que Clotilde avait eu l'air de prendre pour une partie de la contredanse, pour un dialogue enseigné par les maîtres de danse au son de la *pochette*, et pouvant se chanter sur l'air de la *Trénis* ou de la *Pastourelle*, et que l'on répète à toutes les danseuses pendant toute une nuit sans y rien changer.

L'Été, — en avant deux, — à droite, chassez, — à gauche, chassez, — traversez, balancez à vos dames. — Il fait bien chaud. — Ah ! oui, — ou — mais non. — Vous avez une belle rose ; c'est une bien jolie couleur que la rose. (Variante si la robe est bleue : Vous avez une robe bleue, c'est une bien jolie couleur que le bleu). — Avez-vous été beaucoup au bal cet hiver ? — Il y a beaucoup de bals cette année. — J'ai eu *le bonheur* de vous voir chez (nommer une maison dans laquelle il soit du bon ton d'être admis : il n'est pas nécessaire que vous y alliez réellement). Main droite, main gauche, — balancez, — à vos places. — Finissez par un *jeté battu* et un *assemblé.* — En avant deux. — On ne fait plus le dos à dos. — A vos places, — tour de main. La connaissance devenant plus intime, la phrase monte. — J'adore les cheveux noirs (ou les cheveux châtains, ou les cheveux blonds, ou les cheveux d'or), selon que la personne est brune, blonde ou rousse.)

C'est ce que les moralistes appellent :

« Ces danses mêlées de paroles *brûlantes* et pleines *d'enivrement,* où l'amour prend les formes les plus *séduisantes,* et achève par la parole qui n'est que trop bien commencé par *la musique* et de voluptueux *entrelacements.* »

Pastourelle. — Conduisez vos dames. — En avant trois.
Cavalier seul !

J'ai connu des hommes braves et intrépides, dont le corps était couvert de blessures, des hommes que j'avais vus affronter le canon avec le sourire sur les lèvres et un visage impassible. Eh bien ! à ce moment solennel du *cavalier seul,* il n'en est pas un que je n'aie vu hésiter, arranger sa cravate, passer sa main dans ses cheveux pour se

donner une contenance, s'embarrasser, et sentir rougir de honte, de timidité, de peur, la cicatrice faite à son front par le sabre ennemi.

En effet, l'espace est là ouvert devant vous, un espace qu'il faut seul remplir de grâce et d'élégance, devant des yeux qui ne sont distraits par rien. Vous êtes sur un théâtre, sans être plus élevé que les spectateurs. Tous les yeux sont sur vous, votre habit vous gêne, vous rougissez rien que de la peur de rougir ; vos yeux se troublent, ne voient plus ; vos genoux flageolent et se dérobent ; il vous semble à vous-même que vous êtes devenu un de ces pantins dont les bras et les jambes tiennent par des fils ; vous sentez vos jambes mal attachées et prêtes à tomber ; votre respiration est pénible et embarrassée. Vous voudriez que le lustre tombât, sinon sur vous, du moins sur quelqu'un, ou que le feu prît à la cheminée. Le plus funeste accident vous ravirait, pourvu qu'il vînt mettre un terme à votre angoisse.

Vous usez d'une foule de petits subterfuges, vous n'osez regarder ceux qui sont en face de vous, mais vous êtes embarrassé de sentir que vous baissez les yeux, vous voulez les relever et ils ne vous obéissent pas, ou partout ils rencontrent des regards embarrassants. Vous avez commencé par *marcher*, mais vous vous faites des reproches de votre lâcheté ; il faut *danser franchement*, et dans votre élan de courage, vous commencez un pas que vous n'achevez pas ; vous êtes en avance de trois mesures, vous avez fini, la musique va encore, vous vous arrêtez en face des deux *dames !* — le *cavalier* médite déjà son pas et l'embarrasse par avance ; il aurait pitié de vous, car tout à l'heure il aura besoin de votre pitié ; il vous tendrait la main, — mais les *femmes !* elles vous voient là, rouge, essoufflé, le corps légèrement penché, les mains tendues vers elles, avec un sourire niais et contraint, et elles ne livreront leurs mains aux vôtres pour le tour de main que quand la mesure viendra l'ordonner rigoureusement. J'ai appris à danser, et je suis assez habile à tous les exercices ; je rencontre parfois dans les rues un brave homme maigre et grêlé qui m'a donné des leçons ; ce professeur est danseur et joue les *diables verts* à l'Opéra quand M. *Simon* est malade. M. *Simon* est premier *diable vert* de l'Académie royale de musique et a reçu la croix d'honneur en 1838.

Une fois j'ai essayé de pratiquer les leçons de mon professeur.

Mais arrivé au cavalier seul, j'ai appelé la mort de meilleure foi que le bûcheron de La Fontaine. J'étais si désespéré que je ne sais si je me serais contenté de la prier de fuir pour moi mon *cavalier seul.* Tout se mit à tourner devant moi : les danseurs avaient des formes étranges ; le piano ricanait et se moquait de moi ; les figures des tableaux se tenaient les côtés et riaient aux éclats ; les bougies dansaient dans les candélabres en me contrefaisant ; et le cornet à piston me semblait la trompette du jugement dernier.

Hélas ! on me jugeait en effet un sot et un maladroit. Tout disparut ; je ne sais comment cela finit ; je me retrouvai à ma place près de la femme que j'avais engagée à danser ; je n'osai plus lui parler, ni la regarder. Je ne voyais que son visage, mais il me semblait apercevoir du mépris jusque dans ses pieds et dans les plis de sa robe. Jamais depuis je n'ai osé m'exposer à un pareil supplice. Encouragé par l'air ennuyé de madame de Sommery qu'il prit pour de l'embarras et de la modestie, Charles la suivit après la contredanse quand elle alla s'asseoir, et bourdonna autour d'elle des choses insignifiantes ; aux premières mesures de l'orchestre, il alla prendre la main d'Alida Meunier, qu'il avait engagée. Alida l'accueillit à merveille, et Clotilde jeta sur eux un regard attentif. Il y avait entre ces deux femmes un sentiment de rivalité tellement développé, que l'objet qu'elles se disputaient n'avait pas besoin aux yeux d'aucune d'avoir d'autre valeur que d'être désiré par l'autre. Si Clotilde eût manifesté la moindre envie d'avoir la peste, Alida n'aurait rien négligé pour la lui enlever. Charles s'était occupé de madame de Sommery toute la soirée, cela en faisait quelque chose aux yeux de madame Meunier, et l'accueil de madame Meunier rendit madame de Sommery plus attentive à la contredanse suivante que Charles dansa avec elle, quoique aucune des deux n'eût voulu de Charles pour rien au monde. Il vint un moment où Charles dansa avec sa cousine. — Il lui dit : — M. de Fousseron s'occupe beaucoup de toi.

zoé. — C'est un homme très-bien.
charles. — C'est un de mes amis.
zoé. — Vraiment ? — Il paraît que tu es très à la mode, ce soir.
charles. — Je suis apprécié.
zoé. — Il ne faut cependant pas te figurer que Clotilde fait attention à toi.
charles. — Et pourquoi cela ?
zoé. — C'est un conseil que je te donne.
charles. — Ne t'imagines pas que Robert soit un jeune homme à marier.
zoé. — Qu'est-ce que c'est que Robert ?
charles. — Robert Dimeux de Fousseron.
zoé. — Ton ami ?
charles. — Oui. Il disait hier : On rirait bien de moi si l'on connaissait ma seigneurie de Fousseron.
zoé. — Clotilde n'est pas ce soir mise à son avantage. — Avec qui danses-tu, tout à l'heure ?
charles. — Avec madame Meunier. Faut-il aussi croire qu'elle ne fait nulle attention à moi ?

zoé. — Oh! celle-là, elle fait attention à tout le monde. Mais c'est à toi la main droite.

Main droite, main gauche, balancez, traversez, en avant quatre, traversez.

charles. — Fousseron est un homme de cœur et d'esprit; mais il est d'une rare perfidie envers les femmes. — C'est un habile comédien.

XXXIII. — Un mardi chez madame Meunier.

L'appartement de madame Meunier était arrangé avec la plus grande coquetterie. Il y avait pour des sommes énormes de curiosités et de chinoiseries sur des étagères. — D'après une mode qui commençait alors et qui est fort établie aujourd'hui, chaque pièce de l'ameublement était un chef-d'œuvre; mais rien ne réunissait cette pièce aux autres, ni la couleur de l'étoffe, ni la forme, ni la nature du bois : cela manquait d'harmonie et de calme. On admirait la richesse du logis, mais on n'y était pas bien, et on n'avait pas envie d'y demeurer.

Arthur, depuis quelque temps, s'éloignait de sa maison. — On l'accusait fort dans le monde d'une grave atteinte à la foi conjugale. Alida le savait mieux que personne, car elle était la confidente de son frère et elle le soutenait dans sa rébellion cachée contre sa femme, moins par amitié pour lui que par haine contre Clotilde. Il dînait souvent chez sa sœur, et Clotilde le savait parfaitement à la mauvaise humeur et à l'esprit de contradiction qu'il rapportait à la maison. Au dernier vendredi de Clotilde, il n'avait fait que paraître, et s'était esquivé avant onze heures. Chez sa sœur, au contraire, le mardi suivant, il dîna et passa toute la soirée. Charles était allé voir Robert le matin, et lui avait dit : — Eh bien! mon cher, je suis amoureux.

— De qui? avait demandé Robert. — De madame Meunier. — Ah! c'est une jolie personne ; et vous êtes à... ? — A rien. — Ce n'est pas très-avancé. — Non. Je viens vous demander un conseil; faut-il lui écrire? — Il n'y a pas d'inconvénient. — Je vous avouerai que je ne sais que lui dire ; j'ai tant fait de ces lettres-là, qu'il est bien difficile d'écrire quelque chose que je n'aie déjà écrit dix fois. — Qu'est-ce que cela fait? — Au fait, oui ; qu'est-ce que cela fait?

— J'ai également deux lettres à écrire; vous allez voir que je suis moins scrupuleux. Joseph, donnez-moi dans ma bibliothèque le carton A. I. Très-bien, maintenant. J'en suis à la déclaration comme vous. — Dé-cla-ra-tion. — Cherchez lettre 1.

« Quoi! je n'ai pu qu'allumer votre courroux? »

— Non, c'est le numéro 2, — cela. — Numéro 1. — Numéro 1. Eh! le voilà :

« Pardonnez, madame, si je vous écris ; mais comment voir tant d'attraits? » etc., etc.

C'est cela. — Une feuille de papier, une plume. — Je copie la lettre. — Mais j'y pense, voulez-vous la copier aussi ; elle est toute à votre service. — Quoi! la même? — Mais, mon jeune ami, quoi que vous fassiez, je vous défie d'écrire autre chose que ce qu'il y a dans cette lettre-là. Elle est fort bien faite et très-complète. Croyez-moi, écrivez.

— J'écris.

Je ne suis pas bien sûr, pensa Robert, de n'avoir pas moi-même, dans le temps, donné cette même lettre à madame Meunier, mais cela n'a aucun inconvénient, et je n'avertirai pas le jeune homme, auquel cela ferait perdre tout son aplomb. A peine Clotilde fut-elle arrivée chez sa belle-sœur, qu'Alida demanda son enfant. On apporta quelque chose de cramoisi dans les langes. Elle l'embrassa, — le trouva pâle, — annonça qu'elle mourrait si jamais elle venait à perdre ce petit ange. Elle plaignit beaucoup les femmes qui n'ont pas d'enfants. — Ah! dit-elle à Clotilde, vous ne savez pas comme cette passion-là hérite de tous les autres sentiments; — comme on se sent forte et héroïque quand il s'agit de son enfant. Tout le monde se récria sur la noblesse des sentiments de madame Meunier. Charles s'approcha de l'enfant, voulut jouer avec l'enfant, qui le regarda avec de grands yeux naïfs et étonnés, et, se tournant vers sa mère, cacha sa tête et se mit à pleurer. De là, madame Meunier raconta tous les traits d'esprit, les bons mots et les reparties de son fils Arthur, âgé de cinq mois ; elle montra ses bras, ses cuisses, son dos. — Clotilde dit : Un bien bel enfant... A quelle heure le couche-t-on? — Ah! Clotilde, dit Alida de l'air le plus élégiaque, — vous n'aimez pas les enfants; — le ciel vous a refusé le bonheur d'être mère ; vous ne pouvez pas me comprendre; je vous plains. Je dois vous paraître bien ridicule, bien niaise, et à vous aussi, monsieur de Fousseron. — Moi, madame, dit Robert, je respecte tous les sentiments quand je les crois vrais.

Et Robert accompagna cette phrase ambiguë d'un sourire qui déplut fort à Charles et encore plus à Alida, qui cependant, sûre de l'approbation du reste de la société, continua : — O mon fils, dit-elle, tu seras la consolation de ma vie ; mon fils, tu seras noble et brave.

Elle l'embrassa encore, et le fit emporter ; elle demanda encore pardon à son monde ; — mais il y avait deux heures qu'elle n'avait pas vu ce cher enfant.

— C'est pire qu'Andromaque, dit Clotilde à Robert. — Ah! dit Robert, l'embryon est parti. Je ne connais rien de fatigant comme de voir une femme se faire un mérite et une parure d'un sentiment si naturel que les philosophes l'appellent un instinct. Je ne sais rien de

beau que ce qui est caché. L'or est dans le sein de la terre et les perles au fond des mers.

Et comme il s'aperçut que Zoé, assise près de Clotilde, avait ôté un de ses gants, il lui dit : — Mademoiselle, je ne dis pas cela pour votre main, qui est ravissante. — Robert est bien fade aujourd'hui, dit Charles à l'oreille de sa cousine. — Pas tant que toi, lui dit-elle, qui as passé un quart d'heure à admirer l'enfant d'Alida.

Robert était en gaieté ; il se mit à raconter la suite des bons mots et reparties du jeune Arthur. — Messieurs, dit Robert, le jeune Arthur, lors du serment du jeu de paume, répondit à M. de Dreux-Brézé : « Esclave, va dire à ton maître que nous sommes ici par la volonté du peuple et que nous n'en sortirons que par la force des baïonnettes. »

Dans une autre circonstance, il s'écria : « La cour rend des arrêts et non pas des services. »

Mais un de ses mots les plus remarquables est, sans contredit, celui qu'il laissa échapper un jour que le roi des Perses lui fit savoir que les flèches de ses soldats obscurciraient le soleil. « Parbleu! reprit Arthur, nous combattrons à l'ombre. » Et il se mit à sucer son pouce.

On engagea Zoé pour la danse. — Charles était fort embarrassé ; il hésitait entre Clotilde et Alida, — penchant tour à tour, comme font les jeunes gens, vers celle, non qui lui plaisait le plus, mais qui lui offrait le plus de chances favorables. Robert, seul avec Clotilde, lui dit :

— J'ai reçu de Londres, de Dublin et de New-York, des lettres où il est fort question de vous. — Vraiment, dit-elle en rougissant. — Vous savez donc de qui elles sont? — Pourquoi ? — Puisque vous ne me le demandez pas. — Je m'en doute. — Voudriez-vous les lire? — Oui. — Je vous les porterai demain. — Dites-moi, mon mari ne vous fait-il pas l'effet d'être au mieux avec cette grande femme au coin de la cheminée, qui a dans les cheveux des rubans brun et argent? — Est-ce que vous êtes jalouse? — Non; mais cela a d'autres inconvénients. Qu'est-ce que cette femme? — C'est une jeune veuve très-riche. — Vraiment. — Qu'y voyez-vous de surnaturel? — Je croyais que ce personnage n'existait que dans les vaudevilles de M. Scribe ; c'est faute au théâtre d'être la peinture des mœurs, il faut bien que les mœurs soient la peinture du théâtre, et, comme disait dernièrement je ne sais qui, c'est le vaudeville qui a créé le Français. Est-ce qu'il vient beaucoup chez Alida? — Oui, elle y a dîné aujourd'hui. — Et mon mari aussi. — Je vois naître dans votre cœur, une foule de petits tigres qui vont le dévorer. Mais j'oubliais que je suis amoureux ; je vous laisse.

En entendant Robert se dire amoureux, Clotilde sourit ; — mais son sourire resta longtemps sur son visage, tandis qu'elle réfléchissait profondément. — Etait-ce à l'infidélité d'Arthur? — Etait-ce à la constance de Tony Vatinel?

Charles alla s'asseoir près de Zoé.

zoé. — Alida a été toute la soirée parfaitement ridicule.

charles. — Zoé, écoute-moi, je veux te parler. — Donne-moi le bras, et viens dans une autre pièce.

zoé. — Pourquoi faire? Pendant ce temps-là, on ne m'engagera pas, — et je n'ai plus d'invitation.

charles. — Eh bien! tu danseras avec moi, nous entendrons bien la musique.

Ecoute-moi, Zoé ; — tu es bien libre, et je ne m'aviserai jamais de te contraindre en rien. Mais en bon parent, en ami, je dois t'avertir de ce qui se passe. — Fousseron te fait la cour?

zoé. — Je le crois.

charles. — Et cette cour te plaît. — Mais, écoute-moi bien, Zoé, Robert ne se mariera pas ; — il te compromettra.

zoé. — Et pourquoi ne se mariera-t-il pas?

charles. — C'est un projet arrêté chez lui.

zoé. — Et croyez-vous donc, cher cousin, que mes faibles attraits n'auront jamais sur personne le pouvoir qu'ils n'ont pas eu sur vous?

charles. — Zoé, je te parle sérieusement. — Robert est un fort mauvais sujet. — Je gage qu'il t'a écrit?

zoé. — Tu m'y fais penser; il a tenu mon bouquet pendant cinq minutes. — En effet, il y a dedans un papier roulé; c'est un peu impertinent.

charles. — Tu as été assez coquette pour autoriser son impertinence.

zoé. — Crois-tu, Charles?

charles. — Tout le monde n'a-t-il pas vu cette fleur prise de ton bouquet, qu'il n'a cessé de mettre sur ses lèvres tout le temps que tu as dansé avec lui.

zoé. — Charles, — mon Dieu ! — est-ce que j'ai fait quelque chose de mal?

charles. — Voici la musique, — viens danser.

zoé. — Je n'ai plus envie de danser; — Que faire de ce papier?

charles. — Là-dessus je ne te donnerai pas de conseil.

zoé. — Figure-toi que, depuis vendredi, il a passé à cheval sous mes fenêtres deux ou trois fois par jour, et que, lorsque le hasard me fait trouver à la croisée...

charles. — Il n'y a pas de hasard en ce genre au mois de janvier.

zoé. — Il me salue avec une grâce infinie. — Mais le papier, le papier, que faire du papier?

CHARLES. — Rentrons au salon. — J'ai une lettre à glisser, et je trouve le procédé de Robert excellent.

ZOÉ. — A qui veux-tu glisser une lettre? — A Alida?

CHARLES. — Oui.

ZOÉ. — J'espère bien qu'elle ne la recevra pas.

CHARLES. — Tu as bien reçu celle de Robert.

ZOÉ. — Charles, je t'en prie, ne me dis pas des choses comme cela; mais tu ne penses donc pas qu'on pourrait trouver la lettre? — M. Meunier?

CHARLES. — M. Meunier, il joue; — et d'ailleurs, crois-tu que j'aie peur de M. Meunier?

ZOÉ. — Mais enfin, s'il voyait que tu fais la cour à sa femme, il voudrait peut-être se battre.

CHARLES. — Eh bien! on se battrait!

ZOÉ. — Aimes-tu donc assez Alida pour exposer ta vie?

CHARLES. — Ah! voici une seconde contredanse. — Rentrons.

ZOÉ. — Eh bien! tiens, voici mon bouquet avec le papier. — S'il m'en parle, je dirai que tu me l'as pris.

Et Zoé s'enfuit dans le salon, laissant son bouquet dans les mains de Charles tout étourdi.

XXXIV.

Le lendemain Robert porta à Clotilde les lettres de Tony Vatinel. Clotilde les lut et resta silencieuse. Elle devait aller le soir au théâtre. Elle donna sa loge et resta seule chez elle. Elle pensa à Tony; le but de ses désirs était atteint: la pauvre orpheline *Marie-Clotilde Belfast* était devenue madame de Sommery, — et elle n'était pas heureuse; il lui avait fallu rejeter de son cœur, pour arriver là, — tous les bons sentiments. — M. de Sommery et toute la famille de son mari la maudissaient. — Elle n'aimait pas Arthur; — et, pendant cette soirée qu'elle passa seule, — elle ne trouva pas si ridicule qu'autrefois cette *cabane* et cette *vie silencieuse et ignorée* que Tony Vatinel voulait remplir tout entière d'amour.

XXXV.

Charles rencontra Robert sur le boulevard et le salua de la main sans s'arrêter. Il allait chez Zoé. — Il pensa que Robert venait peut-être de lui faire une visite, et il se repentit un moment de ne pas l'avoir abordé, parce que Robert le lui eût sans doute dit: cependant il sentait une sorte d'instinct confus qui l'éloignait de Dimeux. Arrivé chez Zoé, il voulait demander si Robert n'était pas venu; mais il eut peur de paraître trop s'occuper de lui et de Zoé; puis il pensa que n'en pas parler était une affectation qu'on pourrait interpréter dans le même sens. Il fallait donc en parler, et du ton *le plus indifférent*, — et cependant ne pas exagérer cette indifférence. — Mais il n'était pas naturel d'avoir attendu un quart d'heure pour exprimer la pensée qui, dans l'ordre ordinaire des idées, aurait dû être la première; à savoir : « Je viens de rencontrer Dimeux ; venait-il d'ici ? » Dès l'instant qu'on avait attendu un quart d'heure, on aurait trahi son hésitation, hésitation qui ne signifiait absolument rien, qu'on ne comprendrait pas soi-même, mais à laquelle celle petite fille eût pu attacher un sens ridicule. Il n'en parla pas. Il y avait un bouquet sur la cheminée. Il était d'un goût ravissant. Cinq camélias blancs étaient séparés de branches de lilas par de longues feuilles de *mimosa* qui, légères et finement découpées, ressemblaient à de petites plumes d'autruche vertes et dépassaient de beaucoup le reste du bouquet, qui était entouré par de la bruyère et des *azaleas* blancs.

— Voici un joli bouquet, dit Charles. — Il est charmant, répondit Zoé.

Charles regarda un tableau, fit deux fois, en marchant, le tour de la chambre, et revint au bouquet, qu'il prit à la main pour le respirer.

— Il embaume, dit-il. — Il embaume, répéta Zoé.

Charles retomba dans le même embarras; il n'y avait rien de si naturel que de demander à sa cousine qui lui avait donné ce bouquet. — Mais, ne l'ayant pas fait tout de suite, songea-t-il, elle croirait que j'ai hésité, et se figurerait peut-être que cela ne m'est pas parfaitement égal. Il se remit à regarder le tableau. Pendant ce temps-là, Zoé se disait : « Pourquoi ne lui ai-je pas dit tout de suite que ce bouquet m'a été apporté par Robert Dimeux? — Il croirait peut-être que c'est une bravade ou une coquetterie. » Et elle ouvrit sa boîte à ouvrage, probablement pour y chercher quelque chose, et tous deux restèrent quelque temps silencieux. Zoé parla la première, et demanda à Charles où il en était avec Alida. Charles prit un air de fatuité réservée. — Du reste, ajouta Zoé, tu es magnifique; on voit bien que tu es amoureux. Tu fais très-bien de mettre une cravate blanche, cela te va beaucoup mieux.

Elle se sentit rougir, et dit en se levant : — Il fait chaud ici. — Mais non, dit Charles.

Zoé regarda à travers les vitres; un faible rayon de soleil perça péniblement le ciel gris et si bas qu'il semblait prêt à être déchiré par les cheminées. — Quel beau temps! dit Charles, en ouvrant la fenêtre.

A peine la fenêtre ouverte, le reflet du soleil étalé sur la maison d'en face, de jaune pâle qu'il était, devint d'un blanc morne et froid. — Quel beau temps! répéta Zoé.

Charles vint se mettre près d'elle à la fenêtre, et tous deux regardèrent les passants sans parler. Zoé inclina légèrement la tête; Charles chercha à qui était adressé ce salut, et aperçut Robert qui passait à cheval. — Voilà Robert, dit-il. Quel affreux cheval !

ZOÉ. — Comment! son cheval est au contraire superbe !

CHARLES. — Superbe ! de grosses jambes avec de hideuses balzanes ! Un cheval qui forge !

ZOÉ. — Tu me permettras de ne rien comprendre à ces mots de manége.

CHARLES. — C'est incroyable comme Robert est changé, lui qui se mettait si bien autrefois.

ZOÉ. — Mais je le trouve fort bien encore.

CHARLES. — Allons donc.

ZOÉ. — Il n'y a rien à répondre à un tel raisonnement.

CHARLES. — C'est qu'il n'y a pas besoin de raisonnement, cela saute aux yeux.

ZOÉ. — C'est, en effet, un sûr arbitre et un juge souverain que l'homme qui a osé faire compliment l'autre soir à madame Meunier de la plus horrible dentelle qu'une femme ait jamais portée.

CHARLES. — Tiens! j'oubliais que je vais chez madame Meunier.

ZOÉ. — Qu'es-tu venu faire ici?

CHARLES. — Ceci est tout à fait poli et du meilleur goût.

ZOÉ. — Je ne te dis cela que dans ton intérêt; Alida est une femme charmante, fort entourée, qui sait ce qu'on lui doit, et qui n'est pas disposée à en rien rabattre.

CHARLES. — Adieu, Zoé.

ZOÉ. — Adieu, Charles.

Charles s'arrêta devant une glace comme pour arranger sa cravate, mais ses yeux ne se regardaient pas; — il semblait attendre que quelque chose le retînt à défaut de quelqu'un. Enfin il se décida, et sortit presque brusquement en disant : — Adieu. — Adieu, répondit Zoé.

Le lendemain, à l'heure où Robert avait passé à cheval, Charles fit arrêter vis-à-vis de chez Zoé un fiacre dont les stores étaient fermés. Robert passa et regarda à la fenêtre, mais elle était fermée.

Charles sentit son cœur s'épanouir. Il aimait Robert; il eut envie de l'appeler pour lui serrer la main.

XXXVI.

A propos de *mimosa*, dont nous avons parlé tout à l'heure, beaucoup de personnes ont aujourd'hui des branches et des feuilles du saule qui ombragea la tombe de l'empereur Napoléon à Sainte-Hélène. Il n'y a à l'authenticité de cette relique qu'un inconvénient, c'est qu'il n'y a sur cette tombe pas le moindre saule, mais bien un magnifique *mimosa*.

XXXVII.

Un soir que Robert avait rencontré Clotilde dans le monde, il lui dit : — Vous n'êtes pas encore allée aux bals de l'Opéra. C'est cette nuit le troisième. Y viendrez-vous ? — J'en avais bien quelque envie, mais mon mari est un peu souffrant, et ne peut m'y mener. — Eh bien! regardez là-bas votre sœur avec la jeune veuve que vous savez; voyez comme elles paraissent affairées. Je gage qu'elles partiront avant minuit. — Quel rapport cela a-t-il ? — Je vous le dirai plus tard. — Plus tard, je ne voudrai plus le savoir. — Ceci n'est qu'une ruse pour savoir tout de suite. Êtes-vous engagée pour cette contredanse ? — Oui.

Robert quitta madame de Sommery et rencontra Charles, auquel il reprocha de négliger Alida. — Où en êtes-vous ? lui dit-il. — Mais on n'a pas répondu à ma lettre. — On ne répond jamais à une première lettre. — Et vous ? — Comment , moi ? — N'êtes-vous pas devenu amoureux en même temps que moi ? — Ah ! oui, dit Robert très-négligemment, et il traversa le salon. Charles fut très - offensé qu'on parlât ainsi de sa cousine, d'une femme qu'il avait dû épouser. Il pensa qu'il *devait* l'en avertir, et alla auprès d'elle. — Zoé, lui dit-il, j'ai à te parler ; nous allons danser ensemble. — Impossible, je suis engagée. — La suivante ? — Je le suis aussi. Je ne puis te promettre que la sixième. — Ma foi, ma chère cousine, je n'ai pas assez de mémoire pour m'engager ; tant pis pour toi, c'était dans ton intérêt que je voulais te parler. — C'est pour cela que tu y renonces si facilement. — Tu as là un assez vilain bouquet. — J'en avais un plus beau, mais je ne sais qui me l'a envoyé, et je n'ai pas cru devoir le porter. — Des camélias ponctués et du jasmin d'Espagne? — Oui ; comment le sais-tu? — Tu sais donc qui t'a envoyé celui que tu as à la main? — Oui , c'est M. Dimeux. Mais... — Je ne comprends pas l'honneur qu'on reçoive ainsi des bouquets. — Est-ce donc toi qui m'as envoyé l'autre pas hasard? je t'en ai toujours jugé incapable. — Il est cruel , dit Charles en riant, de n'être pas mieux apprécié par ses contemporaines.

Robert vint prendre Zoé pour la contredanse. Charles ne dansa pas. Il alla s'asseoir près d'Alida, qui avait annoncé qu'elle était fatiguée et ne danserait plus.

Robert récita à Zoé, pendant la contredanse , trois ou quatre pages de la *Nouvelle Héloïse*. Zoé avait cherché son cousin , et l'avait enfin trouvé causant très-attentivement avec Alida. De ce moment, elle fut tout à fait absorbée. — On venait de danser *la pastourelle*, et Robert entamait sa quatrième page. — Il crut devoir y ajouter un peu de son cru et dire : — De grâce, charmante Zoé, répondez-moi, ne me dites qu'un mot, fût-ce le plus dur du monde ; mais répondez-moi ! — Hélas ! monsieur, dit Zoé, je suis réellement bien honteuse de ce que j'ai à vous dire ; mais je dois vous avouer que, de tout ce que vous me dites depuis le commencement de la contredanse, je n'ai pas entendu un seul mot.

On dansa le *chassé-croisé*. Robert reconduisit Zoé à sa place, et comme la pendule marquait minuit, il se retrouva près de madame de Sommery, à laquelle il dit : — La veuve et Alida s'en vont à minuit juste ; si la pendule retarde, Alida risque fort de perdre comme Cendrillon sa pantoufle de verre.

CLOTILDE. — Oh ! le prince qui la ramasserait n'en perdrait pas la tête.

ROBERT. — Maintenant je lis dans les astres que votre mari médite de venir vous demander si vous tenez beaucoup à rester tard, parce qu'il est fatigué et même un peu souffrant.

CLOTILDE. — Mais enfin, qu'est-ce que tout cela veut dire ?

ROBERT. — Que votre mari, madame Meunier la veuve vont au bal de l'Opéra, et qu'on veut vous coucher pour être libre.

CLOTILDE. — Croyez-vous ?

ROBERT. — Vous allez voir se réaliser ma seconde prédiction comme la première. Voici venir M. de Sommery.

En effet, Arthur traînant le pas, vint dire à sa femme : — Si tu ne tiens pas à un veuvage prématuré, nous ne resterons pas tard ; je suis très-souffrant. — Nous partirons après cette contredanse, reprit Clotilde, que j'ai promise à M. de Fousseron.

Arthur s'éloigna.

ROBERT. — Mais vous m'avez d'autant moins promis de contredanse, que je danse avec mademoiselle Reynold.

CLOTILDE. — Et moi avec son cousin ; mais je vais arranger cela, parce que j'ai besoin de causer un peu avec vous.

Madame de Sommery fit un signe à Zoé qui vint auprès d'elle, et elle lui dit : — Ton cousin est très-mécontent de toi, il veut te parler absolument ; j'ai prié M. de Fousseron de lui céder sa contredanse que tu peux alors donner à Charles. Va lui dire que je lui laisse également sa liberté.

CLOTILDE. — Eh bien, monsieur de Fousseron, je veux aller au bal de l'Opéra. Chargez-vous de m'avoir un domino, et conduisez-moi ; je vous laisserai là parfaitement libre ; seulement, quand je m'en irai, vous me conduirez à une voiture.

ROBERT. — Il y a à cela un inconvénient, c'est que je ne veux pas paraître au bal de l'Opéra.

CLOTILDE. — Pourquoi ?

ROBERT. — Parce que j'y trouverais des personnes que je ne veux pas rencontrer en même temps.

CLOTILDE. Vous mettrez un faux nez.

ROBERT. — Cela ne déguise que le nez.

CLOTILDE. — Un domino ?

ROBERT. — Il n'y a rien de hideux comme un homme en domino.

CLOTILDE. — Qu'est-ce cela vous fait ? on ne verra pas votre figure et on ne saura pas votre nom.

ROBERT. — Je serai à votre porte à une heure et demie ; vous recevrez un domino et un masque à une heure.

CLOTILDE. — Non, envoyez-moi le domino chez Zoé, je ne veux pas m'habiller chez moi.

XXXVIII.

A minuit et demi, Clotilde entra chez Zoé, où, selon la promesse de Robert, elle trouva tout ce qu'il lui fallait pour se costumer. Peu de temps après, un fiacre s'arrêta devant la porte de Zoé ; Dimeux ne sortit pas et attendit. En même temps que le fiacre, était arrivé un cabriolet Charles Reynold, qui s'était aperçu que le soir il y avait eu quelque mystère entre Clotilde, Zoé et Robert Dimeux. Robert, auquel il avait demandé s'ils iraient ensemble à l'Opéra, lui avait dit : « J'ai des raisons pour y aller de mon côté. »

Est-ce que, par hasard, avait pensé Charles, elle serait assez imprudente pour aller au bal avec Robert ? Après tout, c'est ma cousine, je ne dois pas la laisser se perdre ainsi. Il descendit de son cabriolet. Ce fiacre arrêté devant la porte à une pareille heure ne pouvait qu'accroître singulièrement les soupçons de Charles Reynold. La nuit était sombre, Charles marchait dans la rue, et on ne voyait guère dans l'ombre que la partie allumée de son cigare, semblable à une petite étoile rouge qui se serait promenée en l'air. Dans la situation de Charles, — quand on guette une personne dont on est jaloux, — il y a un moment où il semble qu'on serait désespéré que le malheur que l'on redoute n'arrivât pas. — Serait-ce qu'aux yeux de l'amour les soupçons que l'objet aimé a inspirés sont déjà un crime, et qu'on est disposé à croire que ce qu'on ne voit pas n'est pas une chose qui n'est pas, mais une chose bien cachée ? Bientôt Dimeux, entendant ouvrir la porte, descendit de son fiacre et y fit monter Clotilde masquée, que Charles n'hésita pas à reconnaître parfaitement pour Zoé ; il remonta en cabriolet et arriva à l'Opéra derrière le fiacre, dont il vit descendre les deux dominos ; qu'il examina de façon à être sûr de les reconnaître au bal. Il y avait beaucoup de monde. On avait, pour la première

fois, essayé cette année-là de joindre à l'attrait du bal celui de *danses* de je ne sais quel pays, et cela avait du succès par une raison que n'avaient pas soupçonnée les auteurs du projet. C'était un excellent prétexte que l'on donnait aux maris. — Je voudrais bien aller au bal de l'Opéra. — Y pensez-vous ? C'est une folie, on n'y va plus. D'ailleurs, c'est très-mal composé. — Je le sais bien ; aussi n'est-ce pas du bal qu'il s'agit ; mais on dit que ces danseuses étrangères sont charmantes. Mesdames trois étoiles, quatre étoiles et cinq étoiles y vont. Nous n'y resterons qu'une demi-heure, une heure au plus, et nous ne sortirons pas de notre loge.

Pendant ce temps, mesdames trois, quatre et cinq étoiles s'autorisaient auprès de leurs maris de l'exemple de celle qui s'autorisait du leur. On obtenait la permission demandée en affirmant bien que, sans ces danseuses étrangères, on n'aurait pour rien au monde consenti à mettre les pieds au bal de l'Opéra.

Les danses finies, on voulait, avant de s'en aller, faire le tour du foyer ; — puis on ne se retrouvait pas, et ne pouvant partir les unes sans les autres, on ne partait pas ; — et les pauvres maris étaient obligés de rester là jusqu'à trois heures du matin, fort ennuyés, parce que, n'étant pas costumés, ils étaient surveillés par leurs femmes, dont le premier soin avait été de cacher le signe convenu pour se faire reconnaître.

Clotilde avait un domino noir. — Admirez ma prudence, avait dit Robert, je l'ai pris très-long pour cacher vos pieds, sans quoi on vous aurait de suite reconnue. Le domino était orné d'une très-belle dentelle, — et le capuchon retombait sur le masque qui avait une barbe très-longue. Clotilde se trouvait du très-petit nombre de femmes qui se déguisent sérieusement. Robert, caché sous un grand domino, s'était reconnaissable aux yeux de Clotilde par un ruban vert qu'il s'était attaché au poignet. — Il l'avait avertie qu'Alida et la veuve auraient des rubans orange. Arthur n'était pas déguisé. Elle ne tarda pas à quitter Robert pour se livrer à ses recherches, tout en jetant en passant près d'eux, aux hommes qu'elle connaissait, quelques mots piquants qui ne laissaient pas de les occuper quelques instants. Alors comme aujourd'hui, les femmes qui allaient au bal de l'Opéra avaient usage de souper en se retirant, vers trois heures du matin, usage charmant, qui méritait bien d'être conservé comme il l'est. On s'en va, on passe la nuit au bal, morne, froid, taciturne, endormi ; — après quoi on fait un excellent souper qui vous réveille pour aller vous coucher, vous met en belle humeur et vous inspire les plus jolis mots que vous dites au cocher de fiacre. Vous frappez à votre porte avec une gaieté folle, il n'est pas de mots piquants, spirituels, fins, que vous n'adressiez à la portière. Vous montez votre escalier en riant vous-même de tout ce que vous vous dites de joli. — Vous faites à votre domestique des épigrammes sanglantes ; — et vous vous couchez en proie à la plus heureuse disposition d'esprit pour veiller et amuser vous et les autres.

Charles, qui n'avait pas perdu de vue les deux *dominos* qu'il suivait depuis le faubourg Poissonnière, aborda Clotilde dès qu'il la vit seule, et lui dit à l'oreille :

— Je te connais, tu es Zoé, — je veux te parler.

Clotilde mit le doigt sur sa bouche et s'esquiva dans la foule.

En la cherchant, Charles aperçut le grand *domino* au ruban vert ; il alla derrière lui et appela *Robert*. Le domino se retourna, puis se mit à rire, et lui dit : — Le moyen est bon, et je suis un niais de m'y être laissé prendre. Comment m'avez-vous reconnu ? — J'avais quelques indications, reprit Charles.

Et il continua sa marche. Quelques femmes l'abordèrent pour lui dire : L'une : Je te connais, tu t'appelles Charles.

Une autre : Je te connais, tu es employé au ministère des finances.

Une autre : Je te connais, tu avais avant-hier un pantalon bleu.

Et Charles était le plus heureux des hommes, il se disait : — Mon Dieu, comme on m'intrigue donc ! Comme je suis donc connu ! Comme on s'occupe de moi !

Un domino lui prit brusquement le bras et marcha avec lui sans lui parler. — Eh bien, lui dit Charles s'arrêtant dans un coin, est-ce là tout, et n'as-tu rien à me dire ? — Absolument rien, dit le domino.

Et Charles, levant les yeux au plafond et se rongeant un ongle, eut l'air, pour les passants, de dire : Où diable a-t-elle appris cela ? je suis le plus intrigué des mortels. — Je ne te connais pas, reprit le domino, je ne t'ai jamais vu.

Et Charles frappait du pied avec l'air dépité d'un homme auquel on raconterait ses aventures les plus secrètes. Et un de ses amis, voyant son air, disait : — Il paraît qu'on en dit de dures à Charles. — Je t'ai pris le bras, ajouta le domino, parce que tu passais près de moi et que c'était le seul moyen de me débarrasser d'une de mes amies qui s'était accrochée à moi et ne voulait pas me quitter. Je te remercie et je te quitte.

Charles, resté seul, garda quelque temps l'air d'un homme très-préoccupé des révélations qu'on vient de lui faire. L'ami qui l'avait déjà observé l'aborda et lui dit : — Eh bien ! tu parais intrigué ? — Ne me m'en parle pas. Une femme charmante, un lutin pour l'esprit et la malice. Oh ! elle ne m'a pas ménagé ; elle sait des choses que j'avois cru dérober même à Dieu. Et je ne puis savoir qui elle est ? Je lui ai fait les questions les plus insidieuses, elle s'en est tirée avec un sang-froid, un tact, une présence d'esprit admirable. Oh! je la connaîtrai. — Heureux coquin, dit l'ami.

Et Charles, se prenant lui-même aux filets qu'il tendait pour les autres, se mit à dire : — Je suis en effet un heureux coquin. — Ah! je saurai qui c'est. — Je suis bien bon de m'occuper ainsi de cette petite Zoé. J'ai, ma foi, bien le temps de me livrer aux vertus de la famille! — Si seulement Robert n'avait pas l'air de me narguer! S'il l'épousait encore! Mais vouloir prendre pour sa maîtresse une femme que moi j'aurais épousée! Au reste, que Zoé s'arrange, je lui ai donné de bons avis, parfaitement désintéressés.

A ce moment, le petit domino noir que Charles prenait pour Zoé passa devant lui paraissant chercher quelqu'un. Un grand domino, avec un ruban vert au poignet, marchait dans l'autre sens; le petit domino lui prit le bras et lui dit : — Ils ne sont pas arrivés, ou ils ne sont pas ici. Conduisez-moi dans la salle.

Charles sentit en lui-même un mouvement désagréable; mais un domino lui ayant dit en passant : — Ta cravate est bien mal mise.

Il se mit à la poursuite de cette nouvelle intrigue. Le grand domino parut surpris et hésitant : — Allons, allons, monsieur de Fousseron, lui dit Clotilde, ne faites pas l'homme très-occupé. N'ayez pas la mauvaise grâce et la fatuité de me faire croire que je vous dérange. Vous étiez parfaitement abandonné quand je vous ai pris le bras, faites-moi faire le tour de la salle, que je trouve mon infidèle.

Elle dit ce dernier mot en souriant, et tous deux descendirent dans la salle. — Savez-vous, dit Clotilde, que j'ai bien pensé à votre ami. C'était un beau et noble caractère, et je lui dois des impressions que je ne retrouverai jamais. Ce pauvre Tony !

Le domino frissonna. — Ah! un mouvement d'impatience ! Les hommes sont mille fois plus coquets que les femmes; on ne peut, sans se contrarier, leur parler d'un autre, fût-ce même leur meilleur ami. Cependant il faut vous y résigner, car je n'ai absolument rien à vous dire de vous. Attendez, pressons un peu le pas. Je crois avoir vu les rubans orange. — Je me suis trompée, remontons au foyer. Ce que vous m'avez dit de Vatinel m'a bien touchée; il est triste de penser qu'il n'y a qu'un amour malheureux qui ait cette constance, et... Ah! cette fois, les voici.

Clotilde quitta le bras du domino, et alla trouver un groupe formé d'Arthur et de deux dominos qui avaient chacun sur l'épaule un nœud de ruban orange. — Mais c'est à toi, belle veuve, que j'ai à parler.

Le domino qu'elle interpellait ainsi hésita et serra le bras d'Arthur. — Oh! il faut que je te parle, je te permettrai ensuite le tendre tête-à-tête que tu es venue chercher, — mais je ne te le permettrai qu'à ce prix. A ce prix seulement aussi tu peux compter sur ma discrétion. — T'es-tu donc trouvée si mal du mariage, ma belle veuve, — lui dit-elle quand elle l'eut amenée dans un couloir des loges, — que tu veuilles ôter par ta conduite à tout honnête homme la tentation de t'épouser? ou bien encore acceptes-tu la cour d'un homme marié, pour n'avoir des roses du mariage en laisser les épines à la pauvre femme abandonnée? — Mon Dieu, madame, dit la veuve, je ne vous connais pas, laissez-moi. — Mon Dieu, je ne t'en veux pas, ne t'effraie pas ainsi; garde cette crainte farouche pour des entreprises plus dangereuses que les miennes. Moi je ne t'en veux pas. Que me fait à moi que tu sois la maîtresse de M. de Sommery ! — Madame, je vous en prie... — Arthur de Sommery est le mieux frisé de tous les hommes qui sont ici, et je suis femme comme toi, quoique moins expérimentée, chère veuve, et je comprends qu'on oublie pour lui tous les devoirs et toutes les conventions. Tiens, ton chevalier nous a suivies. — Affirme-lui au moins que je ne l'ai dit que du bien de lui.

Clotilde et la veuve, en effet, furent rejointes par Arthur et Alida. — Et vous, chère madame Meunier, refuserez-vous de m'accorder un moment d'entretien? Oh! me regardez pas ainsi avec la grimace d'une finesse que vous n'avez ni dans les yeux ni dans l'esprit. La veuve avait parlé bas à Alida, qui répondit : — Je comme la paon, chère madame Meunier, tu chantes mal et tu as de vilains pieds. Mais laisse-moi te féliciter, chère madame Meunier, du joli métier que tu fais aujourd'hui en conduisant cette veuve innocente.

Est-ce pour de semblables actions que j'espères réparer la brèche faite à ta vanité, quand tu as épousé ce beau nom de Meunier? Hélas! je ne t'en veux pas non plus pour cela. Tu as fait comme presque toutes les filles qui se marient. Tu t'es prostituée pour l'argent, comme d'autres, qui valent cependant mieux que toi, se sont prostituées pour un nom. Plus honteusement prostituées, il faut le dire, pour des choses dont on peut se passer, que ces malheureuses si méprisées qui ne cèdent qu'à la faim. Chère madame Meunier, je suis ta servante.

Comme Clotilde se retournait pour les quitter, Arthur porta vivement la main à son masque pour le lui arracher; mais le bras d'Arthur fut saisi par une main robuste qui lui fit craquer les os. — Clotilde saisit le bras du domino aux rubans verts, car c'était lui, et se perdit avec lui dans la foule. — Reconduisez-moi, dit-elle, allons-nous-en, allons-nous-en vite.

A ce moment, Charles les arrêta et glissa un papier dans la main

du grand domino. Clotilde continuait à entraîner son cavalier. Comme ils allaient gagner l'escalier, elle vit devant elle un grand domino avec un ruban vert au poignet. Elle demeura interdite, regarda celui qui lui donnait le bras. Ils étaient tout à fait semblables. Tout à coup, elle arrêta le nouveau venu et lui dit à l'oreille : — Au nom du ciel, qui êtes-vous? — Robert Dimeux, répondit le domino. — Et vous donc? dit-elle à son cavalier. — Moi, madame, répondit-il d'une voix tremblante d'émotion, je suis Tony Vatinel, le fils du maire de Trouville.

XXXIX.

Clotilde sortit précipitamment de l'Opéra, fit appeler une voiture, et arriva chez elle fort troublée, sans se donner le temps d'aller se déshabiller chez Zoé. — Son mari n'était pas rentré; elle l'avait bien supposé. Mais à peine avait-elle quitté son domino, qu'elle l'entendit rentrer; elle cacha précipitamment son domino et se glissa dans son lit. Il arriva avec Alida. Alida pleurait.

— Qui me procure, à cette heure, le plaisir de recevoir votre visite? — Alida a été insultée au bal de l'Opéra par un domino. Elle en est si chagrine que je n'ai pas voulu qu'elle rentrât chez elle avant de s'être un peu remise. — Tu étais donc au bal de l'Opéra? dit Clotilde à son mari avec l'air du plus naïf étonnement.

Le frère et la sœur échangèrent un regard. — Ce n'est pas elle, disait le regard d'Arthur. — Elle est fine, répondait le regard d'Alida. — Je vois avec plaisir, continua Clotilde, que cette fatigue excessive qui nous a obligés de quitter sitôt la maison où nous avons passé la soirée n'a pas eu de suite et ne t'a pas empêché d'accompagner ta sœur au bal... Eh ! que vous a donc dit de si affreux ce petit domino, ma chère Alida?

Le frère et la sœur échangèrent un nouveau regard, qui cette fois dit : C'est elle. — Une foule d'infamies, dit Alida. — Mais encore? — Elle m'a dit que je recevais mauvaise société, — que mon mari faisait des affaires en juif, etc., etc.

Clotilde ne manifesta aucune surprise, et dit : — Voilà tout? — Mais ce sont des choses qu'on peut dire à tout le monde, et que leur banalité empêche d'être blessantes.

Le regard d'Arthur dit à Alida : — Ce n'est pas elle. — Ma foi, répondit le regard d'Alida, — je n'y comprends rien, et j'ai des doutes. Mais le regard d'Alida reprit la parole, et fit remarquer à celui d'Arthur que Clotilde n'était pas coiffée pour la nuit. — Clotilde, dit Arthur, vous étiez au bal de l'Opéra? — ne cherchez pas à le nier; je le sais. — Si vous le saviez de façon qu'on ne pût le nier, vous ne vous donneriez pas tant de peine pour me le faire dire.

Alors le regard d'Alida fit voir au regard d'Arthur une manche du domino qui passait par-dessous d'autres vêtements que Clotilde avait jetés dessus. Arthur tira le domino et dit : — Je n'ai plus rien à demander.

Alida se jeta sur le domino et se mit à déranger tous les plis avec une sorte de fureur. — Ah! Arthur, tiens, tiens, tiens, j'en étais bien sûre, c'était elle. — Et elle montra un nœud orange qu'elle avait au bal détaché de son épaule et attaché précipitamment après le domino de Clotilde pendant que celle-ci se dérobait à leurs regards. Arthur fut un moment muet de surprise et de colère. — Vois-tu, Arthur, dit Alida, — c'était bien elle; j'avais bien reconnu la voix de Clotilde Belfast. — Madame Meunier, dit Clotilde, vous êtes chez madame de Sommery, qui vous rappelle qu'il est temps que vous rentriez chez vous. — Arthur, dit Alida, on me chasse de chez toi. — Ah! dit Arthur, mon père avait bien raison. Voilà ce que j'ai gagné à introduire dans une famille respectable une fille de rien.

Clotilde se leva sur son séant; — elle était pâle; elle ouvrit les lèvres; — mais ce ne fut que dans son cœur qu'elle prononça ces paroles : — Arthur, je n'oublierai jamais ce que vous venez de dire.

XL.

Le lendemain matin, après un bain et quelques heures de sommeil, Robert et Tony Vatinel se trouvaient à déjeuner ensemble. — Je te cherchais, dit Robert, pour vous réunir quand je vous ai vus ensemble, une demi-heure avant le départ de Clotilde. — Le hasard a fait mieux et plus vite que moi. La scène a dû être assez plaisante, car, d'après la question qu'elle m'a faite, je ne t'étais pas fait reconnaître. T'a-t-elle parlé de toi? Tony raconta à Robert toutes les paroles de Clotilde, jusqu'à la plus insignifiante.

ROBERT. — Je lui avais montré tes lettres, mais je ne savais pas que tu étais parti presque en même temps que la dernière, c'est le hasard par lequel je te conseillais de revenir n'arriverait à New-York que longtemps après que tu serais à Paris. — J'en suis fâché pour ma lettre, qui était un morceau de physiologie assez remarquable. — Ta docilité à te costumer comme moi a porté ses fruits. Le moment est on ne saurait plus favorable pour mettre à exécution le nouveau plan que j'ai conçu pour ta guérison. — D'abord, quelle impression a produit sur toi la vue de Clotilde?

TONY VATINEL. — Je ne l'ai pas vue. — J'ai entendu sa voix; — j'ai senti la pression de son bras; — j'étais séparé d'elle par tout ce masque, à travers lequel mon imagination ne pouvait recomposer son visage. Néanmoins, l'impression a été très-violente.

ROBERT. — Comme je te l'avais écrit, tu seras l'amant de Clotilde, et seulement alors tu cesseras de l'aimer.

TONY VATINEL. — Tu te trompes, je n'aime plus Clotilde,—Clotilde qui s'est jetée volontairement aux bras d'un autre, — Clotilde honteusement souillée; et voilà pourquoi je suis revenu. Mais j'ai au cœur une blessure dont je mourrai. Je veux la voir, mais non pas pour renoner un lien rompu, non pour chercher dans son cœur une route tracée déjà par un autre. — Mais quand je l'aurai vue — dans sa maison, — dans son ménage; — quand je serai bien sûr que c'est elle, — quand je l'aurai entendu appeler madame de Sommery, — quand je l'aurai ainsi appelée moi-même, et quand elle aura répondu à ce nom, — quand je l'aurai vue avec son mari. — alors je serai bien et parfaitement guéri. — Dans la position de Clotilde, — elle ne peut prononcer une parole, faire un geste, — qu'elle ne m'inspire du mépris et du dégoût. — Je veux la voir; — tu me conduiras chez elle.

ROBERT. — Allons, allons, tu es bien libre de te figurer que c'est pour cela que tu demandes à la revoir. — Tu y viendras vendredi.

TONY VATINEL. — C'est après-demain...

ROBERT. — C'est long, — n'est-ce pas? — Tu es si pressé de ne plus l'aimer!

XLI.

Un jeune homme, prétendant avoir à parler à Robert Dimeux d'une affaire importante, fut introduit auprès des deux amis. Il venait, dit-il, de la part de M. Charles Reynold, pour savoir la réponse de M. Dimeux à une lettre que M. Reynold lui avait remise en mains propres. L'air solennel du jeune homme étonna Dimeux. — Du reste, il ne se rappelait pas avoir reçu une lettre de Charles. — Il vous l'a remise lui-même. — Je me rappelle encore moins cette circonstance. — Attends un peu, dit Tony Vatinel; cette nuit, au bal de l'Opéra, on m'a remis un billet à la campo sûr n'est pas pour moi, et que j'attribue au costume que m'avais fait prendre, et qui peut bien avoir trompé deux personnes. Voici le billet. Il était écrit au crayon, — et contenait ce peu de paroles : « Vous êtes un lâche et un traître, je ne puis souffrir que vous perdiez Zoé. Il faut que nous nous battions; — j'enverrai demain matin savoir quelle est votre heure et quelles sont vos armes.

» CHARLES REYNOLD. »

— C'est précisément pour cela que je viens, monsieur, dit l'étranger. — Eh bien! monsieur, faites-moi le plaisir de dire à Charles...

A ce moment Charles entra... Mais il faut prendre les choses d'un peu plus haut.

XLII.

Charles ne s'était pas couché. Il avait attendu dix heures, et était allé chez Zoé. Il lui trouva l'air fatigué et abattu.

CHARLES. — Est-ce que tu n'as pas bien dormi, Zoé?

ZOÉ. — Non.

CHARLES. — Je le crois bien.

ZOÉ. — Qui te rend si savant?

CHARLES. — On sait ce qu'on sait.

ZOÉ. — Mais toi-même, tu as un air plus que singulier. — Un habit boutonné jusqu'au col, — l'air sévère, la voix brève. — Qu'est-ce que tu as?

CHARLES. — Cela me regarde pas les femmes.

ZOÉ. — Je ne suis pas une femme, je suis ta cousine et ton amie. — Tes paroles sont graves, ta voix solennelle, ton maintien digne; cela n'est pas naturel.

CHARLES. — C'est bien. — Mais je veux te donner quelques conseils. — Zoé, ma cousine, tu te perds.

ZOÉ. — Et toi, Charles, mon cousin, tu perds la tête. Est-ce pour me dire de semblables sornettes que tu prends un visage si grave et si terrible, un regard si fixe et des airs de tête si majestueux? Si tu savais à quoi j'ai passé la nuit...

CHARLES. — Je le sais.

ZOÉ. — J'espère bien que non; — j'en serais trop honteuse.

CHARLES. — Alors, ne te prive pas de la honte, car je sais tout.

ZOÉ. — Qu'as-tu été faire au bal de l'Opéra? — Est-ce pour y voir Alida? — Tu es donc décidément bien amoureux d'elle?

CHARLES. — Il ne s'agit pas de ma conduite, mais de la tienne; Zoé, vois-tu, un garçon peut user de sa liberté, parce qu'il est responsable de ses actions. Mais une fille, c'est bien différent.

ZOÉ. — Mais de quoi veux-tu parler, Charles? Tu commences à me faire peur.

CHARLES. — Zoé, tu te rappelleras toujours Charles Reynold, n'est-ce pas?

ZOÉ. — Mais, mon cousin, tu n'es pas encore à l'état de souvenir.

CHARLES. — Ton cousin, qui t'aimait comme frère.

ZOÉ. — Mais...

CHARLES. — Qui aurait voulu te voir heureuse.

ZOÉ. — Ah ça...

CHARLES. — Qui a toujours été le meilleur de tes amis.

ZOÉ. — Certainement, mais...

CHARLES. — Jusqu'au dernier moment.

ZOÉ. — Nous n'en sommes pas là.

CHARLES. — Tu penseras quelquefois à lui, et tu le regretteras.

ZOÉ. — Est-ce que tu t'en vas? — Où vas-tu?

CHARLES. Peut-être bien loin.

ZOÉ. — Ce ne peut pas être assez loin pour justifier de pareils adieux et de semblables attendrissements.

CHARLES. — .....

. . . . Pauperum tabernas regumque turres.

ZOÉ. Ce n'est pas la peine de parler latin, je ne te comprenais déjà pas auparavant.

CHARLES. — Tu consoleras ma mère.

ZOÉ. — Voyons, Charles, réponds-moi. — Qu'est-ce que tout cela veut dire?

CHARLES. — Et peut-être, — que dis-je! — sans doute tes vœux sont contre moi.

ZOÉ. — Quels vœux?

CHARLES. — On n'a qu'à se rappeler Sabine et Chimène.

ZOÉ. — Ah! c'est de la tragédie.

Je suis Romaine, hélas! puisque Horace est Romain.

CHARLES. — Tu vois, tu es pour l'amant contre le frère.

ZOÉ. — Moi, je récite; — je suis prête à dire le contraire.

Sors vainqueur d'un combat dont Chimène est le prix.

CHARLES. — Ah! Zoé, me dis-tu cela sérieusement?

ZOÉ. — Voyons, Charles, — qu'est-ce qui t'arrive? — Est-ce que tu vas te battre?

CHARLES. — Eh bien! oui; — je voulais te le cacher, mais, puisque tu l'as deviné.

ZOÉ. — Comment? avec qui? pourquoi? Mais tu es fou...

CHARLES. — Comment? Cela se décide en ce moment même. — Avec qui? Avec Robert Dimeux.

ZOÉ. — Avec M. Robert? — Charles, ce n'est pas vrai, n'est-ce pas?

CHARLES. — Rien n'est plus vrai.

ZOÉ. — Quelque querelle ridicule — pour quelque femme.

CHARLES. — Tu l'as dit.

ZOÉ. — Ah! j'avais donc un pressentiment quand j'ai passé toute cette nuit à pleurer. — Mais cela ne sera pas. M. Dimeux est un homme raisonnable.

CHARLES. — Quoi! tu veux me faire croire que tu es allée au bal pour pleurer.

ZOÉ. — J'ai quitté à minuit. — Il reste bien assez de temps pour pleurer jusqu'au jour.

CHARLES. — Je te parle du bal de l'Opéra.

ZOÉ. — C'est à cause du bal de l'Opéra que j'ai pleuré.

CHARLES. — On t'avait peut-être forcée d'y aller?

ZOÉ. — Personne ne m'en a seulement parlé. — Et pour quelle femme encore est-ce que tu te bats? Je voudrais que tu fusses tué.

CHARLES. — Merci.

ZOÉ. — D'abord, on ne se bat que pour des femmes qui ne le méritent pas. — Une honnête femme ne sert jamais de prétexte à de semblables choses.

CHARLES. — Tu es bien sévère pour toi-même.

ZOÉ. — Comment, pour moi-même.

CHARLES. — Je me bats avec Dimeux parce que tu es allée avec lui au bal de l'Op...

ZOÉ. — Avec Dimeux! — au bal! — moi!

CHARLES. — Oui.

ZOÉ. — Je ne suis jamais allée nulle part avec M. Dimeux, et jamais de ma vie je n'ai vu le bal de l'Opéra. Voilà de jolies choses.

CHARLES. — Allons donc, je vous ai vus arriver tous les deux, et je vous ai suivis jusqu'à l'Opéra; — et j'ai parlé à Dimeux, qui n'a pas pu le nier, — et tu lui donnais encore le bras quand je lui ai donné ma provocation.

ZOÉ. — Mais non, — mais non; — c'est Clotilde qui s'est habillée ici. — Moi, j'ai passé la nuit à pleurer de ce que tu allais à ce bal, — de ce que tu ne m'aimes plus, — de ce que tu aimes Alida.

CHARLES. — Comment, ce n'était pas toi?

ZOÉ. — Non, non; — mille fois non! — mais tu ne te battras pas; — je ne le veux pas; — c'est impossible; — et pour moi...

CHARLES. — Pour toi, — et aussi pour moi; — pour ton honneur et aussi pour ma jalousie; et puis ton honneur me semble toujours être le mien.

ZOÉ. — Ta jalousie? — Tu es jaloux, — jaloux, — jaloux de moi! — Mais tu m'aimes donc, Charles?

CHARLES. — J'en meurs de désespoir.

ZOÉ. — Et moi, si tu savais, — je ne fais plus que pleurer, — car je t'aime aussi. — Ah! j'ai bien expié ma folie et mes idées romanesques. J'ai été bien malheureuse de te voir parler à d'autres femmes. — Tu n'aimes donc pas Alida?

CHARLES. — Je n'ai jamais pensé à Alida.

ZOÉ. — Quel bonheur! — Mais ce duel, — cet horrible duel?

CHARLES. — Ah! puisque tu m'aimes, je serai vainqueur. — Dis-moi seulement encore une fois :

> Sors vainqueur d'un combat dont Chimène est le prix.

ZOÉ. — Ne plaisantons pas. — Mais puisque ce n'était pas moi, — pourquoi te battrais-tu, alors?

CHARLES. — C'est bien un peu mon idée; mais c'est que mon billet n'était pas très-mesuré, — et c'est Dimeux à son tour qui me demandera raison.

ZOÉ. — Raconte-lui ton erreur. — Il t'excusera.

CHARLES. — Mais je ne veux pas que l'on m'excuse.

ZOÉ. — Alors, tu te battras?

CHARLES. — Je n'en sais rien.

ZOÉ. — Ecoute, Charles, si tu n'arranges pas cette affaire-là autrement, je croirai que tu m'as trompée, parce qu'après votre explication il n'y a aucun prétexte pour que tu te battes; je croirai que tu m'as trompée, et que c'est pour Alida, — et peut-être pour pis encore que tu te bats.

Alida arriva tard chez madame de Sommery, et son entrée produisit une sorte d'effet dans le salon.

CHARLES. — Ecoute, je vais aller chez Dimeux; — je vais lui raconter mon erreur; — puis, je lui dirai : — Je ne suis plus offensé, mais, si vous croyez l'être par mon épître, je suis prêt à vous en rendre raison.

ZOÉ. — Et il te dira qu'il n'est pas offensé non plus.

CHARLES. — Peut-être.

ZOÉ. — Va, et reviens bien vite; — je ne vis pas en attendant. Ecoute un peu. Quoi qu'il arrive, tu viendras me rendre réponse.

CHARLES. — Oui.

ZOÉ. — Donne-m'en ta parole d'honneur.

CHARLES. — Ma parole d'honneur!

XLIII.

C'est alors que Charles entra chez Robert et lui dit : — Mon cher Robert, tout est expliqué, je ne suis plus offensé. — Mais, si vous l'êtes par ma démarche ou par ma lettre, je suis prêt à vous faire des excuses ou à vous en rendre raison. — Mon cher Reynold, répondit Dimeux, je ne vous en veux nullement. — Permettez-moi, au contraire, de vous féliciter de votre air parfaitement majestueux. Je ne veux de vous ni excuses ni coups d'épée.

Charles sortit avec son héraut.

XLIV. — A monsieur Dimeux de Fousseron.

M. et madame Frédéric Reynold ont l'honneur de vous faire part du mariage de mademoiselle Zoé Reynold, leur fille, avec M. Charles Reynold, et vous prient d'assister à la bénédiction nuptiale qui leur sera donnée le..., en l'église Saint-Vincent-de-Paul, leur paroisse.

Paris.

XLV. — A monsieur Robert Dimeux de Fousseron.

M. et madame Emile Reynold ont l'honneur de vous faire part du mariage de M. Charles Reynold, leur fils, avec mademoiselle Zoé Reynold.

Paris.

SECONDE PARTIE.

I.

Arthur fit à Tony Vatinel un accueil convenable quoiqu'un peu froid. Tony, tout le temps de la soirée, se tint dans un coin du salon, et il n'aurait pas fait autre chose que regarder Clotilde si Robert n'était venu de temps échanger quelques paroles avec lui. Il y avait heureusement d'ailleurs assez de monde pour que la préoccupation de Tony ne fût pas remarquée. Clotilde était changée, ses traits avaient perdu ce calme, cette indécision du visage de la jeune fille. Cependant elle était charmante autrement, sans qu'on pût dire qu'elle le fût moins ou plus qu'autrefois. Ses formes développées, sa démarche plus assurée, sa voix, son sourire, ses gestes, tout avait subi des modifications que Tony étudiait avec le plus vif intérêt. Il la comparait avec la Clotilde d'autrefois, et il avait besoin de se répéter : — C'est bien elle, c'est bien la même. Sous certains aspects, éclairée de certaines façons, il ne la retrouvait pas; mais elle garda quelques instants une attitude qui lui était familière autrefois, et Tony alors ne vit plus en elle aucun changement. Il la voyait de profil, le cou penché en avant; — les longues boucles de ses cheveux, qui pendaient un peu détachées du côté opposé à celui de Vatinel, formaient un fond sur lequel se découpait nettement son profil ravissant. Quand elle releva la tête et rejeta un peu ses cheveux en arrière, il sembla à Tony que c'était un fantôme qui s'évanouissait. Il ne revit plus Clotilde que dans ses pieds et dans la couleur de ses cheveux. Il épiait le moment où un nouveau changement de position la ferait reparaître à ses yeux. Il l'avait saluée en entrant, mais il n'avait pas cherché l'occasion de causer avec elle; occasion que, du reste, elle n'avait nullement paru lui offrir. Leur conversation, sans se connaître, au bal de l'Opéra, les embarrassait également. D'où fallait-il reprendre? De leurs adieux au Havre, au moment où Tony y avait conduit Arthur et Clotilde pour les faire embarquer. Tony avait alors renoncé à Cotilde, qui le lui avait demandé au nom de son bonheur à elle. Où fallait-il reprendre de cette conversation de l'Opéra qui avait appris à Vatinel que Clotilde l'avait réellement aimé, et que peut-être elle l'aimait encore? C'était à Clotilde à décider ce point. Alida ne vint pas ce jour-là chez son frère; elle était extrêmement irritée de la scène du bal, quoique la dernière et la plus profonde blessure eût été pour Clotilde. En regardant sa femme, Arthur de Sommery s'étonnait de lui voir montrer aussi peu de ressentiment du mot si dur qu'il avait laissé échapper, et dont elle avait paru mortellement frappée.

II.

— Ah! dit Tony Vatinel en s'en allant avec Robert Dimeux, que je l'aimais bien mieux avec sa simple robe gris-foncé — lorsque nous étions à Trouville! — Tant que tu ne préféreras à la Clotilde de Paris la Clotilde de Trouville, il ne faut pas te flatter d'être extrêmement bien guéri de ton amour. Je crois même devoir t'avertir que c'est un symptôme assez fâcheux. Et qui t'a dit, Robert, que je voulais guérir de mon amour? Pourquoi me ne proposes-tu pas de me guérir de mon cœur? de me guérir de ma vie? J'ai perdu Clotilde; elle ne peut être à moi; — et d'ailleurs ce qu'elle est aujourd'hui, ce n'est plus Clotilde. — J'ai perdu Clotilde, laisse-moi mon amour! — Tu me donnes du reste une preuve de ce que je t'ai dit, bien satisfaisante pour l'amour-propre d'un philosophe. L'objet de ton amour est si bien une femme de ton invention, que tu as besoin qu'elle soit à un certain éloignement. A peine es-tu auprès d'elle que tu te mets à l'adorer à soixante lieues et à un an de distance. — L'amour est comme un de ces petits jardins de quelques toises carrées que l'on a sillonnés d'allées, de détours et de labyrinthes. Si on le traversait droit, il y aurait à faire de trois à cinq pas; mais, grâce aux circonvolutions que l'on est obligé de faire entre les petits défilés bordés de buis, grâce aux fréquents retours sur ses pas, on fait huit ou dix lieues sur quatre toises. — Il y avait autrefois une manière de faire un pèlerinage à Jérusalem, qui consistait à faire deux pas en avant et un en arrière; — tu as trouvé encore mieux que cela. Tu fais deux pas en avant et au moins deux en arrière; tu fais tomber la dernière allée du labyrinthe dans la première, de telle façon que les circuits sont toujours à recommencer sans qu'il soit jamais possible d'arriver au mur. Voyons, Tony, penses-tu consacrer toute ta vie à un semblable exercice? tu as reçu de la nature de belles facultés; ne penses-tu pas à te distinguer, à te faire un nom, à devenir quelque chose? — Pfff! répondit Tony.

III.

Il est quelques personnes auxquelles peut-être la réponse pleine de sens et de sagacité par laquelle Tony Vatinel termine le chapitre précédent peut sembler manquer de quelque clarté. — Nous traduirons donc par nos propres impressions le *pfff* de Tony Vatinel ; car, pour nous, ce *pfff* est encore un de ces mots qui en disent plus qu'ils ne sont gros.

Les honneurs que l'on rend aux hommes distingués ne sont qu'une amorce pour faire faire à de bonnes gens crédules certaines corvées sociales qu'il est plus commode d'admirer que de faire soi-même. Et encore leur fait-on payer les vertus et les belles actions comptant, et remet-on les honneurs à l'époque de leur mort. On s'occupe volontiers en France de rendre des honneurs aux grands hommes morts on

Un de ses amis, voyant son air, disait : — Il paraît qu'on en dit de dures à Charles.

dépense pour leur tombe un argent qui leur eût été fort utile pendant leur vie, et qui leur eût peut-être évité le désagrément d'une immortalité prématurée. Cela vient peut-être de ce qu'on aime également beaucoup à enterrer les grands hommes, et que leur mort semble toujours être la plus belle action de leur vie, ou du moins celle dont on leur sait le plus de gré, tant on manifeste alors une recrudescence d'enthousiasme et d'admiration.

Une seule chose m'étonne, c'est qu'on n'ait pas encore jusqu'ici imaginé de les enterrer vivants ; c'est une idée que je n'émets qu'avec une grande timidité : beaucoup peuvent la trouver séduisante et chercher à l'appliquer. Cicéron disait : — Il n'y a, en fait de religion, qu'une absurdité que les hommes n'aient pas encore inventée, c'est de manger leur Dieu.

On a depuis profité de l'avis. Je serais réellement fâché d'être cause qu'on enterrât vifs M. Rossini ou M. Hugo. Je crois que la France produit trop de grands hommes pour sa consommation, et qu'elle craint d'être consommée par eux ; elle en fait tant qu'elle peut l'exportation.

Mais aucune époque, autant que celle-ci peut-être, ne s'est montrée empressée d'en finir avec les grands hommes ; aucune n'a si vite et si légèrement décerné l'immortalité aux vivants. On voudrait faire des dieux à la manière des gardes prétoriennes quand elles se défaisaient d'un empereur dont on commandait d'avance l'apothéose. A peine un homme aujourd'hui a-t-il fait deux romances, ou manifesté, par un commencement d'exécution, l'intention de faire un vaudeville, qu'on fait son buste, sa statuette, sa biographie : toutes choses autrefois à l'usage des morts. On l'immortalise d'avance et en effigie, et, quand il est mort une bonne fois, on n'a plus qu'à l'enterrer. Ou plutôt, ce moment, on se plaît à le considérer comme mort et enterré ; ses fossoyeurs prennent sa place : chacun à son tour.

M. David, qui a fait un fronton pour le Panthéon, y a taillé dans la pierre de futurs grands hommes. C'est une remarquable fatuité aux yeux des étrangers de leur montrer ainsi, dans ce temple consacré à

nos grands hommes, des grands hommes jusques au dehors, jusque sur les toits, un débordement de grands hommes qui n'ont pas pu tenir dans le temple.

Peut-être, si l'on fait des temples aux grands hommes, serait-il bon de fixer un temps où l'immortalité serait consacrée, un temps où il n'y aurait plus d'appel ni de recours en cassation. Si l'on ne déclare pas, par une bonne loi, après combien de temps un *mort* pourra s'endormir sur les deux oreilles sans se voir chicaner son immortalité, il arrivera ce qui est arrivé : que les petits hommes d'une époque jetteront à la voirie les grands hommes de l'époque précédente ; que les successeurs des petits hommes ramasseront les os de leurs grands hommes ; et que l'on court grand risque de se tromper d'os et de donner, dans le Panthéon, asile à quelques gredins qui ne s'y attendaient guère.

Mais quand on aura fait, discuté, et promulgué une loi à ce sujet, qui garantira l'efficacité de cette loi, et qui empêchera de remplacer cette loi par une autre loi, comme les grands hommes par d'autres grands hommes ? car il n'est pas d'époque qui n'ait un demi-quarteron de grands hommes, qu'elle ne soit pas fâchée de mettre sous des marbres assez lourds pour qu'ils ne puissent se relever. C'est, du reste, le secret des riches tombeaux que font les héritiers à ceux dont ils héritent. Sérieusement, à propos du Panthéon, il faut avouer qu'il n'est rien d'aussi ridiculement barbare que le changement de destination des édifices. Les gens qui font de telles choses semblent toujours chercher à faire croire à la postérité que l'histoire commence à eux, et que ce qui a précédé ne vaut pas la peine d'être conservé. Les monuments, ces masses de pierres, sont semés dans le temps par les hommes qui passent, comme les cailloux que le petit Poucet, des contes de Perrault, semait sur la route qu'il voulait retrouver. Seulement, c'est à ceux qui viendront après que ces masses de pierres doivent servir de guides pour leurs investigations dans l'histoire des mœurs et des arts. Il y a dans le cabinet des figures de cire un enfant vêtu richement avec un cordon bleu en bandoulière. Le démonstrateur l'a donné successivement et selon les circonstances comme le roi de Rome, le duc de Bordeaux, le duc de Montpensier, le comte de Paris. Il y a encore une indus-

M. Arthur de Sommery.

trie qui consiste à afficher sur les murs un morceau de papier sur lequel on lit :

TELLE RUE, TEL NUMÉRO ;
ON DÉGAGE LES EFFETS DU MONT-DE-PIÉTÉ,
POUR EN PROCURER LA VENTE.

Il paraît que l'industrie est bonne, car la concurrence est ardente. Voici ce que quelques-uns ont imaginé : comme le métier est identiquement le même, ils collent seulement sur l'adresse du rival un bout de papier, contenant leur propre adresse, et ils trouvent à cela un triple avantage. Ils sont annoncés, le concurrent ne l'est plus, ils diminuent leurs frais d'impression et de papier en les lui faisant payer.

C'est précisément ce que font les grands hommes du présent avec les grands hommes du passé. Voilà à peu près ce que voulait dire le *pfff* de Tony. — Robert, probablement, l'avait compris et l'avait trouvé sans réplique, car il ne répondit pas un mot.

IV.

Tony alla faire une visite du matin à madame de Sommery; elle avait du monde; Arthur lisait des journaux dans un coin, et ne se mêlait à la conversation que par quelques phrases plus ou moins bien ajustées qu'il y jetait à peu près au hasard. Clotilde, d'après la coutume, fort inconvenante à mes yeux, de la plupart des femmes de Paris, recevait ses visites de deux heures à six heures dans sa chambre à coucher. Pour Tony, ce n'était pas une inconvenance, c'était une chose horriblement cruelle. Dans son amour pour Clotilde, il avait eu peu d'instants dans lesquels ses sens avaient osé élever la voix, c'était lors de leur rendez-vous sous la niche de la Vierge à Trouville, quand Clotilde, fatiguée et épouvantée, s'était laissée aller sur le bras et sur la poitrine de Vatinel. Mais le plus souvent sa pensée n'allait pas jusque-là. Il n'avait jamais été assez sûr d'être aimé de Clotilde pour oser rêver sa possession, et d'ailleurs Clotilde ne lui paraissait pas une femme que l'on possédât. Tant qu'on n'est pas aimé, ou qu'on ne croit pas l'être, il semble que l'on se contentera parfaitement d'être aimé, et que l'on ne demandera rien au delà. Une fois aimé, on borne avec la même bonne foi ses vœux à un baiser; mais, je crois que je le répète, Clotilde ne semblait pas à Vatinel une femme que l'on possédât. — Qui n'a rencontré de ces femmes, dont l'inflexible jupe de plomb semble faire partie de leur personne?

Mais cet odieux lit conjugal changeait, malgré Tony, ses idées sur Clotilde; Clotilde était donc une femme comme toutes les femmes. Ces deux oreillers racontaient des choses bien humaines. Arthur, aux yeux de Tony, était non-seulement un rival heureux, mais encore un profane, un sacrilège qui faisait descendre la divinité de son piédestal pour l'abaisser jusqu'à son ignoble amour; puis, à force de s'indigner, il arrivait à penser que, puisque la divinité était devenue une simple mortelle, il eût été bien charmant qu'elle le fût à son bénéfice; puis Clotilde, qu'il aurait craint autrefois de souiller par ses caresses à lui, lui semblait bien autrement souillée par les caresses d'un autre; son imagination ne lui faisait grâce d'aucun détail; et il se sentait plein d'un mélange bizarre de haine et de mépris pour Arthur, de haine, de mépris, de fureur et de désirs pour Clotilde. Il ne se contentait plus de regarder le visage de Clotilde; ses yeux, en regardant ses petits pieds dans des mules de velours vert, voyaient malgré lui beaucoup plus de la jambe qu'on n'en montrait; il interrogeait les plis de la soie, plus tendre sur les genoux et trahissant des contours qui lui faisaient frissonner le cœur.

Arthur lui dit : — Vous avez voyagé depuis quelque temps, monsieur Vatinel? — Oui, répondit Tony, je suis allé en Angleterre, en Irlande et en Amérique. — Vous avez dû voir bien des choses curieuses? — Mais non.

Clotilde rougit; elle avait lu, comme vous savez, madame, les lettres que Tony avait écrites à Robert Dimeux pendant son voyage, et le *mais non* qu'il venait de prononcer lui faisait entendre à elle tout ce qu'il y avait de tendresse et de passion dans ces lettres. Elle leva les yeux sur Vatinel, mais elle rencontra les siens, et tous deux sentirent un mouvement de frisson. Clotilde changea la conversation, Tony se leva et sortit.

Comme Tony s'en allait, et qu'il paraissait hésiter entre deux portes pour sortir, Arthur se leva, lui ouvrit celle qu'il fallait prendre, et lui dit : — Vous ne connaissez pas encore *nos êtres*.

Quand Tony fut parti, il se demanda à lui-même pourquoi les paroles d'Arthur lui avaient si joyeusement résonné dans le cœur : c'est qu'il espérait de se voir installé dans la maison; et comment finirait tout cela, en supposant même que les hommes et le sort le remissent à sa volonté?

V.

La veille du jour fixé pour son mariage, Charles Reynold vint demander à déjeuner à Robert. Il cachait son triomphe et sa joie sous un air d'indifférence qui lui donnait beaucoup de peine; car le pauvre garçon était gonflé de bonheur et de pensées d'avenir. Il avait voulu voir la toilette de Zoé, et il était dans le ravissement.

— Ah çà! mon cher, dit-il à Robert, vous n'oubliez pas que je me marie demain, et que vous devez assister à mon mariage; pourvu que je ne l'oublie pas non plus, moi. — Vous amènerez votre ami, n'est-ce pas? les amis de nos amis sont nos amis. — C'est un peu imprudent de prendre précisément l'instant où l'on se marie pour faire de nouveaux amis; mais je n'ai pas la prétention d'échapper seul au sort commun à tous tes maris; et j'ai, sous ce rapport, une philosophie toute faite et prête à tous les événements. — Ce ne sera, après tout, qu'une représaille, et la plus douce des justices est sans contredit la peine du talion. C'est à dix heures, vous savez, cela veut dire dix heures et demie, car les femmes feront attendre. Mon Dieu! Zoé a voulu absolument me faire voir sa toilette; je n'aime pas à m'occuper de ces enfantillages-là, mais j'ai fini par céder. C'est incroyable l'importance que les filles y attachent. Je vous demande un peu ce que cela signifie! — Je ne sais pas si j'aurai ... dit, et je ne compte guère m'en occuper;

pourvu que je n'aille pas oublier demain matin. Mais, je me sauve. Vous savez, Laure, à laquelle je fais la cour depuis quelque temps?... — Non. — Mais si, une *prima donna* de boulevard, une petite blonde. — Ah! ah! — C'était une tigresse, elle avait un tas de scrupules. — Moi, du caractère dont vous me connaissez, vous comprenez bien que cela ne m'allait guère; et puis un mariage, ça vous dérange toujours un peu; ma foi, j'avais oublié mon inhumaine, quand hier je reçois une lettre d'elle; elle m'annonce qu'elle viendra me voir *après-demain matin*. Or, cet après-demain est *devenu* DEMAIN MATIN. Vous saisissez l'à-propos, sans doute : à dix heures, juste l'heure du *conjungo*. Je lui ai répondu :

« Ma chère petite, après-demain, c'est impossible, *j'ai quelque chose à faire*; mais demain, par exemple, je serai très-heureux de vous voir. »

Et ce demain est aujourd'hui. — Elle doit être chez moi; vous comprenez bien qu'une femme qui entre chez moi... Je n'en dis pas davantage. Je vais aller me débarrasser de ce petit triomphe avant d'aller chez ma future; pourvu qu'on ne me fasse pas voir encore des toilettes d'elle; elle m'annonce qu'elle vient me voir *après-demain matin*. Adieu. Si vous étiez aimable, demain, à dix heures, vous m'enverriez un petit mot par votre domestique pour me rappeler la chose. Adieu, mon cher.

— Ah çà! se dit en bas de l'escalier Charles, qui n'était pas attendu par la moindre Laure, vais-je aller d'abord chez mon bottier ou chez mon tailleur? Pourvu que mes *affaires* soient prêtes, mon Dieu! Que faire si ces gens-là ne m'ont pas tenu parole? Allons d'abord chez le tailleur.

— Dites-moi, mon cher, eh bien? — Monsieur, nous serons en mesure. — Pensez que c'est à dix heures. — A neuf heures on sera chez vous. — Je compte sur vous; c'est très-grave, je ne puis me marier sans un habit noir : je n'en ai, comme vous savez, qu'un brun et un bleu. — Soyez tranquille. — Je vous déclare que je ne le serai pas. — A neuf heures on frappera à votre porte. — Maintenant, chez le bottier. — Mes souliers? — Je les attends. — Il me les faut aujourd'hui; comment, voilà quinze jours qu'ils sont commandés. — On est *très-pressé d'ouvrage* en ce moment, et d'ailleurs ça ne pouvait pas être confié au premier venu; je n'ai qu'un seul ouvrier auquel je donne *l'ouvrage* tout à fait *soigné*. — Vous me les promettez pour ce soir? — Ce soir ou demain matin à sept heures. — Bien sûr? — C'est comme si vous les aviez.

VI.

Le jour du mariage de Charles Reynold, — Vatinel se trouva à l'église auprès de madame de Sommery. Il était grave et triste, et au moment où l'orgue résonna sous la voûte, il fut saisi d'une telle émotion que quelques larmes tombèrent de ses yeux. Le soir, au bal, Clotilde lui dit qu'elle avait remarqué son émotion. — Je suis sûre, ajouta-t-elle, qu'Alida aura pensé que vous étiez quelque amoureux de Zoé rebuté. — Non, dit Vatinel, mon cœur pleurait malgré moi toute ma vie manquée et perdue.

Au moment où le prêtre avait dit ces paroles du Christ : « L'homme quittera son père et sa mère pour s'attacher à sa femme, » je n'ai pu m'empêcher de penser que moi aussi j'ai quitté mon père et ma mère pour mener une vie errante, triste, solitaire et à jamais sans amour. — Vous êtes bien jeune, monsieur, dit Clotilde, pour parler ainsi de l'avenir, et pour croire que vous ne rencontrerez jamais une femme que vous puissiez aimer. — Quand je dis que ma vie sera sans amour, reprit Vatinel, je veux dire que je ne serai pas aimé; car pour moi mon cœur est rempli d'un amour qui ne s'éteindra qu'avec moi ou plutôt qui me tuera. — Est-ce donc un amour tout à fait sans espoir, monsieur? — Oh! oui, madame, tellement sans espoir que celle qui en est l'objet venait à moi et me disait : — Tony, je vous aime et je suis à vous, je la repousserais en lui disant : — Laissez-moi. Je ne veux pas de vous, femme souillée et flétrie.

Clotilde se mordit les lèvres et ne parut pas très-fâchée que Zoé vint prendre son bras et l'emmenât dans une autre pièce.

ZOÉ. — Eh bien! chère Clotilde, voilà donc mon roman fini, — du moins avoir commencé. — J'avais bien fait une tentative, mais elle m'a rendue trop malheureuse. J'ai trouvé dans ce qu'on nous a dit à l'église des choses qui m'ont rien de romanesque, mais qui m'ont rempli l'âme de pensées sévères et élevées et d'un bonheur grave et calme que je ne soupçonnais pas. — Embrasse-moi, ma bonne Clotilde, je serai heureuse. — Oui, tu seras heureuse, répondit Clotilde; tu as épousé un homme qui ne croira pas avoir fait un sacrifice en t'épousant; tu es la femme d'un homme que tu aimes, — et les devoirs si rigoureux pour d'autres seront pour toi un bonheur ineffable. Tu auras des enfants, car le ciel bénit les mariages d'amour. — Ce sont les seuls qu'il reconnaisse et qu'il sanctifie. Tu seras heureuse, Zoé. Tu ne seras tourmentée ni par l'ambition ni par la vengeance. — Être heureuse, c'est aimer et être aimée. Voilà ton devoir.

Charles était ivre de joie; mais un nuage passait de temps en temps sur son visage. — Plusieurs fois il se dirigea vers Robert, puis s'arrêta sans être allé jusqu'à lui et sans lui avoir parlé. Il finit par prendre une résolution. — Robert, lui dit-il, voulez-vous faire un tour de jardin avec moi? — Je vous rends grâce, mon cher ami; il fait trop froid. — C'est que j'ai un service important à vous demander. — C'est différent ; je croyais que c'était simplement un plaisir que vous me proposiez. Je vais mettre mon manteau. Faites-moi donner un cigare. Mais est-il tout à fait nécessaire que ce soit dans le jardin ? — Oui, il y a du monde partout, et je ne veux pas que ce que j'ai à vous dire soit entendu par d'autres que par vous.

VII.

— Mon cher Dimeux, dit Charles Reynold quand ils furent descendus dans le jardin, je vais vous montrer la grande confiance que j'ai en vous ; mais vous allez vous moquer énormément de moi. — Allez toujours. — Promettez-moi du moins que vous me garderez le plus profond secret. — Il paraît que votre confiance en moi est au fond de votre cœur sous un tas de petites défiances dont il faut la débarrasser pour qu'elle puisse sortir. — Non, mais... — Tant qu'à ne pas me moquer de vous, je puis vous promettre, si vous voulez, et si réellement la chose mérite la moquerie, de me contenter d'un sarcasme intérieur et latent dont vous-même ne vous apercevrez pas ; pour la discrétion, je vous la promets. — Eh bien ! dit Charles Reynold cherchant à diriger la promenade vers les allées sombres et les plus éloignées de la maison, dont les fenêtres jetaient de la clarté ; eh bien ! me voici marié. — Oui. — Le maire et le prêtre ont fait leur état, je n'ai plus qu'à faire le mien. — Oui. — Il est dix heures, j'esp... je pense que madame ma tante va emmener sa fille dans une heure. — C'est très-probable. — C'est que je vous avouerai, mon cher Dimeux, que je ne me suis jamais marié. — Je l'espère bien, sans cela vous vous trouveriez dans une situation parfaitement prévue par le Code pénal. — Oui, mais il y a des choses qui m'embarrassent. — Ce n'est rien, demandez à votre belle-mère quand elle emmènera sa fille, et suivez-les. — Oui, vous m'effrayez, mon cher Reynold. — Ah ! voilà déjà que vous vous moquez de moi. — Mais non, vraiment. — Eh bien ! je vais vous dire la chose sans détours. — Je commence à l'espérer avec d'autant plus de plaisir qu'il fait froid, et avec d'autant plus de raison que vous les avez épuisés tous. — Je vous dirai donc... mais sans hésiter davantage... mon cher... Robert Dimeux... je vous dirai donc... sans préambule... sans tergiversations... que... mais vous vous rappelez la discrétion que vous m'avez promise... Je vous dirai alors...

Ici Charles parla si bas que je ne puis répéter ce qu'il dit.

— Mais, dit Robert, et Laure, dont vous me parliez hier?... — Plaisanterie, mon cher Dimeux. — Et Julie, dont vous m'avez raconté de si bonnes histoires?... — Mensonges, mon cher Dimeux. — Et Anna, sur laquelle vous m'avez donné des détails si intimes?... — Vanteries, mon cher Dimeux. — Et Adèle, je crois, oui, c'est Adèle que vous l'appeliez, dont vous m'avez fait des descriptions si ravissantes que j'avais presque envie de les vérifier?... — Invention, mon cher Dimeux. — Ce sont donc autant plaisanterie, mensonge, vanterie et invention que ces lettres, ces billets, ces rendez-vous, ces nuits passées dehors, ces maris jaloux, ces invasions par les fenêtres?... — Comme vous dites, mon cher Dimeux, plaisanterie, mensonge, vanterie, invention.

Et alors Robert fit une question aussi bas que Charles avait parlé quelques instants auparavant.

CHARLES. — Jamais.
ROBERT. — Jamais, jamais?
CHARLES. — Jamais.
ROBERT. — C'est très-drôle.
CHARLES. — Pour vous.
ROBERT. — Je ne vois pas où est le malheur pour vous à présent, mais enfin...
CHARLES. — J'ai bien quelques théories, mais...
Robert parla bas assez longtemps.
CHARLES. — Je vous remercie, mon cher ami.
ROBERT. — Il n'y a pas de quoi, vos théories étaient excellentes. C'est tout ce que vous aviez à me dire ?
CHARLES. — C'est parbleu bien assez.
ROBERT. — Allons, rentrons, je meurs de froid, vous m'avez tenu là un cigare tout entier.

Robert jeta la fin de son cigare et rentra le premier. Madame Reynold la mère lui demanda d'un air fort inquiet :
— Où est mon beau-fils ? — Il va venir, madame. — C'est qu'on n'est jamais tranquille avec des jeunes gens qui ont mené une vie si folle et si dissipée...

VIII. — Marie-Clotilde.

Tony Vatinel devint assidu chez Clotilde. Il était généralement silencieux. Un soir, cependant, on vint à parler de Trouville ; il prit la parole et demanda à Clotilde si elle se rappelait bien la plage, et si elle se rappelait aussi les petits bois qui dominent la Touque, et les beaux couchers du soleil. — Vous rappelez-vous, madame, disait-il, ce jour où les pêcheurs rentrèrent par un si terrible coup de vent ? Et il fit de la tempête une description qui fit frissonner les auditeurs. Vous rappelez-vous la colline, au mois de mai, couverte de joncs en fleurs comme d'un drap d'or ? C'était, ce soir-là, grande représentation au Théâtre-

Italien. Clotilde était un peu fatiguée et n'y allait pas. Les trois ou quatre hommes qui étaient chez elle se levèrent. — Et vous, monsieur Vatinel, dit-elle à Tony, n'allez-vous pas au Théâtre-Italien ? — Non, madame. — Vous le voyez, mes amis ne se gênent pas avec moi. — Ce n'est pas un reproche que je vous fais, messieurs, — allez-vousen. — Je suis naturellement ingrate et je ne veux pas de sacrifices. Ne vous croyez donc pas obligé, monsieur Vatinel, de me tenir compagnie si vous avez mieux à faire. — Faut-il, madame, demanda Vatinel, me croire obligé de m'en aller ? — Non. — Vous n'aimez donc pas le spectacle? dit Clotilde à Tony quand ils furent seuls. — Non, madame. — Ni la musique? — Non plus. — Je ne vous ai jamais vu danser? — En effet, je ne danse pas. — Ni jouer? — Ni jouer. — Ni causer? — Ni causer. — Qu'aimez-vous donc alors? — Moi, madame, je n'aime rien. — C'est une plaisanterie ! — J'aime la plaisanterie moins que toute autre chose ; mais je comprends bien que ce que je vous ai dit a besoin d'explication. J'ai dans le cœur une grande et violente passion.

Clotilde, à ces mots, s'embarrassa visiblement ; Tony s'en aperçut et ajouta : — La femme que j'aime est une jeune fille, vierge et ignorante, qui n'a jamais eu même un frère dont les lèvres aient touché son front. Deux fois seulement, et cela m'a tellement ému que j'en pourrais dire le jour et l'heure ; — deux fois seulement mes doigts ont touché les siens ; — une autre fois, craintive, fatiguée, elle a abandonné un instant son corps sur mon bras, — et j'en sens encore l'impression. Cet ange n'est plus, madame.

Clotilde le regardait avec étonnement et avec défiance. Elle savait bien que c'était elle que Tony aimait, et tous ses souvenirs s'appliquaient à elle parfaitement. Tony continua : — Je sais, madame, dit-il, que Robert vous a montré mes lettres, et je saisirai cette occasion de vous les expliquer, parce que, un jour ou un autre, vous pourriez bien me chasser de votre présence et croire accomplir un devoir en agissant ainsi, et ce serait pour moi un grand malheur ; car réellement je ne peux vivre que là où vous êtes. Donc, madame, je ne vous dirai pas : Ce vous ai aimée et je ne vous aime plus. Ce n'est pas cela, ce n'est pas moi qui ai changé. J'ai aimé ce que vous étiez quand je vous ai connue, et je n'aime pas ce que vous êtes aujourd'hui. Nonseulement j'ai aimé ce que vous étiez alors ; mais je l'aime encore. J'aime encore de toutes les forces de mon âme cette jeune fille dont je parle dans les lettres que vous avez lues ; mais je ne la retrouve qu'en vous. Cependant vous êtes la seule personne avec laquelle je pourrais en parler. Robert est un moqueur, et je ne veux pas exposer à la moquerie un sentiment aussi profondément enfermé dans mon cœur. — Cependant je ne puis parler que de cela. Si j'ai un peu parlé ce soir, c'est que parler de Trouville, de la plage, des bois où je l'ai vue, c'est pour moi parler d'elle et de mon amour. Ce n'est qu'à une femme que l'on peut parler d'un amour véritable, — et il est peu de femmes auxquelles on puisse parler d'un amour qui n'est pas pour elles. Notre situation est tout à fait particulière. Vous seriez bien bonne de me permettre de vous parler quelquefois de celle que j'aime et qui n'est plus.

Clotilde regardait toujours Vatinel avec attention ; elle cherchait à découvrir dans ses yeux, dans l'expression de son visage, dans le son de sa voix, s'il était de bonne foi en parlant ainsi, et s'il la faisait de quelque rêve d'un cerveau en délire, ou si c'était une façon très-alambiquée et d'un goût plus que médiocre de lui faire une déclaration d'amour.

Le résultat de ses observations fut que Vatinel était peut-être fou, que peut-être il se trompait lui-même, mais qu'à coup sûr il ne voulait tromper personne et qu'il était de la meilleure foi du monde.

— Monsieur Vatinel, dit Clotilde, j'imiterai votre franchise. Le hasard ou une petite perfidie de votre amie dont j'ignore le but vous a instruit d'une chose que je ne vous aurais jamais dite. J'ai été extrêmement touchée de cet amour si vrai que peignaient vos lettres pour mo... pour celle que vous aviez aimée, que vous aimez encore, ditesvous. — Vous avez été malheureux, vous l'êtes peut-être encore. — Je veux vous aider à vous consoler, et, en y consacrant mes soins les plus affectueux, je croirai accomplir un devoir : je suis heureuse de n'avoir pas à parler de ces barrières infranchissables qui se sont élevées entre nous. Soyons amis, nous parlerons de tout ce que vous voudrez ; de cette Clotilde... qui n'est plus. — Vous avez raison. — Madame, répondit Vatinel, je ne l'appelle que Marie dans mon cœur, car elle s'appelait Marie, doux nom que je lui donne dans les lettres du mot aimer. — Mais que vous disais-je d'abord ? — je vous disais que je n'aime rien. — Les goûts sont de la monnaie d'amour. — Tout ce qui avait en moi quelque puissance d'aimer, — même le plus légèrement, — tout est rentré dans mon cœur pour se réunir à l'amour que j'ai pour... pour Marie.

Cet amour est comme le soleil, qui aspire jusque dans le calice des fleurs les plus petites gouttes d'eau pour les réunir en un nuage qui porte la tempête.

— Monsieur Vatinel, dit Clotilde, je vous crois un homme bon et loyal, et je ne doute pas un instant que vous soyez parfaitement de bonne foi. Seulement, comme cet amour dont vous parlez est tout à fait en dehors des conditions humaines, il est possible que vous vous trompiez vous-même. — Je ne sais trop comment vous dire cela. Rien de si ordinaire à une femme que de se refuser à croire qu'on l'aime. —

Mais il est moins ordinaire et moins commode de dire : « Vous dites que vous ne m'aimez pas, — et je crains cependant que vous ne m'aimiez. » C'est là une grande fatuité féminine; mais j'aime mieux m'exposer à être un peu ridicule qu'à jouer un jeu qui nous amènerait peut-être du malheur à l'un et à l'autre.

Certes, moi, l'auteur, je ne prendrais pas sur moi ici de décider si Clotilde avait réellement la crainte qu'elle mettait en avant, ou si elle était un peu piquée de la préférence que donnait Vatinel à ce qu'elle avait été sur ce qu'elle était présentement. — Je ne déciderai pas non plus si Clotilde n'était pas partagée par ces deux sentiments, et si elle aurait été plus capable de bien définir ce qui se passait en elle. Toujours est-il que Vatinel prit sa crainte au sérieux. — Mais ce brave et digne jeune homme a si peu de sens commun dans toute cette conversation que l'on n'ose pas trop être de son avis.

— Madame, dit-il en se servant pour lui être agréable et pour la rassurer des sentiments qu'il était heureux de trouver dans son cœur, — comment voudriez-vous que je pusse vous aimer?

C'était réellement un singulier garçon que Tony Vatinel, un sauvage bien sauvage, et dont je suis honteux d'avoir à rapporter les discours.

Clotilde fit une petite grimace qui disait clairement qu'elle trouvait le personnage assez difficile et assez bizarre. Il n'y fit aucune attention et continua :

— Comment voudriez-vous que je pusse vous aimer avec le cœur dont j'ai aimé *Marie*? Il n'est pas un des objets qui vous entourent qui ne me sera odieux; — vous ne pourriez pas prononcer une parole, faire un geste qui ne m'inspirât de la haine! Si je vous aimais, j'aurais envie de vous tuer et de me tuer après! Vous qui avez un mari, un homme auquel vous appartenez, un homme qui restera avec vous quand je vais être parti, dans quelques instants. Ce salon, ces fauteuils, ces rideaux, vos vêtements, vos bagues, — votre nom, — tout me rappellerait que vous êtes souillée, que vous êtes à un autre! — Oh! non! non! madame; plus j'aimais ce que vous étiez, moins je puis aimer ce que vous êtes! Plus j'ai aimé *Marie*, moins je puis aimer *Clotilde!* Ce sont deux femmes dont l'une est morte, et, pour que je le croie mieux, vous n'avez rien gardé de *Marie*. — Vous n'avez plus la même physionomie ni les mêmes gestes, vos cheveux sont arrangés autrement, vous avez plus d'embonpoint, votre voix a bien plus d'assurance ainsi que votre regard. — *Marie* parfumait sa chevelure d'une odeur de violette qui semblait être son haleine. — Vos cheveux, à vous, sentent je ne sais quelle odeur que sentent également les cheveux de cent autres femmes.

Quelquefois, cependant, il vous arrive pour un instant, quand vous êtes éclairée de certaine façon, ou quand votre voix, prononçant certains mots, trouve certaines inflexions, il vous arrive de ressembler à Marie et de me la rappeler. — Mais, c'est pour moi comme une vision, comme une apparition qui s'évanouit aussitôt. Il y a quelques jours, vous étiez par hasard coiffée comme se coiffait *Marie*, et quand vous aviez la tête penchée vous lui ressembliez tout à fait. Mais qu'arrive-t-il alors? que je vous hais, et qu'il me semble presque que j'aime moins Marie. — Vous voyez bien, madame, qu'il est impossible que je puisse vous aimer. — Hors de ces idées, vous êtes charmante, gracieuse, spirituelle, pleine de tact et de finesse; mais vous n'auriez pas été Marie et je ne l'aurais pas connue, que je ne vous aimerais pas; car, par un hasard étrange, vos perfections mêmes sont des choses que je haïssais avant de vous connaître, et je suis sûr que si j'avais voulu tracer le portrait d'une femme selon mon cœur, il n'y a pas un trait qui vous eût ressemblé.

IX.

De ce moment, Tony Vatinel vint voir Clotilde tous les jours. Quand elle était seule, il lui parlait du passé, de celle qu'il appelait toujours Marie; il lui racontait l'histoire de ses moindres sensations pendant tout le temps qu'ils étaient restés ensemble à Trouville; il n'avait rien oublié. Il se rappelait pour chaque jour ce qu'elle avait dit et comment elle était habillée. Ce jour-là, disait-il souvent, elle avait une boucle de ses cheveux dérangée par le vent. — Cet autre jour, elle avait un chapeau de paille orné d'une branche de giroflée violette. Mais quand il y avait quelqu'un, il se renfermait dans un silence opiniâtre, et quand Clotilde lui en faisait des reproches, il lui disait :

— Que voulez-vous que je dise, je n'ai rien à dire aux *autres*, et je ne sais même pas bien pourquoi il y a des *autres* au monde. Je ne demande qu'une chose au ciel, dit-il une autre fois. C'est de vous trouver toujours seule, toujours disposée à m'entendre vous parler de Marie. Et je livrerais le reste de ma vie à qui le voudrait; — mais il faudrait que j'eusse une confiance que je suis bien loin d'avoir; il faudrait que mon cœur pût se tourner vers vous avec cette certitude de vous trouver que les yeux ont à se lever au ciel.

X.

Arthur n'avait pas compris à quel degré il avait blessé le cœur de sa femme la nuit du bal de l'Opéra. Le silence qu'avait gardé Clotilde lui avait paru une preuve de faiblesse et de soumission, et au lieu de chercher à effacer l'impression de son injure, il crut qu'il pouvait tout oser. Il exigea qu'elle offrît des excuses à Alida, — et elle offrit des excuses à Alida. — Il voulut qu'elle reçût la veuve, — et elle la reçut. Il avait en fait d'autorité dans sa maison, dans laquelle jusque-là il ne s'était pas trop cru le maître, toute l'insolence d'un parvenu.

Pour qui aurait bien connu Clotilde et aurait vu son cœur à nu, Arthur se trompait lourdement. Du moment où Arthur avait reproché à Clotilde son introduction dans la famille de Sommery, — la blessure qu'il lui avait faite était si profonde, que toute autre blessure ne pouvait aller au fond de la première et en toucher les bords, — ni par conséquent exciter de la douleur. Elle avait conçu pour Arthur à la fois tant de haine et tant de mépris, qu'elle ne pouvait plus avoir à l'égard de la veuve même cette jalousie de la vanité que l'on éprouve pour l'homme que l'on aime le moins. De petites tracasseries d'intérieur, le refus de revoir Alida ou de voir la veuve, n'auraient pu contenter Clotilde, et elle trouvait un plaisir amer à voir s'accumuler les torts et les injures de M. de Sommery.

Tony lui témoigna une grande admiration pour son angélique douceur.

— Tony, lui dit-elle, je fais ce qu'on veut, et je ne me plains pas, parce que cela m'est égal; les grands intérêts absorbent les petits. — Comme vous, j'aime à me reporter en arrière. Je n'attache que peu de prix aux intérêts de ma nouvelle existence; il me semble que cela ne me regarde pas, et qu'il s'agit d'une autre personne. — Je crois que je redeviens *Marie*.

XI.

Un soir, Tony Vatinel trouva Clotilde avec la coiffure qu'elle avait le jour qu'il l'avait revue pour la première fois. — C'était la coiffure qu'elle portait à Trouville.

Il la regarda avec un intérêt plus marqué.

— A quoi pensez-vous? lui dit-elle.

— Je pense, répondit Vatinel, que je vais bien détester le premier qui entrera ce soir.

— Je l'avais prévu et j'ai défendu ma porte; — excepté cependant pour mon mari.

Tony fut très-fâché qu'elle eût prononcé ce mot. Mais il ne tarda pas à oublier cette impression. Clotilde avait repris ce parfum suave et fugitif de violette dont elle se servait autrefois. — Tony la regarda et resta rêveur.

Ce n'était pas sans intention que madame de Sommery avait parlé de son mari. Vatinel paraissait le plus enchanté et le plus amoureux des hommes; il n'y avait rien d'impossible que dans la suite de la conversation il lui prît fantaisie de se jeter aux pieds de Clotilde ou de lui baiser la main, il pouvait également arriver qu'Arthur rentrât à ce moment. On ne peut cependant dire à un homme tranquillement assis sur sa chaise : Ayez soin de ne pas vous jeter à mes genoux; ne vous animez pas trop, parce que mon mari pourrait rentrer. Il est cependant prudent de l'avertir, et Clotilde avait jeté le plus incidemment possible la mention que son mari pouvait rentrer.

— Trouvez-vous, dit Clotilde, que je ressemble à Marie?

— Oh! Marie, s'écria Vatinel; tu es Marie, tu es tout ce que j'ai aimé, et tout ce que j'aime. — Marie ou Clotilde, je t'aime; — je t'aime comme tu étais et comme tu es. — L'amour que j'ai pour toi est un culte auquel j'ai consacré toute ma vie. — Depuis longtemps l'amour a remplacé le sang dans mes veines. — Il y a des gens qui marchent, il y en a qui travaillent, il y en a qui font des projets et des rêves; moi, je vous aime, et je ne fais pas autre chose.

— Et moi aussi, dit Clotilde, Vatinel, je vous aime. Mais, écoutez-moi bien, mon ami. J'ai à vous entretenir d'une chose triste dont nous ne reparlerons jamais. Je suis mariée, je suis la femme de M. de Sommery. Vous ne voudriez pas plus que moi d'un odieux partage. — Je ne serai jamais à vous. — Nous continuerons à vivre dans le passé. — Mon cœur seul vous appartiendra, mais il vous appartiendra sans partage. J'aurai en vous la plus grande confiance. — Mais si vous en abusiez un instant, — je cesserais de vous voir, — parce que ma résolution est immuable. — Acceptez-vous ce pacte, ce pacte d'amour pur et fraternel? — Je l'accepte, dit Tony, et j'y serai fidèle. Vous avez raison d'ailleurs, je ne voudrais pas d'un partage que la seule pensée m'inspire de l'horreur. — Nos âmes sont à jamais unies. — Mon ami, dit Clotilde, nous sommes seuls; je ne veux pas qu'on nous trouve ainsi : allez-vous-en. Il arrive souvent que nous ne pouvons nous parler. — Il est rare que je puisse ainsi vous consacrer toute une soirée. Fiez-vous-en à mon cœur; je referai ce bonheur pour *nous* aussi souvent que je le pourrai. Quand ce sera impossible, vous ne vous plaindrez pas, et vous ne m'en voudrez pas; — vous n'oublierez pas que je souffre autant que vous de notre séparation. — Mais rien ne nous empêchera de nous écrire. Vous enverrez vos lettres à ma femme de chambre, sans adresse. — Maintenant, Tony, bonsoir. — Vous aime : emportez ce mot pour vous tenir compagnie. — Donnez un baiser fraternel sur mon front.

Tony s'avança pâle et tremblant, et se pencha sur Clotilde. — Il posa ses lèvres sur son front blanc. — Tout disparut à ses yeux; — et quand il se releva, son âme tenait plus au front de Clotilde qu'à ses lèvres à lui. — Il chancela et s'appuya sur un meuble ; puis il partit en courant.

XII. — Robert Dimeux de Fousseron à Tony Vatinel.

Fousseron.

Voici faites, mon cher Tony, les réparations à notre château de Fousseron. Pierre Meglou m'avait alarmé, il ne s'agissait que de quelques tuiles à remettre. Le mois d'avril va finir, et avec lui le froid, la neige et la pluie ; je suis sûr qu'à Paris on s'étonne cette année, comme tous les ans, qu'il fasse mauvais au mois d'avril.

Le temps s'est tout à coup radouci, les sureaux et les sorbiers sont en feuilles, et seront bientôt en fleurs ; les églantiers de mes haies ont déchiré l'enveloppe qui emprisonnait leurs feuilles dans les bourgeons. Tout le jour le ciel a été gris, mais à cette heure, deux heures avant de se coucher, le soleil a remporté la victoire sur les nuages, le printemps commence. Une petite fauvette grise à tête noire chante sur la plus haute branche d'un de mes pommiers. Il y a presque un an qu'on n'a entendu cette voix pleine et vibrante. La voix de la fauvette, c'est aussi printanier que la première violette qu'on trouve sous la mousse ; mais cela vous remue encore plus le cœur ; quelle touchante chanson ! Charmant héraut qui annonce que la fête de la nature commence : que le soleil et les frais ombrages, et les fleurs et les amours vont reparaître. Douce chanson qui réveille les pensées du printemps endormies dans le cœur comme les pâquerettes étaient cachées sous la terre noire, et qui refleurissent avec elles.

Viens ici, mon Vatinel, viens avec moi voir fleurir nos pommiers. Que fais-tu à Paris ? Tu m'as donné de ne pas aimer madame de Sommery des raisons auxquelles j'ai dû me rendre. Paris s'attriste, les gens qui ont dépensé trop d'argent à Paris pendant l'hiver ont déjà fait comme moi, ils ont fait semblant de prendre un moineau pour la première hirondelle, et ils sont partis pour la campagne ; la saison du Théâtre-Italien est finie ; viens voir fleurir nos pommiers.

Robert.

XIII. — Tony Vatinel à Robert Dimeux de Fousseron.

— Ah ! Robert, que me font maintenant le printemps, et les pommiers, et la nature ? hélas ! je crains de trouver dans mon cœur un bien plus mauvais sentiment que cela ; sans le besoin que j'éprouve de t'écrire, de te parler, de te dire ce qui se passe, j'aurais peut-être fait le blasphème d'ajouter : Que me fait l'amitié ?

Ah ! oui, je t'avais donné de bonnes raisons de ne pas aimer Clotilde ; je m'en étais donné de meilleures encore, je me trompais moi-même comme je te trompais. Je l'aime, Robert, plus que je ne l'ai jamais aimée.

Et vois-tu, maintenant, Robert, je suis perdu, je ne puis plus être *désillusionné*, comme on dit, car je l'aime couverte d'opprobre, souillée, flétrie, je l'aime infidèle, je l'aime prostituée. Cherche donc maintenant à me guérir. Ou plutôt maintenant je n'ai plus d'idées, ni du bien ni du mal ; le bien, c'est ce qu'elle est, c'est ce qu'elle fait, quoi qu'elle soit et quoi qu'elle fasse. Le mal c'est le reste. Quand je suis revenu, il y avait des choses que je n'aimais pas, il y en avait d'autres que j'avais en horreur et en mépris. Je suis arrivé, j'ai revu Clotilde, je l'ai revue formée de toutes ces choses-là.

Eh bien ! aujourd'hui ces choses-là je les aime. Clotilde est décolletée, je trouve à cela des excuses ; que dis-je ? je blâme en dedans de moi les femmes qui ne le sont pas. Clotilde tutoie son mari, elle le tutoie devant moi, je rougirais de le dire les misérables raisons que j'ai imaginées pour trouver cela parfait. De ces misérables, parce que je parle à ton point de vue ; car moi je suis convaincu. Clotilde parle haut, parle de tout, je trouve cela ravissant ; Clotilde a un mari auquel elle veut qu'elle donne la main ; autrefois j'appelais cela une lâcheté, une perfidie, une trahison. Non, je remplirais dix pages d'une justification que je trouve suffisante et complète.

Je ne sais plus rien, je n'attends pas qu'elle agisse ou qu'elle parle pour savoir si ce qu'elle dit ou si ce qu'elle fait est bien. Non, j'attends qu'elle agisse et qu'elle parle pour savoir ce qu'il est bien de faire et de dire.

Je vais au spectacle ; je trouve d'une sauvagerie ridicule de fuir le monde. Sa toilette, sa coiffure sont celles qui me déplaisaient autrefois, ce sont les seules que je trouve bien aujourd'hui ; et je trouve ridicules les femmes qui ne sont pas coiffées et habillées comme elle.

Mais à quoi sert de te dire tout cela, tout n'est-il pas compris dans ces mots :

J'aime Clotilde en sachant que chaque matin elle sort des bras d'Arthur de Sommery.

J'aime la honte, j'aime l'opprobre, j'aime la fange, si Clotilde est dans la fange, dans l'opprobre et dans la honte ?

Robert, je suis perdu.

Oh ! goûte seul ces douces sensations du printemps, mon cœur est plein, il n'y a de place pour rien.

Je ne peux plus rien faire qu'aimer, qu'adorer cette femme que je

trouverais hideuse si j'avais une seconde de bon sens ; je l'aime et j'en meurs.

Ah ! quand je n'aimais que celle que j'appelais *Marie*, celle que, — tu avais bien raison, — j'avais parée de charmes trouvés dans mon âme ; alors on pouvait me guérir, parce qu'en regardant de près, aucune femme ne m'aurait tenu les promesses que je faisais faire à celle-là sans la consulter. Mais maintenant Clotilde, mariée, abandonnée sans amour à Arthur de Sommery, — Clotilde est ce que ma raison trouve de plus infâme ; — et je l'aime, et je consentirais à mourir dans une heure seulement pour baiser ses pieds nus.

Tony.

XIV. — Tony Vatinel à madame de Sommery.

Je viens de parler une heure seul avec vous, et je vous quitte pour vous écrire. — Et que vais-je vous écrire ? Tout à l'heure il me semblait que la voix et les yeux réunis ne pourraient vous dire ce que j'éprouve. Que fera ce morceau de papier ?

Pendant le temps que nous sommes restés ensemble, vous avez laissé vos deux mains dans les miennes ; — puis, vous m'avez donné votre main à baiser ; — celle que vous me donniez était la main gauche. — Je n'ai pu m'empêcher de la repousser et de prendre l'autre. Vous avez cru que c'était à cause de votre *alliance*, et vous m'avez fait voir que depuis que vous êtes *Marie*, vous avez substitué à cet anneau qui contenait deux noms, Clotilde et... l'autre, un simple anneau sans inscription. J'ai été bien reconnaissant de ce que vous avez fait là, chère Marie, mais je n'en ai pas moins continué à ne baiser que votre main droite, et je suis parti.

— C'est que, chère Marie, je suis bien avare de vous. — Et pensez-y, j'ai si peu de vous, que je n'ai pas cette avarice de l'homme riche dont on rit, mais j'ai l'avarice du pauvre qui défend sa vie. Un de ces hommes qui vous entourent vous avait, en vous quittant, baisé cette main gauche. Je comprends qu'avant notre rencontre, vous vous soyez soumise, sans y penser, à cette formule banale. — Mais aujourd'hui qu'il y a un homme qui vous adore, — un homme qui vous donne toute sa vie, sans restriction aucune ; aujourd'hui que vous ne pouvez lui donner que ces légères faveurs, elles ont prix une telle importance que vous devez, comme je le fais, moi, les estimer comme un trésor inappréciable, et que vous ne devez plus penser que cela puisse servir à une simple formule de politesse.

Et ce même homme qui vous a baisé la main vous avait auparavant parlé à l'oreille, et vous avez souri en rougissant. Si vous saviez que de haine cela éveille dans mon cœur ! — Cependant, je le crois dans d'autres moments si plein d'amour qu'il ne peut contenir autre chose. Il faut que cette haine soit de l'amour empoisonné, car elle a, comme l'amour, ce désir vague de saisir et d'étreindre. — C'est un mélange d'amour et de haine que je ne puis exprimer que par l'idée de caresses qui vous tueraient, d'étreintes dans lesquelles je vous étoufferais.

Je vous hais d'un mot qu'on vous adresse ; je vous hais d'un désir que vous inspirez ; — je vous hais d'un sourire que vous donnez aux paroles des autres, — d'un regard qui me semble un peu prolongé. Rien ne m'échappe, je vois tout, — je vois plus que tout.

Comme je vous hais ! — et comme je vous aime ! — La jalousie est un poison composé de toutes les passions les plus violentes, de toutes ces passions dont la moindre remplit la vie d'un homme et le dévore sans le tuer, comme le vautour de la fable.

La jalousie est un mélange de l'amour, de la haine, de l'avarice et de l'orgueil.

Et quand je vous dis que je souffre, croyez-moi, — Marie, et surtout pensez que je n'exagère jamais rien ; — car il y a plutôt de la propension à atténuer ce que je sens quand je l'exprime en paroles ; — ou plutôt ce que j'éprouve pour vous, et que je n'éprouve rien que pour vous, à une telle violence que les paroles ne peuvent le peindre. — Pensez qu'il ne faut pas appliquer à mes paroles cette *échelle de réduction* qu'il est prudent de faire subir à celles de presque tout le monde.

Par le mal que vous me faites, Marie, jugez de tout le bonheur que vous pouvez me donner.

Mais comment se fait-il que depuis que vous m'aimez rien n'ait changé ni dans vos manières ni dans vos habitudes ? Quand nous sommes seuls et qu'il nous survient quelque importun, cela ne vous coûte rien de reprendre le ton de la conversation ordinaire. — Vous avez avec quelques personnes un air de familiarité habituelle qui me désespère. C'est tout mon peu de bonheur que vous divisez ainsi et qu'on me vole. Qu'on abandonne sa vie au pillage quand on ne sait que faire, je le conçois ; mais maintenant, il faut leur reprendre tout ce que vous leur donniez et le garder pour moi. Pensez que la moindre parcelle de vous est pour moi un trésor que je voudrais enfermer dans mon cœur et dérober à tous les regards.

Encore une chose qui me choque au plus haut degré. — A chaque instant quelqu'un de votre société a avec vous un échange de paroles auxquelles je ne puis rien comprendre. — Il y a entre vous et certaines gens des langages mystérieux, — des choses dont vous êtes et dont je ne suis pas.

Ah ! Marie, que je vous aime !

Je vous le répète, — Marie, — quand je vous montre ainsi ce que je souffre, — c'est pour vous faire bien comprendre tout ce que vous pouvez me donner de bonheur.

TONY.

XV. — Clotilde de Sommery à Tony Vatinel.

Vous êtes fou, Tony, et vous me faites peur. — Il y a donc une triste nécessité qui oblige l'homme à souffrir, puisqu'il se forge lui-même des sujets de chagrin quand le sort semble s'obstiner à lui en refuser de réels.

Quoi! ce n'est pas assez que je vous donne mon cœur tout entier; ce n'est pas assez que vous soyez devenu le plus cher ou plutôt le seul intérêt de ma vie; — ce n'est pas assez que mes journées et mes nuits s'emploient à préparer et à amener les quelques instants que je peux passer avec vous? Vous voulez encore que je change mes habitudes et mes façons d'agir. — Savez-vous ce que vous me demandez là, Tony? — Rien autre chose que ma perte et notre séparation éternelle. — Ces changements que vous exigez de moi, et que je désire plus que vous peut-être, — savez-vous ce qu'ils produiraient? — Rien autre chose que de faire rapprocher leur date et celle de votre entrée chez moi. Et une fois qu'il serait établi que j'aime quelqu'un, — tous ces hommes qui m'entourent, qui se maintiennent l'un l'autre, — et que je maintiens moi-même par l'absence de préférence, — ces hommes s'en iront, et deviendront mes ennemis. On veut bien être amoureux inutilement d'une femme que personne n'a, parce que dans son amour-propre on la déclare impossible. — Mais le jour où ils croiront que j'ai fait un choix, ils deviendront mes ennemis, je vous le répète, et ils me perdront dans le monde.

Et à quel titre vous recevrai-je quand je ne recevrai plus les autres? D'ailleurs, ce que je fais, ce que vous croyez à tort quelque chose, je le fais pour tous. — Vous savez ce que je ne fais que pour vous. Vous vous plaignez, — vous êtes jaloux. — Voulez-vous donc changer votre sort contre celui du plus favorisé d'entre eux? Toutes ces choses dont vous vous blessez sont les choses les plus simples, et elles vous choquent, parce que vous n'allez pas dans le monde; tout vous étonne, parce que vous n'avez rien vu. — Je vous parais légère, n'est-ce pas? — Eh bien, dans le monde je passe pour pousser la réserve à l'excès, et l'on me traite de prude. Je vous le dis encore, Tony, vous êtes fou, et la folie me fait plus de peur qu'elle ne m'intéresse. Vous me récompensez mal par des menaces des dangers que je cours et de la tendresse que je vous porte.

CLOTILDE.

XVI. — Tony Vatinel à madame de Sommery.

Moi, vous menacer, grand Dieu! Et de qui est-ce donc que je vous menacerais, vous qui avez ma vie dans votre volonté; vous qui me faites vingt fois dans une heure mourir ou revivre d'un mot ou d'un regard? Je souffrais, j'ai demandé des consolations à votre cœur; ai-je donc eu tort? À qui aurai-je recours maintenant, puisque je vous irrite quand je vous dis que je souffre; mais ma lettre était pleine d'amour, je n'avais que de l'amour dans le cœur en l'écrivant; mais vous ne l'avez donc pas lue? — Comment! vous n'avez pas compris ma lettre? — Mais je vous aime... je vous aime, entendez-vous... je vous aime... Quoi que j'écrive, que je dise... cela signifie toujours je vous aime.

Je n'ai pas écrit un mot de ce que vous avez lu dans ma malheureuse lettre; je ne me rappelle que j'ai écrit, mais je n'ai pas besoin de me rappeler, je sais bien, je sens bien qu'il n'y avait que de l'amour...

Vous pensez que je juge mal certaines choses parce que je ne connais pas le monde; mais n'est-il pas possible que ce soit vous qui les jugiez faussement parce que vous avez été toujours dans le monde?

La seule raison que vous me donneriez serait celle-ci : que je ne serais pas choqué des choses dont je me plains si j'allais dans le monde, parce que l'habitude de voir ces mêmes choses faites par tous me les rendrait indifférentes. Voilà ce que vous voulez dire.

Mais il y a des pays où on mange les hommes; il est probable que l'habitude fait trouver cela fort naturel aux habitants de ce pays-là, — croyez-vous un étranger fût très-injuste de s'en choquer un peu? En tout cas il y a un jugement sans appel.

C'est celui de l'amour : ce qui blesse, — à tort ou à raison, l'homme qui vous aime, comme je vous aime, est un tort, est un crime.

À tort ou à raison, ce qui m'inquiète, ce qui me décourage, ce qui me fait douter de l'avenir, du présent, du bonheur, de votre tendresse, qui est pour moi la vie, tout cela est mal; — quel que soit d'ailleurs le jugement qu'en porte le monde.

J'aurais depuis cinquante ans l'avantage d'être dans le monde, avantage que je partagerais avec un assez grand nombre d'imbéciles, que je me soumettrais à rien de ce qui m'arrive douloureusement au cœur, — à rien de ce qui excite ma jalousie, — à rien de ce qui vous fait moins à moi.

Eh! que donne donc le monde, — en échange des sacrifices qu'il impose?

TONY.

XVII. — Clotilde de Sommery à Tony Vatinel.

Ce que donne le monde? — une considération sans laquelle vous-même, peut-être, vous ne m'aimeriez pas.

(Ces lignes étaient effacées dans la lettre de Clotilde. — Elle avait pensé sans doute que Tony l'aimerait sans le respect du monde, lui qui l'aimait sans... sans l'estimer lui-même; car, dans les idées de Vatinel, le mariage de Clotilde, mariage pour un nom et pour une fortune, était une honteuse prostitution. — La lettre n'avait donc de lisible que ces mots) :

Venez tout de suite, — je n'ai qu'une minute à être seule.

MARIE.

XVIII.

Tony arriva en toute hâte chez Clotilde. — Elle était couchée sur un divan de soie, — il ne pénétrait qu'un faible jour dans la chambre. — Tony, lui dit-elle, vous avez tort, car je vous aime.

J'ai voulu vous faire entendre ces paroles; — j'ai pensé que ma voix entrerait mieux dans votre cœur que des caractères sur du papier. Maintenant, allez-vous-en après avoir posé vos lèvres sur mes yeux que vous avez fait pleurer, et qui seront rouges ce soir pour ma soirée, — la dernière. Tony s'en alla, — heureux — et insensé.

XIX.

Pour quelqu'un moins amoureux que Tony Vatinel, il eût été facile de voir que Clotilde ne négligeait rien pour exalter sa passion et le tenir dans la dépendance la plus absolue. Clotilde, de son côté, croyait avoir jeté au dehors d'un seul coup tout ce qu'il y avait d'amour dans son cœur, aux émotions qu'elle avait ressenties à Trouville, émotions qui ne s'étaient jamais renouvelées dans sa vie.

En avait conclu pour certaines organisations l'amour est la fleur de l'âme qui doit s'effeuiller au vent pour faire place aux fruits qui mûrissent lentement. Aussi n'avait-elle nullement redouté de jouer avec l'amour, par lequel elle se croyait invulnérable. — D'ailleurs, une autre passion, exclusive autant que l'amour, la haine, s'était emparée de ses facultés. Néanmoins, il y avait des moments où cette passion si vraie et si profonde de Vatinel la touchait au fond de l'âme et lui faisait craindre que l'amour fût contagieux. — Puis elle se rassurait en se rappelant qu'elle avait payé son tribut, et en pensant que l'amour, comme la petite vérole, ne s'attrape pas deux fois.

À peine était-elle rassurée, que Tony Vatinel tirait de son cœur quelqu'une de ces paroles puissantes qui ouvraient le sien invinciblement, — comme les paroles mystérieuses : « Sésame, ouvre-toi, » ouvrent, dans les Mille et une Nuits, la porte de la caverne à l'heureux Ali-Baba.

XX.

Arthur, de son côté, grâce aux suggestions d'Alida Meunier, ne tarda pas à remarquer que Vatinel ne sortait guère de sa maison, qu'il ne jouait pas, ne causait pas, et regardait beaucoup Clotilde. D'abord, il en tira cette conclusion que Vatinel était amoureux de sa femme. Mais Tony Vatinel était si peu conforme à l'idée que se faisait Arthur d'un séducteur; il paraissait aux yeux d'Arthur si fort au-dessous de lui-même, Arthur, par la figure, le ton, les manières, l'esprit et l'élégance, qu'il ne pensa pas d'abord à s'en inquiéter. Mais bientôt, toujours adjuvante Alida, il trouva impertinent qu'un semblable monsieur eût, même sans aucune chance de succès, le désir et l'espérance de tromper un homme comme lui et de lui enlever sa femme. Quand Tony était sorti, il faisait sur lui des plaisanteries qu'il ne pouvait s'empêcher de mêler d'un peu d'amertume. Clotilde les relevait pas et semblait ne pas les entendre. Mais cela n'apportait à Arthur qu'une satisfaction personnelle, sans être désagréable à Tony qu'il ignorait; aussi bientôt, lorsqu'il prit subitement à M. de Sommery une recrudescence de tendresse pour ce qu'on voulait lui enlever, soit qu'il voulût blesser Tony, — il manifesta pour sa femme, devant tout le monde, un amour extrêmement exigeant. Il sortit même des manières de bonne compagnie qu'il avait d'ordinaire (le pauvre garçon ne les avait pas choisies, il n'en avait jamais vu d'autres), et se permit, en paroles, diverses allusions aux détails de sa félicité conjugale et, en action, des caresses pour lesquelles il semblait que son impatience ne lui permit pas d'attendre le départ de ses visites.

C'était surtout quand Vatinel se trouvait seul en tiers avec eux, — ce qui arrivait souvent, parce que Tony commençait à partir beaucoup pour la campagne, — qu'il pouvait se donner le plaisir d'être désagréable à Tony sans s'exposer à paraître un rustre à des personnes dont il redoutait l'opinion; — il embrassait sa femme, la mettait sa tête sur son épaule. — Tony, pendant ce temps, changeait de couleur, et haïssait Clotilde autant qu'Arthur. — Un jour, Arthur alla jusqu'à vouloir asseoir sa femme sur ses genoux. Clotilde devenue rouge et confuse, et fut quelque temps sans oser lever les yeux sur Tony Vatinel. Cependant, Arthur étant sorti un moment du salon, elle dit à Tony : — Ne manquez pas en sortant de lui tendre la main comme de coutume.

— Moi! dit Tony; — je le hais, et si je tenais sa main dans la mienne je la briserais. — Avant-hier, vous êtes parti, dit Clotilde, sans lui donner la main, et il l'a remarqué. Cette action de mauvais ton qu'il a faite aujourd'hui en est une preuve. Vous m'avez effrayée; vous êtes devenu pâle comme un mort. Il ne peut manquer de l'avoir vu comme moi. — Il arrivera ce qu'il pourra, reprit Vatinel, mais je ne donnerai pas la main à l'homme que je hais le plus au monde. — Belle et noble haine, en effet, interrompit Clotilde, dont les effets retomberont sur moi! Pourquoi ne lui dites-vous pas alors que vous m'aimez et que je vous aime? Je vous assure que cela ne serait pas beaucoup plus clair, et ne m'exposerait pas davantage à tous les ennuis d'une guerre intérieure. — Tony, vous tendrez la main à Arthur quand vous vous en irez. Et Tony obéit. — Et Clotilde, quand il partit, regarda avec une joie cruelle la haine qui éclatait en feu sombre dans ses yeux presque sanglants.

XXI.

Quoique M. Arthur de Sommery ne se fît pas à lui-même l'injure de redouter Tony Vatinel, sans s'en apercevoir il commença à rester un peu plus chez lui. Il ne perdait pas une occasion de faire paraître Tony ridicule aux yeux de Clotilde.

— Ma chère Clotilde, lui disait-il, tu ne t'aperçois pas des plaisantes figures que fait le fils de M. le maire. — Ses yeux ne te quittent pas un moment, — et il rougit ou pâlit d'un mot que tu prononces.

Ou : J'ai vu peu d'habits aussi mal faits que celui de l'héritier présomptif de la mairie de Trouville. Ou : Certes, je ne suis pas jaloux (il y a des maris qui croient faire beaucoup de plaisir à leurs femmes en leur disant : Je ne suis pas jaloux; comme si : Je ne suis pas jaloux, ne signifiait pas : Je ne suis pas amoureux; comme si : Je ne suis pas amoureux, n'était pas la chose la plus injurieuse qu'on pût dire à une femme); je ne suis pas jaloux, disait Arthur de Sommery, mais réellement, ma chère amie, d'autres ne sauraient que penser de te voir souffrir ainsi les assiduités et les airs de ce monsieur, etc., etc.

Un des meilleurs procédés pour faire les affaires d'un amant, est celui que tout mari se hâte d'employer avec le plus grand soin; à savoir, de parler dudit amant avec injures et mépris. Les femmes se croient obligées à réparer l'injustice des maris, et cela les place vis-à-vis de l'amant dans une situation de miséricorde et de protection qui leur plaît infiniment, et qu'elles payent quelquefois un peu cher aux dépens des maris.

Clotilde avait la prétention, à ses propres yeux, d'être une femme forte et maîtresse d'elle-même. — Aussi, quand elle se sentait dans le cœur quelque chose de tendre pour Tony, elle se donnait-elle à elle-même quelque excuse. — D'autres fois, il s'établissait en elle des discussions et des conflits assez semblables à des séances parlementaires.

XXII.

Séance du...

— Clotilde, disait Clotilde à Clotilde, tu m'inquiètes. — Serais-tu donc amoureuse?

— Clotilde, répondait Clotilde à Clotilde, tu es folle.

— Cependant, ma chère Clotilde, quand il n'est pas là tu es inquiète, agitée; en vain tu prends une tapisserie ou un livre, ou tu causes; quoi que tu fasses, tu ne fais pas autre chose que l'attendre.

— Tu prends, ma chère Clotilde, la préoccupation de ma juste vengeance pour une préoccupation amoureuse.

— Cependant, ma chère Clotilde, son regard te trouble, sa voix touche et fait vibrer certaines cordes dans ton cœur.

— Cela m'émeut, ma chère Clotilde, comme m'émeut une tragédie ou un roman.

— Le jour qu'il t'a baisée au front, tu as singulièrement frissonné. Et que de soins tu prends pour lui plaire, ma chère Clotilde!

— Tu confonds ma haine pour Arthur avec un prétendu amour pour Vatinel, ma chère Clotilde.

— Je crains, ma chère Clotilde, que tu ne les confondes toi-même, et que tu ne haïsses d'autant plus Arthur que tu aimes un peu Vatinel.

— Mais, ma chère Clotilde, vois donc quel art j'emploie contre lui, avec quelle froide habileté je l'enchaîne, comme je marque d'avance le pas que je lui laisserai faire, et comme il n'en fait jamais deux; comme je calcule, comme je prépare et comme je conduis tout; comme j'excite à la fois sa haine pour mon mari et son amour pour moi. Non, Clotilde, ce sang-froid n'appartient pas à une femme amoureuse.

— Mais pourquoi as-tu été choisir pour l'exécution de ton dessein précisément un homme qui t'a un moment, tu ne peux le nier, inspiré un vif intérêt?

— Parce que c'est un homme que je connais, un homme d'une grande énergie, et un homme qui n'a d'autre passion que l'amour, pas d'autre ambition que l'amour, parce que c'est un fanatique, — que les fanatiques deviennent rares, et que je n'en ai jamais rencontré d'autre que lui.

— Mais...

— D'ailleurs, mes plans ne sont pas ceux d'une femme amoureuse; je ne serai jamais à Tony Vatinel.

— Du plan à l'exécution.

— Ceci n'est point parlementaire, Clotilde.

— Je te dis, Clotilde, que du plan à l'exécution...

— La séance est levée.

XXIII.

Robert était revenu. Comme un jour de la semaine, chez madame Sommery, on parlait politique, à cause de la présence de son mari, elle s'était enfoncée dans son grand fauteuil de velours et ne prenait aucune part à la conversation. On était alors dans toute la ferveur de cette opposition qui a fini par renverser le trône de France, opposition dont peu de personnes savaient le secret et le but. Il n'était pas un homme ayant donné des preuves d'incapacité dans le gouvernement de sa maison, composée d'une femme, d'un enfant et d'une domestique, qui ne se crût capable de gouverner parfaitement la France. Robert ne discutait jamais qu'avec Tony, parce qu'ils étaient de bonne foi l'un et l'autre, et qu'ils pouvaient se dire leur pensée tout entière. Aussi, dit-il, messieurs, en fait de gouvernement et d'opposition, je suis de cette vieille femme, qui priait à Syracuse, dans le temple de Jupiter, pour la conservation des jours de Denis.

— Ma bonne, lui dit le tyran, qui peut vous engager à prier pour moi? — Hélas! dit la vieille, votre prédécesseur était bien méchant, et j'ai prié Jupiter de nous délivrer de lui; mes vœux ont été exaucés, mais il a été remplacé par vous, qui êtes bien plus méchant qu'il n'était encore; qui sait comment serait votre successeur?

Tony Vatinel n'avait pas prononcé une syllabe depuis le commencement de la soirée. Mais il entendit Arthur de Sommery parler de la royauté. Tony se sentit bien heureux de ne pas être de l'avis d'Arthur. Il éleva la voix, et l'étonnement de l'entendre parler, la puissance impérieuse de son organe lui donnèrent quelques instants de silence et d'attention.

— Eh! mon Dieu! dit Tony Vatinel, lui avez-vous donc laissé prendre quelque chose, à cette royauté, que l'on puisse aujourd'hui lui enlever et lui prendre?

Ne la voyez-vous pas se draper péniblement dans les derniers lambeaux de la pourpre que lui arrachent par morceaux les ambitions subalternes; et de tous les haillons, les haillons de pourpre ne sont-ils pas les plus tristes et les plus misérables? Ne voyez-vous pas les rois ne dépasser plus les sujets que par la grandeur de leurs infortunes et de leurs humiliations, et n'avoir conservé de leur élévation que le funeste privilége de tout ce qui est élevé, d'attirer la foudre? Ah! telle que vous l'avez faite, la royauté est un triste spectacle, qui fait faire une déplorable comparaison entre ce qu'elle était autrefois, pompeuse et magnifique, entourée de ses nobles, fidèles et vaillants barons, et ce qu'elle est aujourd'hui, que le trône de France est un fauteuil, la couronne une métaphore, et les vassaux des avocats lâches et insolents, qui veulent être ses maîtres.

Aujourd'hui vous avez mis sur le trône le roi des tragédies et des mélodrames; ce tyran farouche, auquel tout personnage a le droit de débiter trois cents vers d'injures, dont la moindre vous ferait casser la tête par un commis *en nouveautés*.

On a essayé de guillotiner les rois et de les exiler; mais cela ne pouvait être une habitude, il passait des générations entières qui étaient obligées de s'en refuser la joie.

Aujourd'hui vous avez un roi constitutionnel, un roi qui n'a ni force, ni volonté, ni action; un roi qui, si le feu prenait à la France, comme à la maison de certain philosophe, serait forcé de dire comme lui : Cela ne me regarde pas, je ne me mêle pas des affaires de ménage; dites-le à la chambre des députés.

Un roi qui n'a pas plus de puissance que le roi des échecs, mais avec cette différence : que *dames, fous, cavaliers, tours* et *fantassins* se font prendre et tuer pour le roi des échecs, tandis que *fantassins, cavaliers, fous* et *tours* se retournent contre le roi constitutionnel.

Un roi pour lequel le mot *régner* n'est plus qu'un verbe auxiliaire comme *est*; et qui *règne* comme une corniche *règne* autour d'un plafond.

Au premier abord, on croirait que l'on ne veut plus en France de la royauté et que tous les efforts tendent à la détruire.

Il semble que l'on commence par inventer un roi qui ne fait rien, qui n'est bon à rien, pour arriver à cette conséquence : Puisqu'il ne fait rien, pourquoi en avoir un?

Il semble qu'on ait dit : Faisons du trône un fauteuil, puis nous arriverons à brûler le fauteuil, et alors on vous dira : Finissez-en;

Mettez une pierre à la place,
Elle vous vaudra tout autant.

Mettez sur le trône un de ces bustes de plâtre bronzé, dont vous décorez les mairies et les foyers des théâtres. Faites empailler le premier roi qui mourra et conservez-le sans en élire d'autres.

Mais ce n'est pas cela, on ne veut pas tuer la royauté; qui insulterait-on d'une manière aussi amusante, aussi audacieuse en apparence et aussi peu dangereuse en réalité?

On couronne aujourd'hui un roi comme on a couronné le Christ d'épines. On l'intitule roi comme on l'intitula

I. N. R. I.

Jesus Nazareth Rex Iudeorum,

Jésus de Nazareth, Roi des Juifs,

pour que chacun vienne le frapper, lui donner des soufflets et lui cracher au visage (alapas ci dabant).

Et on lui fait courber successivement la tête jusqu'à la taille du plus petit, pour que le plus petit puisse aussi donner son soufflet.

Aujourd'hui, messieurs, l'ancien courage républicain si admiré contre les rois est devenu une chose vulgaire, sans danger et sans gloire. Le danger est pour les amis de la royauté. Aujourd'hui il faut du courage pour ne pas insulter les rois.

Ce ne fut qu'un cri contre Tony Vatinel.

— Ma chère Clotilde, disait Arthur, j'ai vu peu d'habits aussi mal faits que celui de l'héritier présomptif de la mairie de Trouville.

Seuls, Clotilde et Robert se séparèrent de la foule; Clotilde se sentit fière de Tony et charmée de voir Arthur battu aussi complétement; et Robert lui dit, en parodiant un mot connu : —Tais-toi, Jean-Jacques; ils ne te comprennent pas.

XXIV.

Robert n'était revenu à Paris que pour quelques jours, et il allait repartir pour un voyage. Il invita à dîner plusieurs de ses amis, entre autres Charles Reynold et Arthur de Sommery. On but et on parla beaucoup : — deux choses dont la simultanéité grise singulièrement vite. Et il vint bientôt ce moment où tout le monde parle en même temps, et où personne n'écoute.

Tony était aussi silencieux que de coutume. Arthur, de son côté, ne manquait pas l'occasion de dire les choses qui devaient blesser celles des idées de Vatinel qu'il avait émises. On parla de femmes; chacun raconta des histoires.

Et si on avait cru à la véracité des historiens, on aurait été surpris que celui qui avait parlé le premier, celui qui, par conséquent, avait le plus senti avoir quelque chose à dire, était celui dont l'anecdote était la moins curieuse, tant celle que l'on contait l'emportait en détails singuliers sur la précédente.

Tout en parlant, on continuait à boire. On cita quelques femmes à la mode : pour prouver qu'on les avait eues, on contait les détails les plus intimes. Charles, oubliant l'humiliant aveu qu'il avait été obligé de faire à Robert, avait repris toute sa loquacité; d'ailleurs sa situation avait changé. Sage, rangé, amoureux de sa femme, heureux dans sa maison, il se donnait dans la conversation pour un mari débauché et vagabond, — ne se rappelait pas qu'il était marié, — n'avait pas vu sa femme depuis quinze jours, etc., etc.

Et l'on buvait toujours.

Charles alors en vint à expliquer les beautés les plus secrètes de Zoé. — D'autres l'imitèrent à propos de leurs femmes et de leurs maîtresses.

Et Arthur de Sommery, à son tour, sacrifia honteusement sa femme.

Tony se leva avec un geste de haine et de mépris. — Robert le prit par le bras et l'emmena. — On était tellement échauffé qu'on ne s'aperçut pas de leur sortie; et comme on se trouvait au plus haut degré possible de l'ivresse, c'était le moment de parler sérieusement politique et de discuter le sort des peuples et des rois.

Ainsi que cela se pratique dans les divers gueuletons politiques, quand de grands citoyens, voyant la patrie en danger, se disent : — La patrie est en danger, c'est le moment de dîner ensemble et de manger du veau.

XXV.

— Que cela t'ennuie, dit Robert à Tony, d'entendre Arthur parler longuement de choses que tu sais aussi bien que lui... — Je te... dit Tony. — Que cela t'ennuie, continua Robert, je le conçois. — Je te jure... — D'autant que, par une fatalité bizarre, et que je pourrais expliquer, si je n'étais pas aussi complétement gris, les amants en savent toujours plus à ce sujet que les maris. — Mais je... — Mais ce que je comprends moins, c'est la fureur ridicule qui, sans ma prudence, allait te faire envoyer une carafe à la tête de ce malheureux Arthur; une carafe dans un dîner d'hommes : blessure et insulte à la fois.

Je ne puis, dis-je, expliquer cette fureur que par ceci : que tu as le vin égoïste, et que tu ne veux pas partager avec nos convives ce que tu trouves déjà désagréable de partager avec un mari.

Mais Robert, tu es fou. — Dis soûl, si tu veux, ce sera plus vrai; mais promets-moi de ne te livrer à aucune violence, ou va-t'en. Et comme je ne veux pas que tu t'en ailles, il faut que tu promettes; aussi bien, pour un chevalier comme toi, je te dirai des raisons sans réplique d'être calme : c'est que tes fureurs compromettraient singulièrement la propriété indivise en question. — Tu as raison, Robert, mais je te jure que jamais Clotilde... — Alors tu es un imbécile, et elle est une coquette.

Rentrons; si ces gens-là boivent sans nous, et plus que nous, il arrivera deux inconvénients : ils deviendront plus bêtes que nous, et nous trouverons plus bêtes qu'eux.

XXVI.

— Ah çà! demanda Robert à Tony quand ils furent seuls, quelle maîtresse as-tu? — Comment, quelle maîtresse, répondit Vatinel, —

Robert Dimeux de Fousseron.

quelle maîtresse? Je n'ai pas de maîtresse; je suis amoureux et je ne suis pas amant. — Ah oui, la grande passion; mais aussi... la chair est faible, et, qui pis est, elle est forte. Il y a des fidélités qui n'en sont pas, qui ne partent ni du cœur, ni de l'âme, ni de rien de ce que les femmes prétendent seul se réserver, en affichant le plus profond mépris pour le reste. Il est vrai que le reste est ce qu'elles pardonnent le moins de donner à d'autres. Tu as bien une, comment dirai-je?... une habitude. — Moi, nullement. — Ah! tu préfères peut-être... c'est plus prudent; mais pourquoi alors n'as - tu pas accompagné ces messieurs? Il est vrai que tu avais une raison : les maris ne manquent jamais de raconter à leurs femmes les équipées des hommes qui leur font la cour. — Tu te trompes encore. — Ah çà! mais alors... Voilà bien les exigences des femmes mariées!... Pendant la lune de l'amour pur, fraternel et immatériel, elles exigent des pauvres amoureux une sagesse, un soin de ne pas offrir à d'autres le genre d'amour qu'elles refusent comme un outrage... Pendant ce temps, elles ont à remplir des devoirs — odieux, il est vrai, — mais qui cependant aident un peu à supporter l'abstinence.

Leur affaire est parfaitement arrangée comme cela. Il n'y a rien de si désagréable pour elles que d'être désirées, surtout lorsque, grâce à ce devoir, — odieux, comme je le disais tout à l'heure, — on ne souffre pas trop de n'être pas désirée. Il y a de quoi rendre un pauvre homme fou ou bête. Il est forcé d'attribuer à une seule femme l'amour qu'il ressent pour le sexe entier; malheureusement, mon cher Tony, tu n'es pas assez bête pour devenir fou.

XXVII.

Arthur annonça à sa femme que Tony Vatinel était un homme de mauvaise façon; un parleur, un enthousiaste, un original, *un homme de rien*; et qu'il n'entendait plus qu'on reçût chez lui de semblables espèces.

Clotilde se rappela qu'elle aussi, il l'avait appelée *une fille de rien*, et il y eut bien du souvenir de son propre outrage dans le ressentiment qu'elle éprouva des injures dites à propos de Vatinel.

Et moi aussi, se dit-elle, je suis une espèce, *une fille de rien*; c'est égal, je suis contente de voir que c'est un homme brave, honnête, noble, fier et énergique, que l'on appelle ainsi. Cela me donne meilleure opinion de moi-même, et je ne me plains plus d'être confondue dans la même mépris avec un homme comme Tony Vatinel.

— Et, demanda-t-elle, comment ferez-vous pour ne plus le recevoir?

ARTHUR.—Mais il n'y a rien de si simple; en n'aisant défendre ta porte et la mienne.

CLOTILDE. — Il y a à cela un inconvénient; c'est que, malgré que M. Vatinel n'ait pas le bonheur d'avoir votre estime, il s'est acquis celle de toutes les personnes qu'il a rencontrées ici; qu'à ces personnes il faut donner une raison ou un prétexte, et que je ne veux pas me montrer complice de votre mauvais jugement ou de votre mauvais vouloir. Je dirai donc à M. Vatinel et à ma société que j'agis par vos ordres.

ARTHUR. — Non, ce serait donner à ce rustre un triomphe que je ne veux pas lui laisser. Nous allons bientôt partir pour Trouville.

CLOTILDE. — Comment! nous?

ARTHUR. — Oui, mon père consent à tout oublier.

CLOTILDE. — Comment, oublier! Mais ce n'est pas ainsi que je veux rentrer chez votre père! Oublier!... mais je ne veux pas qu'on oublie! Et qu'est-ce qu'il a à oublier? Je ne veux pas qu'on me pardonne, je ne me reconnais pas coupable; j'ai cédé à ce que leur fils prétendait être son bonheur, voilà mon crime. Est-ce parce que je n'ai voulu être à vous qu'avec le titre de femme qu'ils ont quelque chose à oublier? Ah! ils auraient trouvé le contraire beaucoup mieux, n'est-ce pas?

ARTHUR. — Il ne sera pas question du passé; mes parents vous aiment; ils demandent à vous voir. Nous partons dans huit jours.

CLOTILDE. — Et c'est là le moyen que vous trouvez d'éloigner M. Vatinel? M. Vatinel demeure à Trouville, son père y est toujours.

ARTHUR. — Vous croyez?... Le voici; vous allez voir que je l'empêcherai bien d'aller à Trouville.

— Comment! qu'allez-vous faire? — Oh! mon Dieu! rien que de très-pacifique.

Tony entra; on causa de choses et d'autres. Arthur eut un air presque bienveillant.

— Voici un beau temps, monsieur Vatinel, dit-il, les grèves de 119.

Trouville doivent être belles; quel malheur de rester à Paris! mais mon père est si bizarre! Et vous, est-ce que vous n'irez pas un peu là-bas?

Clotilde vit le coup. Arthur avait les yeux sur elle, elle ne pouvait faire le moindre signe à Vatinel.

Elle interrompit.

— Oh! certainement que M. Vatinel ne passera pas l'été sans aller voir son père.

Arthur la regarda fixement.

— Non, répondit Tony, je passerai l'été à Paris, mon père se porte bien et j'ai ici, pour lui et pour moi, des affaires qui y nécessitent ma présence.

— Ainsi, dit Arthur, vous n'irez pas du tout à Trouville?

— Non.

— Les affaires vont quelquefois plus vite qu'on ne le pensait d'abord.

— J'ai presque toujours vu le contraire; d'ailleurs, celle qui me retient ici a une durée invariable.

Arthur sourit en regardant sa femme et ne parla plus. Il vint d'autres personnes.

Vatinel fit tomber sa cuiller en prenant le thé.

Madame de Sommery lui dit: — Mon Dieu, monsieur Vatinel, que vous êtes donc maladroit!

Puis elle annonça à sa société qu'elle quittait Paris dans huit jours pour aller passer l'été à Trouville.

Sans lever les yeux, Tony sentit que M. de Sommery le regardait; par un effort surhumain, il conserva un visage impassible.

On ne sait pas ce que souffrent en dedans les gens dits froids et insensibles, et qui ne sont que fiers et silencieux.

XXVIII. — Tony Vatinel à madame de Sommery.

Quelle nuit je viens de passer! J'ai dormi quelquefois dans des moments où j'étais bien heureux; dans des moments où je vous voyais tous les jours, et je me reprochais amèrement de perdre dans le sommeil autant d'heures d'une vie que votre présence suffit pour rendre si fortunée.

Et cette nuit, où je suis si triste, si abattu, si écrasé, le sommeil m'est impossible; triste nature humaine! que le ciel est envieux du peu de bonheur qu'il donne à l'homme, et comme il sait le lui faire expier!

Quoi, vous partez! Et ce soir, où vous venez de me dire cela, à moi en même temps qu'à dix autres! comme la chose la plus indifférente du monde; ce soir où j'ai dû entendre cette nouvelle, comme si cela m'était parfaitement égal, vous n'avez pas su m'adresser un de ces mots pour moi seul, que vous dites à tous et que moi seul puis comprendre; vous ne m'avez pas même, au moment où je suis parti, accordé un regard, un regard qui m'eût dit que vous m'aimiez, que vous souffriez comme moi; que vous alliez comme moi passer la nuit à chercher des moyens de nous rapprocher.

Mais, je me trompe, vous avez bien su m'adresser une de ces paroles dont je vous parlais tout à l'heure; vous m'avez appelé maladroit. Ah! il fallait dire malheureux. Avec quelle perfidie votre mari m'a fait tomber dans un piège. Ah! si vous pouviez entendre avec quelle haine je dis ce mot-là dans mon cœur: votre mari! Je le hais et souvent je cherche à inventer des tourments pour lui. Je n'en ai pas encore trouvé d'aussi horribles que ceux qu'il me fait subir par son insolence, par ses familiarités avec vous, par ses droits, par son existence. Oh! c'est un homme bien maudit de Dieu que celui qui aime une femme qui a un mari, une femme qui est à un mari.

Ah! si c'est un crime qu'un amour adultère, au jour du jugement, Dieu ne pourra m'en demander compte, car je l'ai bien expié déjà. Si

PARTIE DE M. DE SOMMERY.
L'ah!é, j'ai la douleur de vous prendre cette tour.

vous pouviez voir ce que mon cœur renferme de misères et de désespoirs, vous auriez grande pitié de moi. Je vous ai quittée triste, malheureux, furieux; ne sachant ni quand, ni comment je vous verrai; vous demandant en vain une parole, un regard qui me donnât de la force. Mais vous vous êtes liguée avec votre mari, avec le sort fidèle à me persécuter; vous m'avez laissé partir désespéré. Marie! Marie! je prie le ciel qu'il n'y ait pas dans toute votre vie autant de douleurs qu'en a renfermées pour moi cette triste nuit qui paraît ne devoir jamais finir!

XXIX. — Clotilde de Sommery à Tony Vatinel.

Mon Dieu, mon ami, quelle tête folle vous avez! — et comme vous êtes habile à vous faire des désespoirs! à peu près comme Dieu forma le monde, c'est-à-dire de rien.

J'étais à la fois triste et fâchée de voir M. de Sommery avoir pris un avantage sur vous, — lui qui vous est si prodigieusement inférieur sur tous les points. — Permettez-moi, mon ami, de mettre en vous tout mon orgueil. Ce n'est que dans l'homme qu'elle aime qu'une femme peut être orgueilleuse. — En même temps, je voyais une longue séparation. — Vous étiez bien involontairement, mon pauvre ami, la cause de notre malheur, — et j'ai voulu vous contrarier un peu en évitant vos regards.

Venez ce soir, Arthur doit sortir. — Je serai seule.

XXX. — Tony Vatinel à madame de Sommery.

Me contrarier! Marie, vous ne comprenez pas l'amour que vous m'avez inspiré. — Vous ne savez pas la puissance infinie que vous exercez sur moi, — le mal que vous me faites et le bonheur que vous pouvez me donner. — Vous ne pouvez pas me contrarier, — vous ne pouvez rien m'inspirer de médiocre. D'un mot, d'un regard, d'un geste, vous enlevez mon cœur au ciel, ou vous le plongez dans les profondeurs et dans les supplices de l'enfer. — Me contrarier! — mais il n'y a pas de ces transitions-là pour moi. — Tout ce que vous faites, tout ce que j'attends de vous, est tellement tout pour moi, que la plus légère déception me jette dans le plus sombre désespoir.

Le jour où j'ai posé mes lèvres sur votre front, il m'a semblé que j'allais mourir.

Voir l'extrémité de votre pied, sous votre robe, c'est pour moi plus de bonheur et d'enivrements voluptueux que ne m'en pourrait donner la plus belle des autres femmes, amoureuse et tout entière abandonnée.

Je voudrais rejeter de ma vie tous les instants que je ne puis vous donner, — mais, que dis-je! je vous les donne tous, — par le bonheur ou la souffrance. — Je suis toujours occupé de vous, — je suis toujours à vous.

Si vous saviez comme je suis jaloux de me conserver à vous, — comme je me garde pour vous, — comme, malgré l'effervescence de ma jeunesse, malgré ce qui me sépare de vous, ce qui me sépare de l'amour, — je n'ai pas même une pensée infidèle.

Comme je suis plus heureux de pleurer votre absence, de m'indigner contre le sort, de haïr votre mari, — que je ne le serais de tout ce qui fait le bonheur des autres.

Comme j'aime même mes souffrances qui me viennent de vous.

Ah! vous avez raison, ne me plaignez pas. — Dans une de ces paroles que vous me dites quelquefois et qui me déchirent le cœur, — je trouve plus de plaisir que dans les paroles d'amour que me dirait une autre, parce que c'est votre voix.

Un coup de poignard de votre main me donnerait encore une volupté étrange et plus réelle que le plus tendre baiser d'une autre femme.

TONY.

XXXI.

Soit que Clotilde n'eût pas dissimulé assez bien le plaisir qu'elle avait à voir sortir Arthur, soit que ce fût un simple caprice de sa part, — il était resté chez lui.

Quand Vatinel l'aperçut en entrant, il sentit par tout le corps l'impression de froid que donne la rencontre imprévue d'un serpent.

Arthur avait un air triomphant.

Tous trois séparément n'avaient pas une pensée qui pût s'exprimer autrement que par des paroles de haine. Ils restèrent silencieux. Heureusement que Clotilde, quand elle avait vu son mari rester, avait annoncé à ses gens qu'elle était chez elle. Il vint quelques personnes. Robert partait dans la nuit.

Arthur parla beaucoup; il avait une sorte d'irritation qui, donnée par la colère, mais comprimée par les usages et les convenances, s'échappe, — comme l'eau à travers les doigts qui cherchent vainement à la retenir, en petits sarcasmes, en plaisanteries demi-mordantes, en allusions détournées. C'est un poignard dont on fait des épingles.

— Je ne sais, dit-il, pourquoi on plaint tant les maris, et pourquoi on se moque tant d'eux quand il leur survient quelque infortune; je vous avouerai que, selon que je regarde la chose, en compassion ou en gaieté, j'ai bien plus de pitié et de moqueries pour les amants heureux des femmes de ces pauvres maris. Un mari un peu jaloux peut, sans coups de poignard, sans poisons, sans tour de Nord, sans aucun

de ces moyens de romans et de tragédies, sans rien risquer pour sa propre peau, sans le moindre danger d'aucune sorte, infliger à l'homme qui s'avise d'être amoureux de sa femme plus de tourments qu'on n'en a jamais mis dans l'enfer chrétien, ni dans celui du paganisme. Il n'y a pas d'homme, quelque brave qu'il soit, que le pas d'un mari ne fasse trembler. Il n'y a pas d'humiliations que ce pauvre mari ne puisse lui faire subir, pas d'insulte qu'il ne puisse lui faire endurer, pas de tortures physiques et morales qu'il ne puisse se divertir à lui imposer; les plus petites choses mêmes peuvent être on ne saurait plus tristes pour l'amoureux, et on ne saurait plus gaies pour le mari.

Ainsi, il n'y a pas de vous qui n'ait vu quelquefois, dans une glace ou ailleurs, la sotte figure que fait un amoureux qui croit trouver la femme seule, et auquel le mari ouvre la porte; pour moi, je ne sais rien de si ridicule et de si bouffon.

Clotilde, à ces paroles de son mari, eut besoin de toutes ses forces pour cacher son trouble. Tony sentit la fureur et la haine déborder de son cœur. Robert se hâta de prendre la parole, et dit: — Moi, je sais quelque chose de plus bouffon et de plus ridicule; c'est le soin que prend un mari pour conserver sa femme, quand la plus honnête femme du monde fait par jour au moins cent cinquante infidélités à son mari.

Clotilde, qui dans tout autre moment se fût contentée de sourire, se récria beaucoup; elle était embarrassée du silence qu'elle gardait.

— J'ai, dans le temps, dit Robert, commencé un livre dont je n'ai fait à vrai dire que le titre. — Et comment est le titre? demanda Clotilde. — Le voici, dit Robert: Histoire des Trente-Deux Infidélités que fait à son mari une femme vertueuse en allant de sa maison à l'église. — Ne pourriez-vous pas nous en donner au moins le sommaire? —Très-volontiers.

XXXII. — Histoire des Trente-Deux Infidélités que fait à son mari une femme vertueuse en allant de sa maison à l'église.

En s'habillant avant de sortir, Laure, — nous appellerons la femme vertueuse Laure, — si vous voulez, — bien que quelqu'un n'ait quelque souvenir qui l'empêche d'attacher à ce nom l'idée que je lui impose.

1° En s'habillant, Laure exagère ses hanches et sa gorge, — c'est-à-dire qu'elle cherche à exciter des désirs par une exhibition extraordinaire de ses charmes secrets. Certes, ce n'est pas au mari qu'est destinée cette perfide amorce, — puisque le mari sait parfaitement à quoi s'en tenir.

3° On dira ici les femmes ne placent l'infidélité que dans la dernière faveur. — Mais je ne saurais pour moi considérer comme bien pure une femme qui, en offrant de telles choses aux yeux, excite l'imagination des passants à des investigations peu respectueuses. Les femmes ne savent pas assez qu'il suffit d'un désir d'un autre pour les souiller aux yeux d'un homme bien amoureux.

2° Je pourrais compter pour une infidélité chacun des soins que prend de s'embellir une femme qui va dans un endroit où elle ne verra pas son mari qui reste à la maison.

3° En traversant un prétendu ruisseau, — Laure relève sa robe et montre à deux commissionaires qui fument un petit pied étroit, une cheville mince et un bas de jambe d'une extrême finesse, avec un bas blanc bien lisse et bien tiré.

4° Deux hommes passent près de Laure; — l'un des deux la fait remarquer à l'autre. — Laure sent un vif mouvement de plaisir.

5° Laure remarque que G*** qui passe monte parfaitement à cheval.

6° En entrant à l'église, — elle ôte son gant pour prendre de l'eau bénite, et montre une main blanche et effilée et un charmant poignet, — qu'elle incline de façon à le faire paraître avec tous ses avantages.

7° Laure, en s'asseyant, laisse voir son pied.

8° En se mettant à genoux, — elle se penche de façon à dessiner sa taille et à donner à ses reins la cambrure la plus agréable.

9° Elle relève un peu plis de sa robe.

10° Elle tient son livre de façon à donner de la grâce à sa main, etc.

Remarquez que le no 2 me donnerait à lui seul, si je voulais, plus que les trente-deux infidélités dont j'ai besoin. Je sais bien que les femmes diront que cela n'a pas le sens commun; — mais je répondrai — que tout cela a pour but d'être jolie et belle, et de le paraître et d'exciter des désirs. — Je m'en rapporte aux hommes qui ont été amoureux. De quelles fureurs chacun de ces détails ne les a-t-il pas enflammés?

Les Orientaux considèrent une femme comme perdue et déshonorée, si un étranger a vu son visage.

Robert et Tony sortirent ensemble; — ils restèrent à fumer et à boire du punch chez Robert jusqu'au moment où les chevaux vinrent le prendre.

— Tony, lui dit-il en partant, je ne sais pourquoi; — je le laisse ici — avec une sorte de crainte; un sombre pressentiment me dit que cette femme te sera funeste; —que de passions déjà elle a allumées dans ton sein! — Tony, dit-il en lui serrant les mains, — mon ami, —je t'en prie, — viens avec moi, — c'est un voyage de trois mois; laisse-toi guider par moi, ou seulement sois indulgent pour la faiblesse de mon esprit; j'ai peur de te laisser ici. — Viens avec moi, je t'amuserai, — je te distrairai, et nous parlerons d'elle. — Viens, mon Tony, — je te le demande au nom de notre vieille amitié.

— Robert, reprit Tony, je suis à Marie; — l'air qu'elle ne respire pas m'étouffe. Laisse-moi suivre mon destin, je ne partirai pas.
— Robert insista. — Tony répéta les mêmes paroles.
— Au moins, dit Robert, promets-moi de m'écrire souvent, — de ne rien faire d'important sans que tu m'aies écrit et que je t'aie répondu, jure-le-moi.
Tony fit la promesse que celui-ci demandait.
Robert partit, — Tony fut effrayé de ne pas sentir dans son cœur ce chagrin que cause même un indifférent.
Avant de rentrer chez lui, — il alla voir la lueur d'une veilleuse qui brûlait dans la chambre de Clotilde.

XXXIII. — Clotilde à Tony Vatinel.

Je pars, Tony, je pars triste et malheureuse; j'emporte cependant un espoir, mais tellement vague que je n'ose vous le dire; si je réussis, vous pourrez juger de l'ardeur que j'ai mise à nous réunir. J'ai sollicité pour mon mari, sans qu'il le sache, et par des amis puissants, une sorte de mission honorifique qui l'enverrait pour trois mois en Italie. Ne trouvez-vous pas que M. de Sommery ferait un très-agréable chargé d'affaires auprès d'un gouvernement... étranger?
Soyez calme, je vous en prie, nous ne sommes pas tout à fait séparés; je prie un peu le ciel, et je l'aide beaucoup; n'est-ce pas d'ailleurs être un peu ensemble que de souffrir chacun de notre côté de la même absence, de former les mêmes vœux, d'évoquer les mêmes souvenirs?
Ah! Tony, pourquoi suis-je mariée! Mais jamais je ne serai à deux hommes à la fois.

XXXIV. — A Trouville.

Arthur et Clotilde retrouvèrent *au château* de Trouville M. de Sommery dans la même redingote bleue, dans le même col en baleine, dans son même fauteuil, dans le même coin de la même cheminée, et madame de Sommery à l'autre coin; Babouu sur son même coussin de velours d'Utrecht vert. L'abbé Vorlèze vint le soir, il avait sa même redingote sans taille violet-foncé.
Et on fit la partie d'échecs.
Il y a de ces existences uniformes et immobiles, dont la vue, après un intervalle, produit un singulier effet. Tous les personnages de Trouville étaient tellement semblables à ce qu'ils étaient quand Clotilde les avait quitté la veille, qu'il semblait que ce jour-là ne pût être qu'hier, et que tout ce qui était arrivé à Clotilde ne fût qu'un rêve fait pendant la nuit qui avait séparé ces deux jours.
Clotilde cependant s'aperçut tristement bientôt qu'il n'y avait pas eu de rêve, à la manière dont elle fut reçue dans la maison.
On lui faisait volontiers une part abondante dans les cœurs, une place large au foyer, quand on les lui donnait; mais aujourd'hui qu'elle revenait prendre en conquérant ce qu'on lui donnait autrefois, on opposait à son envahissement une force d'inertie, puissance invincible des vieillards et des femmes.
C'était aux longues sollicitations d'Arthur, et à sa menace de ne plus venir à Trouville, que M. de Sommery avait cédé quand il avait consenti à revoir Clotilde; mais on la traitait dans la maison comme une étrangère. On avait des égards pour son titre d'épouse d'Arthur de Sommery; mais on ne montrait aucune affection pour sa personne.
M. de Sommery avait dit : — Si je consens à paraître oublier le passé, il faut que je l'oublie tout à fait. Le souvenir de l'affection que nous avons portée à mademoiselle Belfast amènerait toujours avec lui le souvenir de son ingratitude et de ses menées ambitieuses.
Ce ne fut qu'après une longue discussion qu'il consentit à ne pas l'appeler mademoiselle Belfast; il fut décidé qu'on la désignerait par le nom de madame Arthur, ce qui n'aurait l'air d'être fait que pour ne pas la confondre avec madame de Sommery la mère.
Madame de Sommery eût de bon cœur embrassé sa bru, mais elle n'osait en rien sortir des prescriptions de son mari; elle avait cependant beaucoup de peine à ne pas l'appeler « Clotilde » comme autrefois; quoiqu'elle lui sût fort mauvais gré de ne pas lui donner un petit-fils.

XXXV.

Les gens qui font profession d'impiété négligent une observation assez facile à faire cependant, et que je considère comme étant parfaitement sans réplique.
Ils se font, contre la religion, une autre religion qui a ses pratiques, ses cérémonies et ses austérités; une autre religion beaucoup plus difficile à suivre que la première, parce que, à cette religion, dite impiété, on n'apporte aucune infraction, tandis qu'on est loin d'être aussi rigoureux pour l'autre.
Ainsi, madame de Sommery eût été bien moins fâchée de faire par hasard un dîner gras un vendredi que M. de Sommery de le faire maigre. En cela, la religion de M. de Sommery était, comme je le disais, plus difficile à suivre et lui imposait des privations. Dans les petits pays comme Trouville, et surtout dans les pays abondamment pourvus de poissons, les bouchers ne tuent qu'une fois par semaine, le samedi. La viande se mange jusqu'au mardi ou jeudi, suivant la saison. Ce qui

en reste le vendredi est précisément la moins fraîche qui se puisse manger.
Pour faire maigre le vendredi, madame de Sommery n'avait qu'à laisser faire; il n'y avait, à Trouville, que de mauvaise viande; le marché, c'est-à-dire le bord de la *Touque*, était couvert d'excellents poissons et de légumes. M. de Sommery avait besoin chaque vendredi de s'occuper de son dîner.
Nous avons expliqué, au commencement de cette histoire, pourquoi M. de Sommery non-seulement laissait toute liberté de conscience à sa femme, mais encore eût trouvé mauvais qu'elle ne suivît pas exactement les pratiques de la religion romaine. Cette impiété extérieure est un lustre qu'on veut se donner, lustre qui n'est éclatant que par le contraste; il faut avoir l'air de braver les choses les plus sérieuses et les plus formidables. Où est le mérite, si les femmes, les enfants et les servantes en font autant? Du reste, plus madame de Sommery attachait de prix à ces pratiques religieuses, plus elle en redoutait l'inobservation, plus elle ressentait une sorte de respect pour son mari qui savait se mettre au-dessus de ces craintes et de ces scrupules. Quoique souvent le dimanche, — madame y va à la messe, par exemple, elle gémit de l'impiété de M. de Sommery, le reste de la semaine, elle en était un peu orgueilleuse. Madame de Sommery n'avait pas d'esprit, et ne possédait que peu d'intelligence; elle n'avait que les instincts de la femme. Et quand la femme obéit à ses instincts, ce qu'elle aime le plus dans l'homme, c'est la force et l'audace.
M. Vorlèze était trop bonhomme, et d'ailleurs avait trop de savoir-vivre inné, pour porter à la table où on l'invitait la rigidité loquace d'un prédicateur; il avait à ce sujet une sévère réserve dont il ne se départait jamais que dans les grandes occasions.
Quand M. de Sommery était en gaieté, il s'efforçait un jour de jeûne, en avançant une pendule, de faire déjeûner M. Vorlèze sept ou huit minutes avant midi. — Puis, il amenait la conversation sur le jeûne; il en faisait longuement déduire à l'abbé les vertus et la nécessité; — et quand l'abbé avait fini, il lui disait : — Eh bien! monsieur Vorlèze, vous n'avez pas plus jeûné que moi. Nous nous sommes mis à table à midi moins un quart. Madame Sommery, qui s'est doutée que la pendule avançait, a fait changer les assiettes, a demandé plusieurs choses ... des, etc. Mais, malgré ces fraudes pieuses, vous n'en avez pas moins mâché et avalé votre première bouchée à midi moins quatre minutes.
Et M. Sommery, triomphant, pendant tout le reste du déjeuner, appelait l'abbé hérésiarque, impie et lâche.
M. Vorlèze, qui était tombé deux fois dans le même piège, n'avait rien dit; mais il avait le soin, ces jours-là, d'avoir sa montre avec lui.
Un jeudi, M. de Sommery fit faire un pâté de poisson, que l'on devait manger le lendemain vendredi. Seulement, pour relever le goût du poisson, il y avait fait mêler un hachis de viande.
— Je n'en mangerai pas, avait dit madame de Sommery. — Mais M. le curé en mangera, avait dit le colonel. — Il reconnaîtra bien le hachis de viande, dit Arthur.
M. de Sommery réfléchit la moitié de la journée et dit : — M. le curé en mangera et ne reconnaîtra pas le hachis de viande.
Il descendit lui-même à la cuisine et donna des ordres secrets.
Le lendemain on proposa du pâté à l'abbé.
— L'abbé, du pâté au poisson? — Je n'en mangerai pas, interrompit madame de Sommery, qui voyait avec peine le danger que courait M. Vorlèze.
L'abbé la regarda d'un œil interrogatif. Mais elle sentait que M. de Sommery la regardait sévèrement; elle baissa les yeux, et se contenta de réciter tout bas une phrase du *Pater* : « Ne nos inducas in tentationem. »
L'abbé prit le pâté avec défiance, — le regarda, — le retourna, examina surtout le hachis.
— Qu'est ceci? demanda M. Vorlèze. — Parbleu, reprit M. de Sommery, c'est du hachis. — Mais, de quoi? — De quoi? — Oui, je demande de quoi est fait ce hachis? — De poisson, parbleu. — Ah! de poisson, dit l'abbé, et il le coupa lentement et encore indécis avec sa fourchette.
Le hachis était rempli d'arêtes que M. de Sommery y avait fait mêler.
— Ah! ah! fit l'abbé. — Qu'est-ce que vous avez, l'abbé? dit M. de Sommery. — Rien. — Si fait bien, vous venez de faire entendre une exclamation de surprise. — Ah! c'est que... je vous avouerai que je... que je me défiais de ce côté et surtout de ce hachis... Mais j'ai découvert que c'est de vrai et bon poisson, et qui a des arêtes autant qu'un honnête poisson peut se le permettre. — Comment le trouvez-vous? — Excellent. — N'est-ce pas? — Oui, il a une saveur!... — Vous n'aviez donc pas de confiance en moi, l'abbé? — Franchement non; car vous m'aviez déjà rendu victime de plusieurs tours de ce genre. — Quel excellent poisson! — Excellent, seulement il a trop d'arêtes. Ici tout le monde sourit. — Qu'est-ce vous à rire? — Rien, c'est que vous devenez plus sévère pour ce poisson à mesure que l'on en sert sur votre assiette. Vous commencez à lui trouver un défaut. — C'est que réellement il a considérablement d'arêtes. — Les poissons sont forcés d'avoir des arêtes. Voudriez-vous que celui-ci eût des os? Mais prenez-en donc encore. — Je le veux bien. Voyez un peu le grand malheur de faire maigre le vendredi. Il est clair que ce poisson-là vaut mieux

que les côtelettes que vous mangiez tout à l'heure avec emphase. — Ah! mon cher ami, c'est qu'on ne trouve pas tous les jours du poisson comme celui-là. — Je ne sais pas si j'avais plus faim que de coutume, mais je lui trouve une saveur toute particulière. — J'espère, l'abbé, que vous viendrez demain finir le pâté avec nous à déjeuner; mais voyons, l'abbé, pensez-vous réellement que nous ayons fait beaucoup de chagrin à Dieu en mangeant aujourd'hui quelques côtelettes, et vous croyez-vous un grand saint pour avoir mangé du pâté de poisson avec plus de sensualité, vous ne pourrez le nier, que nous n'avons mangé nos côtelettes? — Je n'examine jamais ces choses-là, dit l'abbé; j'aurais des doutes que je n'ai pas; dans le doute, je me conformerais à la règle. Le soir, l'abbé Vorlèze perdit constamment aux échecs.

— C'est singulier, dit-il, j'ai un malheur obstiné aujourd'hui. — L'abbé, la main de Dieu s'est retirée de vous. — Quatre parties de suite. — C'est une fin terrible et due à vos forfaits. — Je demande une dernière partie. — Je le veux bien, mais vous la perdrez comme les autres. — Nous allons voir. — *Dentes inimici in ore perfringam;* Dieu brisera vos dents dans votre mâchoire! — Voyons, jouez, colonel. — Un homme qui s'est gorgé de viande un vendredi. — Jouez donc. — Oui, l'abbé, vous avez mangé du hachis de viande dans le pâté. — N'ayant pas pu me faire faire la faute, vous voulez me faire croire que je l'ai commise. Je vous avertis d'avance que cela n'aura pas le moindre succès. — Je vous jure, l'abbé, que ce que vous avez mangé, et à trois reprises, ce n'est pas pour vous le reprocher, n'est autre chose que du hachis de viande. — Ceci serait bon si je n'avais pas vu les arêtes, colonel. — Si vous venez dîner demain, l'abbé, je vous ferai manger un gigot aux arêtes. — Comment! il serait vrai?... — Que je vous ai servi un plat de ma façon, que j'ai fait mettre des arêtes le hachis; et vous avez vu qu'on ne les avait pas ménagées. — En effet, ce poisson avait un goût singulier. — N'est-ce pas, l'abbé? — Ma foi, monsieur de Sommery, je vous déclare que je ne charge pas ma conscience de ce péché-là; et que vous voudriez bien le joindre aux vôtres, qui sont, hélas! assez nombreux sans cela.

Et l'abbé sortit un peu fâché en serrant les mains de madame de Sommery, qui avait poussé le courage jusqu'à l'audace pour lui donner un avertissement qu'il n'avait pas assez écouté. Ce qui faisait qu'au fond du cœur il ne se croyait pas tout à fait aussi innocent qu'il venait de le dire à M. de Sommery.

XXXVI. — A Jules Janin.

Je te vois rire d'ici, mon cher Jules, en lisant ce chapitre; toi qui m'as fait manger du veau que je prétendais avoir en horreur, sous divers noms, pendant tout un dîner.

O Janin, toi qui à la campagne, tu sais, là où notre ami a tant de si beaux rosiers, toi qui as mangé un écureuil pour du saumon!

XXXVII. — Tony Vatinel à Robert Dimeux de Fousseron.

Tu m'adresseras tes lettres à Honfleur, mon cher Robert. — C'est là que je vais rester probablement toute la saison. Je suis là bien plus près d'elle, — et puis, s'il arrivait que quelque circonstance me permît d'aller la joindre, c'est un trajet de quelques heures. — D'ailleurs cela me procure une foule de petits bonheurs. Avant-hier le vent soufflait de l'ouest et je contemplais avec ravissement les nuages qui avaient passé sur sa tête avant d'arriver à Honfleur. Quoique je ne puisse guère aller à Trouville, — c'est son avis du moins, — rien ne m'empêche de suivre la route qui y conduit.

Hier j'ai eu une journée délicieuse. Je suis parti le matin de bonne heure. La nuit, le matin et le soir appartiennent au poète, à la pensée, à l'amour; le reste du jour est pour le travail. J'ai pris tout le long de la falaise; — chaque brin d'herbe avait sur sa pointe une transparente perle de rosée, — les unes blanches, les autres rouges comme des rubis, — d'autres vertes comme des émeraudes, — puis à chaque instant l'émeraude devient un rubis, le rubis devient émeraude ou saphir. — C'est une riche parure qui tombe tous les matins du ciel, qui la prête à la terre pour une demi-heure, et que le soleil remporte au ciel sur ses premiers rayons. Il y avait de loin en loin, sur le bord de la mer, des buissons d'ajoncs chargés de fleurs jaunes. Quand on regarde la mer par-dessus cette petite haie verte et jaune, elle paraît du bleu le plus pur. Des bergeronnettes marchaient dans l'herbe, secouant fièrement leur petite tête grise. — Sur la plus haute branche d'une haie d'aubépine, une fauvette jetait au vent quelques notes d'une joyeuse mélancolie; — les plumes qui forment son petit chaperon noir se dressaient sur sa tête, et on voyait sa voix rouler dans son gosier frémissant. Je me suis arrêté pour ne pas effaroucher la fauvette avant qu'elle eût fini sa chanson.

Plus loin, c'était une cabane de douanier, — une hutte creusée dans la terre entre des bouleaux; — les branches des bouleaux étaient enlacées toutes vivantes pour former le toit, et les intervalles des branches étaient remplis par de la terre délayée. Le douanier, à l'affût avec son fusil, essayait de tuer quelques goëlands. Il n'avait pas de tabac, je le lui en donnai un peu, et il me donna du feu pour allumer mon cigare.

J'entrai alors dans une grande prairie; et l'herbe était haute presque jusqu'à la ceinture. C'était comme un immense châle d'Orient à fond vert, brodé de fleurs de toutes couleurs; c'était un beau cachemire vivant. Il y avait de grandes marguerites blanches, et des boutons d'or, et du sainfoin aux épis roses, et des scabieuses sauvages d'un lilas pâle qui sentent le miel; on voyait commencer à fleurir quelques sauges à épis d'un bleu foncé; et dans quelques places où l'herbe était basse, de petites campanules d'un bleu pâle, dont les bourgeois mangent les racines en salade sous le nom de *raiponces.*

D'espace en espace, presque entièrement caché dans l'herbe, un gros bœuf roux était couché, les jambes de devant étendues et les autres ployées sous lui; il me regardait fixement sans cesser d'agiter transversalement ses mâchoires avec un bruit sourd et mesuré.

Je faisais un détour, en m'enfonçant dans les terres, pour éviter les deux ou trois petits hameaux qui entourent les postes de douane de Honfleur à Trouville.

J'eus bientôt une vive émotion en rencontrant une touffe de phlox, qui n'est pas encore en fleurs, mais il me rappelait Trouville, dont la plage est couverte. Je m'arrêtai au dernier de ces hameaux, qu'on appelle Vierville, et j'y fis un repas avec du pain de seigle, des maquereaux frais et du gros cidre. Il était quatre heures, j'avais mis dix heures à faire quatre lieues, tant j'avais joui de toutes les magnificences de la nature. Combien de demi-heures j'avais passées assis ou couché dans l'herbe, à ruminer ma vie et mes souvenirs, comme les gros bœufs tachetés ruminaient la luzerne fleurie!

A la nuit, je marchai jusqu'à la *niche de la Vierge*; je m'y assis et j'y restai longtemps. Par-dessus les buissons et par-dessous les arbres, à travers des fenêtres de verdure, on voyait la mer toute bleue et l'horizon empourpré par le soleil couchant.

J'aspirais l'air avec une volupté inouïe : il y avait de son haleine dans cet air; je ne me remis en route que très-avant dans la nuit; quand je rentrai à Honfleur il faisait presque jour; j'ai dormi quelques heures, et je t'écris.

TONY.

XXXVIII. — Tony Vatinel à Robert Dimeux.

Je suis retourné à Trouville. Comme l'autre jour, je me suis arrêté sous la *niche de la Vierge*, et j'ai regardé se coucher le soleil à travers les fenêtres vertes formées par les haies et les arbres.

A l'horizon, à l'endroit où venait de disparaître le soleil, il y avait une place sans nuages; c'était un petit lac de feu; au-dessus s'étendaient de longues bandes de nuages noirs et de nuages gris; mais les noirs étaient couverts d'une sorte de vapeur ou de fumée violette; sur les gris, cette vapeur était amarante; plus loin, au-dessus des nuages, la couleur de feu se dégradait et passait de l'orange à des tons grisjaune et presque verdâtres.

Les arbres et les haies étaient devenus noirs, et à travers les ogives qu'ils formaient je vis passer un berger avec ses chiens et ses moutons; ils marchaient sur une partie de falaise qui est entre les arbres et la mer; cette partie est assez étendue pour que je pusse les voir tout entiers; le berger, les chiens et les moutons semblaient des silhouettes noires sur le ciel enflammé.

La nuit vint; j'attendais encore, et quand je pensai que tout le monde dormait dans Trouville, j'y descendis et j'allai devant le château; j'ignorais quelle était la chambre de Marie; deux pièces étaient éclairées encore; je m'en retournai, et je lui écrivis le lendemain. Maintenant je sais bien où est sa chambre; je vais plier la lettre et me remettre en route.

Te rappelles-tu, près de la niche de la Vierge, à un carrefour, une boîte aux lettres est attachée à un gros arbre; c'est là que je mettrai ta lettre.

TONY.

XXXIX. — Tony Vatinel à Robert Dimeux.

On ne saurait croire ce qu'on se donne de peine pour se procurer des chagrins qui ne manqueraient guère de venir eux-mêmes et qu'on ne court pas grand risque de perdre. Je suis retourné à *Trouville*, et, grâce aux indications que m'a données Marie, j'ai parfaitement trouvé sa fenêtre. Ses jalousies, à travers lesquelles brillaient des bougies, me semblaient rayées transversalement de lumière et d'ombre. Et parfois la lumière interrompue me faisait voir que quelqu'un marchait entre les bougies et la croisée : on n'était pas couché. Je m'assis sur une pierre, et la tête dans mes deux mains, les coudes sur mes genoux, je restai les yeux fixés sur cette chambre où Clotilde était avec son mari; là, si près de moi, tout ce que je hais et tout ce que j'aime dans le monde. Il vint un moment où on ne passa plus devant la lumière, qui finit par s'éteindre. Oh! Robert, je n'essaierai pas de te peindre les alternatives de fureur et de désespoir qui me déchiraient l'âme; *on* était couché, c'est-à-dire elle et lui. *Elle* dans ce lit avec ce lit avec lui, *elle* avec ce dernier vêtement si mince, *elle*... Oh! alors je les haïssais tous deux, et tous deux autant l'un que l'autre. Si tu savais ce que l'imagination présente de tableaux affreux; comme l'on voudrait voir dans cette chambre, y entrer, y être, et comme alors l'idée des plus douces extases de l'amour ne présente rien de comparable à la volupté de les tuer tous les deux; mais de les tuer avec les mains, sans aucune de ces armes qui séparent en toute leur longueur le meurtrier de son ennemi, et de la sensation physique de la vengeance.

TONY.

XL. — Tony Vatinel à Clotilde de Sommery.

Que faisons-nous, Marie, de notre vie et de notre jeunesse? l'amour, avec ses puissants instincts, doit-il être toujours sacrifié aux lois et aux exigences du monde? Et de ce monde pour lequel on perd son existence tout entière, de ce monde rigide, quel est celui qui fait ce qu'il exige des autres?

Ne semble-t-il pas que des gens habiles n'ont imposé tant de privations aux gens crédules que pour se réserver à eux, par l'abstinence de ceux-ci, une plus grande part de ces bonheurs qu'ils défendent aux autres et qu'ils appellent crimes; à peu près comme les parents avares persuadent aux enfants que les friandises qu'ils aiment sont un poison qui leur ôtera la vie?

Et encore si, par un noble effort, on arrivait à pratiquer sévèrement et intégralement ces devoirs que la société impose, j'admirerais le sacrifice dans ses résultats.

Si la vertu conservait une femme intacte à son mari, si la vertu pouvait chasser du cœur toutes les pensées adultères, je la comprendrais encore.

Mais la lutte perpétuelle, lutte qui n'amène jamais que des résultats négatifs, n'est-elle pas aussi coupable que le crime?

Pour ne pas être à son amant, croyez-vous qu'une femme soit à son mari?

Elle garde, il est vrai, son corps pour un seul, mais elle donne sans scrupule son âme et son cœur à un autre.

Et elle ne place le crime que dans l'adultère du corps.

Le corps est-il donc tellement au-dessus de l'âme?

Et la vertu n'a-t-elle d'autre effet que de rendre une femme coupable envers deux hommes à la fois, de faire de l'amour un supplice et du mariage une prostitution?

Croyez-vous donc que vous ne le trompez pas, cet homme auquel vous vous livrez sans amour et avec dégoût? Tout ce que vous ôtez à votre bonheur et au mien, les combats, les sacrifices réussissent-ils à l'ajouter au bonheur d'un autre?

Cette nuit, j'ai rêvé que nous étions enfuis, que nous étions allés cacher dans le fond d'un désert notre amour et notre félicité; nous avions brisé tous les obstacles; nous avions sacrifié les conventions et les lois qui viennent des hommes à l'amour qui vient de Dieu; et vous étiez à moi, sans autre regret que de n'avoir pas plus à me donner encore que vous-même tout entière.

Je me suis réveillé plein de douloureuses pensées. Il n'est rien de plus triste qu'un songe heureux.

Puis j'ai repassé dans mon esprit tous ces endroits que j'ai vus dans mes voyages, tous ces nids où j'ai tant désiré cacher vous et mon amour et ma vie.

J'ai rappelé tous ces projets que je vous ai dits quelquefois et que vous traitiez de folies.

Ah! Marie, peut-être le saurons-nous plus tard et aussi trop tard : la folie est de n'en faire que des projets.

TONY.

XLI. — Madame Alida Meunier, née de Sommery, à monsieur le colonel de Sommery.

Par quelle fatalité, mon cher père, cette petite Clotilde, ce serpent que vous avez réchauffé dans votre sein, s'est-il introduit dans notre famille?

Je viens de voir Arthur; — il a passé par ici et est resté vingt-quatre heures à Paris avant de se mettre en route pour l'Italie. Il n'est pas heureux, il regrette amèrement l'étourderie qui lui a fait faire ce ridicule mariage. Certes, mon pauvre frère, avec son nom, sa figure, son esprit et sa fortune, pouvait prétendre aux plus brillants partis.

Je ne pense qu'à ce pauvre Arthur; j'ai consulté ici des hommes d'affaires habiles; ils m'ont dit qu'un mariage contracté en Angleterre entre des Français sans publications en France était nul et *de toute nullité*; que si on pouvait obtenir d'Arthur un moment d'énergie, il n'y aurait rien de si facile que de le faire casser. J'en ai parlé à Arthur; il a bien envie, mais il n'ose ni le faire ni l'avouer.

Ne pourrait-on bien persuader à mademoiselle Belfast que jamais elle ne sera admise dans la famille sérieusement, et l'amener par l'ennui et de petits désagréments (elle qui ne nous en a épargné aucun genre) à donner les mains à cette séparation?

Nous pourrons bientôt, mon cher père, parler librement de tout cela.

M. Meunier passera l'été à Paris pour ses affaires; moi, je partirai dans trois jours pour aller vous demander l'hospitalité à Trouville.

ALIDA MEUNIER (née de Sommery).

XLII.

La lettre d'Alida tomba dans les mains de Clotilde. — Ah! dit-elle, ce qu'on veut exiger d'Arthur, c'est un courage de lâche, — il l'aura.

Puis elle pensa qu'elle avait trois mois encore avant le retour de son mari; — qu'elle ne céderait pas à cette conjuration formée contre elle; que cette lettre et les projets qu'elle trahissait étaient quelque chose dont elle devait se réjouir, puisque cela justifiait à ses propres yeux toute l'ardeur de vengeance qu'elle avait conçue depuis la nuit du bal de l'Opéra.

Elle continua à ne manifester que de bons sentiments pour Arthur et la plus grande déférence pour M. de Sommery. Quand Alida arriva à Trouville, Clotilde lui fit un excellent accueil. Alida ne pouvait pas toujours s'empêcher d'avoir un peu de fierté avec Clotilde, qui, elle l'espérait bien, ne tarderait pas, par la cassation de son mariage, à n'avoir été qu'une concubine et une fille entretenue. Et, sauf le ton sévère et froid que gardait M. de Sommery à l'égard de Clotilde, on aurait pu se croire à l'époque qui avait précédé le funeste mariage. L'abbé Vorlèze venait tous les soirs faire sa partie d'échecs. — Madame de Sommery était assise dans le même fauteuil et jouait au loto avec Clotilde et Alida. — On pouvait remarquer cependant que le caractère de Baboun s'aigrissait de plus en plus.

On peut appliquer aux chiens ce qu'un écrivain a dit des hommes : *Homines, ut merum, annis acres vel meliores.*

XLIII. — Clotilde de Sommery à Tony Vatinel.

Avant tout, mon cher ami, il faut que je vous recommande de ne plus vous servir, en guise de poudre, pour vos lettres, de cet affreux sable rose; cela a pour moi de graves inconvénients.

Il y a eu hier à dîner, à la maison, quelques voisins de campagne; j'étais habillée, à peu de chose près, quand on m'a remis votre lettre. Je l'ai trouvée si douce, si ravissante de grâce et d'amour, que, ne pouvant la lire qu'une fois, je n'ai pas voulu m'en séparer.

Je l'ai mise précipitamment dans mon sein et je suis descendue.

Je n'ai pas tardé à sentir d'affreuses démangeaisons, puis des piqûres, — et enfin un supplice qui m'a donné une idée parfaitement complète de ce que devaient éprouver les martyrs que l'on écorchait vifs.

Il m'a fallu supporter cela sans rien dire tout le temps qu'a duré le dîner, et vous savez combien de temps dure un dîner en province. Enfin je suis remontée à mon appartement, et j'ai trouvé dans votre lettre encore quelques grains de ce sable.

— On n'a pas, mon cher ami, la peau aussi dure que vos pêcheuses d'équilles. Je suis très-petite, et je vous prie de croire que la nature ne m'a pas construite avec plus de négligence qu'une autre.

Je ne suis pas simplement, comme on pourrait le croire, *un peu moins de femme qu'une autre*; tout en moi a plus de délicatesse; mes cheveux sont plus fins et ma peau plus mince; sans cela, ma petite taille serait une difformité.

Or chacun des grains de sable de votre lettre a fait sa blessure; j'ai la poitrine entièrement tatouée.

Heureusement qu'il n'y a ici personne qui ait le droit de s'en apercevoir. — Et voici la seconde chose que j'ai à vous faire savoir; — vous vous expliquerez, par la crainte que j'ai de toute douleur, la préoccupation qui m'a empêchée de commencer par celle-ci.

M. Arthur de Sommery est parti il y a deux jours. Il ne reviendra pas avant trois mois d'ici.

Je ne sais s'il faut que vous veniez à Trouville, chez votre père, ou si nous ne pourrions pas trouver un autre moyen de nous voir. Il ne faut pas penser ici à ces soirées que nous savions nous faire à Paris, et si l'on vous sait à Trouville, nous serons fort observés. Berthe au grand dîné, ma médiocrement belle-sœur, est arrivée ici. C'est une ennemie vigilante.

Venez cette nuit à Trouville, — mais n'entrez dans le parc qu'à onze heures. Soyez au bas de mes fenêtres.

CLOTILDE.

XLIV.

Tony Vatinel fut incroyablement ému de cette lettre. Ces mentions de *sa peau*, que faisait Clotilde, ces détails qu'elle donnait sur elle-même, excitaient en lui des transports, qu'une phrase ne tardait pas à changer en transports de haine; c'était celle où elle se félicitait qu'Arthur fût absent, et où elle faisait plus qu'une allusion à ses droits de mari.

Enfin, il n'était pas là, il allait la voir, lui parler, respirer son haleine, et il pensait encore à cette peau si fine égratignée par le sable rose.

A onze heures il était sous la fenêtre de Clotilde; elle lui jeta la clef du jardin, où elle alla l'attendre.

Oh! qui pourrait peindre le ravissement de Tony quand elle lui tendit la main! C'était une émotion tellement céleste, qu'il serra cette main sur son cœur sans songer à la presser sur ses lèvres.

C'était une belle et douce nuit; tous deux s'assirent sous une tonnelle de chèvrefeuille; à travers les mailles fleuries de la tonnelle, on voyait scintiller quelques étoiles.

Par la porte en arceau on sentait plus qu'on ne voyait un horizon vague et profond; mais bientôt, à l'extrémité de cet horizon, une lueur blanche monta et frangea d'argent de gros nuages noirs enroulés, et comme flottant sur la mer. On vit alors un beau et solennel tableau à travers le cadre de feuilles et de fleurs que faisait la porte de la tonnelle, noires tout à l'heure, mais maintenant reprenant, sous cette molle clarté, un pâle souvenir de leurs couleurs du jour.

Des nuages noirs sortit une ligne mince d'un feu rouge comme celui d'une fournaise, puis cette ligne étroite devint le sommet du disque de la lune, large à l'horizon dix fois comme elle l'est au zénith; et elle monta lentement, sortant des nuées comme d'un océan noir.

Tout se taisait. Il n'y avait pas un chant d'oiseau, pas un murmure de feuillage.

Mais bientôt on entendit les premiers accents d'un rossignol, ces trois sons graves et pleins sur la même note par lesquels il commence toujours son hymne à la nuit et à l'amour.

LE ROSSIGNOL. — La lune monte au ciel en silence. Le travail, l'ambition, la fortune sont endormis; ne les réveillons pas : ils ont pris tout le jour, mais la nuit est à nous.

Beaux acacias, dont les panaches verts s'étendent sur nos têtes, secouez vos grappes de fleurs blanches, arrosez la terre de vos douces odeurs!

Brunes violettes, roses éclatantes, le parfum que vous ne dépensiez le jour qu'avec avarice, exhalez-le de vos corolles, comme les âmes exhalent leur parfum, qui est l'amour!

La lune la donne qu'une lumière si pâle, que l'amant ne sait la rougeur de l'amante qu'en sentant sa joue brûler la sienne.

Les lucioles brillent dans l'herbe; il semble voir des amours d'étoiles tombées du ciel.

Au milieu de cette fête si belle que donne aux amants une nuit d'été, entendez-vous là-bas, à longs intervalles, la triste voix de la chouette?

Je ne veux pas mêler ma voix à la sienne.

LA CHOUETTE. — Il n'y a dans l'année que quelques nuits comme celle-ci.

Il n'y a que quelques étés dans la jeunesse.

Et il n'y a qu'un amour dans le cœur.

Tout est envieux de l'amour, et le ciel lui-même, car il n'a pas de félicité égale à donner à ses élus.

Le malheur veille et cherche : cachez votre bonheur, soyez heureux tout bas.

Tout bonheur se compose de deux sensations tristes : le souvenir de la privation dans le passé, et la crainte de perdre dans l'avenir.

LE ROSSIGNOL. — Beaux acacias, dont les panaches verts s'étendent sur nos têtes, secouez vos grappes de fleurs blanches, arrosez la terre de vos douces odeurs!

Chèvrefeuilles, vigne folle, jasmins, cachez sous vos enlacements plus serrés les amants qui vous ont demandé asile.

Faites-leur des nids de fleurs et de parfums.

LA CHOUETTE. — Le malheur veille et cherche; cachez votre bonheur, soyez heureux tout bas.

Soyez heureux bien vite; car toi, la belle fille, bientôt le duvet de pêche de tes joues sera remplacé par des rides.

Et toi, l'amoureux, tes yeux auront perdu leur éclat.

LE ROSSIGNOL. — Qu'est-ce que le passé? Qu'est-ce que l'avenir? Les rudes épreuves de la vie ne payent pas trop cher une heure d'amour.

Mille ans de supplices pour un baiser.

LA CHOUETTE. — Cette existence qui déborde de vos âmes, vous en deviendrez avares.

Et vous la cacherez dans votre cœur, comme si vous enfouissiez de l'or.

Vos mains sèches se toucheront sans faire tressaillir votre cœur, et vous ne vous rappellerez cette nuit d'aujourd'hui que comme une folie, une imprudence, et vous frémirez de l'idée que vous auriez pu vous enrhumer.

Puis, vous mourrez.

LE ROSSIGNOL. — Oui, nous mourrons. Mais la mort n'est qu'une transformation.

Nous ressortirons de la terre, fécondée par nos corps, roses et tubéreuses, et nous exhalerons nos parfums toujours dans de belles nuits comme celle-ci.

Et nos parfums ce sera encore de l'amour.

Et toi, chouette, n'es-tu pas aussi amoureuse dans les ruines et dans les tombeaux?

Mais la lune descend, je cesse de chanter; car moi aussi j'ai des baisers à donner.

Beaux acacias, dont les panaches verts s'étendent sur nos têtes, secouez vos grappes de fleurs blanches, arrosez la terre de vos douces odeurs!

Clotilde et Tony, assis sous la tonnelle, respiraient le parfum et le chant du rossignol, et les molles clartés de la lune. — Leurs mains se touchaient par les paumes et se serraient. Il n'y avait rien d'humain dans l'extase où étaient leurs cœurs. — La tête de Clotilde tomba sur l'épaule de Tony. — Tony prit ses beaux cheveux blonds et les pressa sur ses lèvres.

Tout à coup Clotilde se leva et lui dit : — Oh! mon Dieu, il va faire bientôt jour, revenez demain à la même heure.

Et elle disparut.

XLV.

Le lendemain il y avait grande rumeur dans Trouville.

Le garde champêtre demanda à parler au colonel.

— Monsieur de Sommery, dit-il, le maire Vatinel vient de me dire que je n'étais plus garde champêtre. — Eh! pourquoi cela, Moïse? demanda Sommery. — Parce que, répondit Moïse, il m'avait donné des ordres, et que j'ai fait tout juste le contraire. — Ah! ah! — Il m'avait dit de faire un procès-verbal contre vous. — Et pourquoi cela donc? — Parce que votre jardinier a tué les pigeons du voisin Remy. — C'est moi qui ai ordonné à Antoine de tuer les pigeons. — C'est justement pour cela que Vatinel le maire m'a ordonné de faire un procès-verbal. Et moi, je ne l'ai pas fait. Et voilà que je ne suis plus garde champêtre. — J'irai voir le maire, et j'arrangerai ton affaire.

M. de Sommery alla en effet voir Vatinel le maire; mais il ne put rien en obtenir. Il rentra chez lui extrêmement irrité. Et quand l'abbé Vorlèze arriva, M. de Sommery lui raconta le fait.

— Mais, dit l'abbé, il paraît que voilà plusieurs fois que Moïse désobéit à Vatinel? — Moïse, reprit M. de Sommery, ne doit pas une obéissance passive à Vatinel; en fait de droits et de liberté, il faut prendre garde de croire que les droits et la liberté des petits sont peu de chose. — Je suis bien de votre avis, dit M. Vorlèze. — Eh bien! continua M. de Sommery, Moïse est un fonctionnaire public aussi bien que Vatinel, et, selon les principes constitutionnels, un fonctionnaire reste citoyen et n'abdique pas sa conscience et ses opinions. Le règne de ces principes a consacré l'*indépendance des fonctionnaires*. — Comme l'*intelligence des baïonnettes*, dit l'abbé. — Certainement, répliqua M. de Sommery; les soldats ne sont plus des machines stupides sans volonté, sans pensée, sans conscience de ce qu'ils font. — Eh bien! dit l'abbé, je me trompe peut-être, mais il me semble que les principes constitutionnels ont consacré là les deux plus grosses sottises que j'aie jamais entendues. — Oui-da! dit M. de Sommery. — Oui, certes, répondit l'abbé, si Vatinel le maire croit donner un ordre utile, il doit exiger que Moïse un subordonné, le remplisse scrupuleusement. Agir autrement, ce serait une prévarication et une trahison. Je ne comprends pas une machine dans laquelle on permettrait à un des rouages de tourner à contre-sens. — Alors, dit M. de Sommery, nous en revenons aux temps de la féodalité et du bon plaisir. — Aimeriez-vous mieux, dit l'abbé, que Vatinel le maire eût été à Moïse : Moïse, mon bon ami, je me reconnais une si grande buse, un être si mal intentionné contre les intérêts de la commune, que je ne saurais trop te féliciter de l'énergie et de la sainte obstination avec laquelle tu contrecarres tout ce que je veux faire. Tu me permettras bien d'élever tes appointements, etc., etc.

M. de Sommery fut très-piqué de cette plaisanterie de l'abbé. Et quand celui-ci apporta sa chaise pour jouer aux échecs, le colonel lui dit sèchement qu'il ne jouerait pas.

Le lendemain, même mauvaise humeur; le surlendemain, également. L'abbé cessa de venir, — et M. de Sommery consacra pendant quelque temps les heures auxquelles il jouait aux échecs avec l'abbé à déclamer contre l'Église et le pouvoir. Mais bientôt il s'ennuya. — On risqua une démarche auprès de l'abbé. L'abbé répondit qu'il était fâché; — qu'il n'était pas assez certain de ne pas montrer un peu d'aigreur contre M. de Sommery pour ne pas en éviter l'occasion; — qu'il croyait devoir attendre encore un peu, — et qu'il reviendrait quand son esprit aurait repris tout le calme qu'il n'aurait jamais dû perdre; que, du reste, il était plein de reconnaissance de la démarche du colonel. — Et moi plein de regrets, dit M. de Sommery. L'abbé peut bien ne jamais revenir, si cela lui convient. Bien plus, je ne veux plus qu'il revienne. Si l'abbé se présente ici, on lui dira que je n'y suis pas, qu'il n'y a personne.

M. de Sommery mourait d'envie de prier Clotilde de jouer aux échecs avec lui; mais il aurait craint de manquer à la contenance digne qu'il s'était imposée. Il crut cependant ne pas sortir de ses limites en disant comme *à la cantonade* : — Si Arthur était ici, il sait à peine la marche, il est vrai, mais je lui rendrais une *tour*, un *cavalier* et un *feu*.

— Si monsieur de Sommery veut me faire le même avantage, dit Clotilde. — Vous valez mieux que mon fils, je ne vous rendrai qu'une *tour* et un *cavalier*. — Je vais essayer.

XLVI.

Quand Tony Vatinel se remit en route pour venir à Trouville, il ne s'amusa plus à admirer la nature sur la route; tout lui était délai, obstacle et distraction. Il marchait et ne s'arrêtait à rien, ne regardait rien, ne voyait rien : le temps était lourd et chargé de nuages. Il entra dans le jardin et y trouva Clotilde assise; il se jeta à genoux devant elle, et baisa ses mains avec passion; puis il resta sans parler, la tête sur les mains de Clotilde appuyées sur ses genoux.

Elle le releva, et lui fit signe de s'asseoir.

— O Tony, lui dit-elle, pourquoi n'ai-je pu être à vous? Que notre sort eût été différent à tous deux! — Marie, reprit Vatinel, sens-tu bien réellement ce regret dans ton cœur? Comprends-tu ce que je t'offrais, quand, une nuit, je t'offrais de vivre seuls, séparés du monde et du bruit, dans une obscure retraite?

A ce moment-là, le feuillage des arbres frissonna sans qu'on sentît de vent.

Et bientôt un tonnerre lointain se fit entendre, et un éclair égratigna les nuages, puis quelques larges gouttes de pluie tombèrent bruyamment sur le feuillage de la tonnelle. Clotilde se serra contre Tony.

— Il pleut, dit-elle, comment allez-vous en aller? — Je ne me plaindrai de la pluie que si elle me fait partir plus tôt, dit Tony. — Mais... c'est que je ne puis pas vous faire entrer dans ma chambre. — Est-elle donc si peu séparée qu'on puisse nous entendre? — Oh! non, ce n'est pas cela; on pourrait y faire tout le bruit possible sans réveiller personne, mais.... — Qui vous empêche alors de m'y recevoir? — Mais.... l'ardeur avec laquelle vous paraissez le désirer. Si vous recevoir dans ma chambre n'était pas quelque chose de plus que de vous voir ici, vos yeux ne brilleraient pas de cet éclat, votre voix ne serait pas tremblante. — Me craignez-vous, Marie, répondit Vatinel, et n'êtes-vous donc pas assez certaine de mon respect et de ma soumission? — Mais pourquoi, reprit Clotilde, désirez-vous tant y venir, si vous n'y attachez pas quelque idée bizarre que je ne comprends pas? — C'est que dans votre chambre, répondit Tony, il y a plus de vous qu'ici; il y a le fauteuil dans lequel vous vous êtes assise hier, il y a les vêtements que vous avez quittés aujourd'hui. J'y trouverai, outre les instants que vous me donnez, tous ceux que vous avez passés loin de moi. — Mais, Tony, si je vous reçois dans ma chambre.... — Ne me connaissez-vous donc pas, Marie? Avez-vous donc oublié que d'un regard, d'un geste, vous me feriez jeter dans un gouffre sans fond? — Eh bien! venez.

Tony suivit Clotilde, tremblant et ému à un degré inexplicable; son cœur battait avec violence; ils entrèrent dans la chambre de Clotilde. Là il s'appuya sur un meuble, étourdi et ne voyant plus clair. Puis bientôt il se jeta à genoux, baisa le tapis sur lequel elle avait marché, l'oreiller sur lequel avait posé sa tête; il trouva par terre ses petites mules de velours vert, et il les couvrit de baisers.

— O Marie, Marie, dit-il d'une voix étouffée à genoux devant elle, et le visage sur ses genoux à elle, Marie, je t'aime! Et un ruisseau de larmes s'échappa de ses yeux.

— Relevez-vous, Tony, lui dit-elle.

Mais Tony couvrait ses genoux de baisers et de larmes, et il les serrait convulsivement dans ses bras; elle voulut le repousser avec ses mains, mais il se saisit de ses mains, et les baisa avec une nouvelle ardeur. Elle les retira, et lui dit: — Tony, levez-vous, je le veux. Alors Tony se leva, et se cacha le visage dans ses deux mains pour étouffer ses sanglots.

— Allons, mon pauvre enfant, lui dit-elle, je ne veux pas que vous pleuriez ainsi; venez vous asseoir auprès de moi.

Tony obéit sans presque savoir ce qu'il faisait.

— Allons, allons, dit Clotilde, êtes-vous donc bien malheureux? et trouvez-vous que je ne fais pas assez pour vous?

Tony, abattu par l'excès de son émotion, laissa tomber sa tête sur le cou nu de Clotilde, et resta ainsi le cœur assoupi, la bouche sur ce cou blanc et parfumé.

Clotilde était rêveuse et le laissait; mais elle voulut bientôt se dérober à l'impression de cette haleine brûlante.

— Tony, lui dit-elle, asseyez-vous en face de moi sur ce fauteuil; il faut que je vous parle sérieusement. Ecoutez-moi, dit-elle. Quand Vatinel lui eut obéi : — Je ne reçois plus ici ; vous ne tenez pas vos promesses et vous n'êtes pas raisonnable. — Pardonnez-moi, Marie, répondit Vatinel, une émotion à laquelle je ne m'attendais pas et qui m'a surpris. — Je suis fâchée, ajouta Clotilde, parce que nous sommes ici plus en sûreté que dans le jardin. — Soyez sûre, dit Vatinel... — Vous me disiez cela au jardin; mais ce n'est pas là seulement ce que je voulais vous dire. Le meilleur jour pour nous voir est le samedi, parce que le dimanche les pêcheurs ne travaillent pas et se lèvent plus tard, tandis que tout autre jour il n'y a pas d'heure à laquelle vous ne puissiez être rencontré. Partez, allez-vous-en; je vous attends samedi.

XLVII. — Tony Vatinel à Clotilde de Sommery.

Oh! loin de vous, je n'ai pas la crainte de vous déplaire et de vous offenser. — Loin de vous, j'ose donner plus d'ardeur à ce que je me rappelle, que je n'ose vous en laisser voir à vous-même.

Dans l'ombre de la nuit je reçois votre doux regard, et je le vois mieux que quand je suis auprès de vous, parce que j'ose le regarder. — Je sens votre tête brûler la mienne. — J'ai emporté un mouchoir avec lequel vous avez essuyé mes yeux; et ce mouchoir, du moins, j'ose

lui donner des baisers que je ne pense qu'à modérer sur vos mains et sur vos genoux.

Mais pourquoi de si charmantes images m'oppressent-elles ainsi, et me serrent-elles le cœur?

Que je suis heureux de tout ce que je sens de noble et d'élevé dans mon âme, qui est votre temple! — Comme je vous appartiens!

Mon hôtesse vient d'entrer dans ma chambre pour me demander pardon du bruit qu'on a fait toute la nuit dans la maison; elle m'assure que cela n'arrivera plus à l'avenir. — Je lui ai dit que ce n'était rien; mais la vérité est que je n'ai absolument rien entendu, et que, cependant, je n'ai pas dormi un instant, et ne me suis pas couché. Je suis entouré d'une atmosphère d'amour qui ne laisse rien arriver jusqu'à moi; toutes mes facultés, tous mes sens vous sont consacrés. Je ne vois que vous, et je vous vois toujours et partout. N'importe qui me parle, c'est votre douce voix que j'entends, et qui me redit quelques-unes de ces bonnes paroles que vous m'avez dites, et que j'ai enfouies dans mon cœur, comme un avare son trésor dans la terre.

XLVIII.

Le samedi, Tony Vatinel trouva Clotilde dans le jardin; elle le prit par la main et le conduisit dans sa chambre.

— Vous voyez que je suis bonne, lui dit-elle; aussi dois-je espérer que vous serez plus raisonnable que l'autre soir, sans quoi il me faudrait renoncer à vous voir tout à fait. Et qu'avez-vous, dit-elle en souriant, à me regarder ainsi? — Laissez-moi, répondit Tony. Quelque fidèle que soit mon imagination à vous représenter à moi, elle oublie toujours quelque chose, et quoique je n'aie pas cessé un moment, depuis l'autre nuit, de vous avoir devant les yeux, il me semble qu'il y a un siècle que je ne vous ai vue. Tenez, il y a une impression que je n'ai pu retrouver, et pour un instant de laquelle je donnerais ma vie : c'est la douce odeur de votre peau. Quand, l'autre nuit, j'avais la bouche sur votre cou, j'aspirais ce parfum et j'en étais enivré.

Clotilde sourit doucement, et pencha son cou sur lequel Tony posa ses lèvres; mais cette fois ce baiser porta sur une partie du cou douée d'une grande sensibilité chez les femmes, et Clotilde tressaillit.

— Enfin, dit Tony, ce n'est donc pas à une statue que s'adressent mes désirs et mes caresses; voilà la première fois que je te sens animée. — Tony, dit-elle, ne m'embrassez plus ainsi, je vous en prie.

Tony, assis près de Clotilde, passa le bras autour de sa taille, et Clotilde, troublée au plus haut degré, laissa pencher sa tête sur la poitrine de Tony.

Elle paraissait endormie, bercée par les violents battements du cœur de Vatinel, qui n'osait faire un mouvement, et posait doucement ses lèvres sur les cheveux de Clotilde.

Elle ne tarda pas à revenir à elle; elle releva la tête et regarda Vatinel; elle rencontra ses yeux si pleins d'amour, que, penchant sa tête vers lui, elle lui dit : — Ah! Tony, je vous aime! Et ses lèvres s'unirent à celles de Tony, qui, ne pouvant résister à une semblable émotion, tomba sur le carreau sans connaissance.

Clotilde se jeta à genoux près de lui, l'appela des noms les plus tendres, dénoua sa cravate, lui fit respirer des sels; il ouvrit les yeux.

— Marie, dit-il, Marie, où es-tu? Il se releva, regarda autour de lui pour reconnaître et vous rappeler. — Est-ce un rêve? dit-il; oh! non, je sens mon cœur plein de bonheur, non, ce n'est pas un rêve. Marie, Marie, tu es à moi, non, et il l'enlaça dans ses bras; mais Clotilde s'échappa de ses bras comme un serpent, et, avec l'air très-effrayé, lui dit :

— Tony, allez-vous-en, sauvez-vous, j'entends du bruit, je suis perdue.

Tony s'enfuit et, au lieu de passer par la porte, franchit une muraille du jardin, et disparut dans la nuit.

XLIX.

Clotilde, qui n'avait entendu aucun bruit, écoutait ses pas. Quand elle fut sûre qu'il était loin : — Mon Dieu, dit-elle, quel est ce trouble qui s'est ainsi emparé de mes sens ? Non est-je donc qu'une femme vulgaire et semblable à toutes les autres? L'amour me fera-t-il tout oublier et me lie laissera-t-il ni penser, ni me souvenir?

De ce jour, Clotilde, en garde contre elle-même, sut se conserver calme et froide au milieu des transports de Vatinel, tous les jours plus violents, quoiqu'il lui suffit d'un seul mot ou d'un regard pour le maintenir dans les limites qu'elle lui avait assignées d'avance.

Il n'y avait plus pour Vatinel ni repos ni sommeil; ses yeux caves lançaient de sombres éclairs. Ce n'était plus du sang, mais de l'amour, mais du feu qui circulait dans ses veines. Loin d'elle, il la voyait, il lui parlait, il couvrait de baisers quelques objets qui venaient d'elle. Il retrouvait dans un petit fichu de soie qu'elle avait mis sur son cou ce parfum de la peau de Clotilde qui lui avait causé une si véhémente impression. Il s'étudiait à retrouver et à reproduire les inflexions de la voix de Clotilde pour chacun de ses mots, et il ne disait pas dont il n'avait pas oublié une syllabe. Il serrait ses bras sur sa poitrine, et il lui semblait encore étreindre Clotilde; mais ce baiser qu'elle lui avait donné, il n'y pouvait penser sans sentir au cœur une grande défaillance, comme s'il allait encore se trouver mal. Il fermait les yeux, et il voyait la bouche de Clotilde si petite, si finement dessinée, si dédaigneuse ; ses lèvres si roses, si fraîches, et ses dents si petites, si serrées et si bien de ce blanc chaud des perles ! Et il ressentait sur ses lèvres à lui, — et jusque dans son âme, l'humidité voluptueuse de cette bouche qui avait touché la sienne. Les idées les plus extravagantes traversaient sa tête et ne la quittaient que pour faire place à d'autres plus folles encore. Il avait envie de demander encore ou de prendre un baiser pareil, et de se tuer ensuite. — D'autres fois, c'était Clotilde qu'il voulait tuer, pour l'avoir tout à fait à lui. Puis, il lui survenait des hallucinations bizarres ; — il pensait aux pieds de Clotilde, il les voyait devant lui, et quoi qu'il regardât, il ne pouvait plus voir autre

Vatinel le maire de Trouville.

chose. Mais toujours il voyait en même temps les jambes, dont il n'avait jamais aperçu tout au plus que la cheville ; et, malgré tous ses efforts, il ne pouvait se représenter la robe tombant sur cette cheville et la couvrant. Les plus intimes révélations se faisaient à sa pensée, et, quoi qu'il fît pour repousser ces images, elles se représentaient toujours plus nettes et plus circonstanciées. S'il trouvait, à force de fatigue, quelques instants de sommeil, il rêvait Clotilde dans ses bras, — et il se réveillait en sursaut ; puis il se disait que ses rêves et ses désirs le tueraient sans jamais se réaliser. — Et il reprenait, pour un instant, ses idées sur Clotilde, à laquelle autrefois il ne supposait que vaguement un corps. — Marie n'est pas une femme, ce n'est pas une femme destinée à d'impures caresses. — Alors une horrible idée lui traversait le cœur. — Il y a un homme auquel elle appartient, — auquel elle appartient tout entière, — un homme pour lequel ce que j'ose à peine rêver est une réalité, — un homme fatigué de ses baisers dont un seul a failli me tuer, — un homme qui n'a rien à deviner d'elle et rien à désirer !...

Et Tony sentait dans son cœur tout son amour s'aigrir en haine contre Arthur et contre Clotilde.

L.

Tony arriva un soir près de Clotilde. Elle parut fort surprise, lui dit qu'elle ne l'attendait pas sitôt et jeta à la hâte un châle sur ses épaules. Il y avait eu du monde chez M. de Sommery. Elle était fort décolletée ; et, pour comble de désordre, lorsque Tony était entré, elle était en train d'ôter ses bas pour en mettre de plus chauds. Elle avait un pied entièrement nu. Jamais un sculpteur ne fit un aussi joli pied d'ivoire. Il était petit et étroit jusqu'à l'invraisemblance, et d'une blancheur éclatante ; ses ongles étaient polis et de la couleur d'une rose pâle. Le cou-de-pied était très-élevé et d'un dessin charmant.

• — C'est ainsi, dit Tony Vatinel, que je vous ai vue la première fois sur la plage par une marée basse. Laissez-moi voir ce pied que j'a-

dore. Il se mit à genoux et prit dans sa main le pied de Clotilde qu'il y enfermait tout entier, puis il se baissa et le baisa. Clotilde retira brusquement son pied.

— Ecoutez-moi, Tony, lui dit-elle ; il faut aujourd'hui que je vous parle très-sérieusement. Il ne faut pas qu'il se renouvelle jamais entre nous une scène semblable à celle de samedi. Je vous aime, Tony ; je n'ai pas cherché à vous le cacher ; mais je ne serai jamais à vous. Je mourrais de honte rien que de penser que vous me pouvez croire capable de me donner à deux hommes. J'ai senti samedi que j'étais moins forte que je ne l'avais espéré ; cependant je crois maintenant être sûre de moi. Mais vous n'avez pas, pour vous arrêter, des raisons aussi impérieuses que les miennes. Vous êtes parti samedi dans un état affreux. Tony, il faut être raisonnable ; il ne faut pas nous tuer en nous exposant à des dangers dont nous sommes forcés de sortir vainqueurs. Il faut ne plus nous voir. Aussi bien, mon mari ne tardera pas beaucoup à revenir ; et plus nous prendrons l'habitude de nous voir ainsi, plus la séparation, que rien ne peut faire éviter, nous sera difficile et douloureuse.

Pendant que Clotilde parlait, elle pouvait voir sur le visage amaigri de Tony Vatinel l'effet de chacune de ses paroles. Quand elle parla de son mari, quand il traduisit la *séparation inévitable* par l'habitation dans la même chambre d'Arthur et de *sa femme*, il y eut dans son regard tous les feux de l'enfer. Quand elle eut fini, il voulut parler, mais la voix fut quelque temps à sortir de sa bouche ; les mots se pressaient et s'arrêtaient au passage. Enfin, après deux essais inutiles, il finit par articuler d'une voix basse et sourde, et cependant intelligible et solennelle :

— Et moi aussi, Marie, je veux vous parler sérieusement. Je ne comprends pas la nécessité de se priver d'un bonheur aujourd'hui, parce qu'il ne peut pas durer toujours. Pourquoi ne pas tuer les enfants parce qu'ils doivent un jour mourir ? Non. J'arracherai au sort tout le bonheur que je pourrai lui arracher. Et savez-vous, sais-je moi-même si je ne me tuerai pas le jour où ces entrevues finiront ? Pourquoi ne pas les prolonger jusqu'à la dernière ?

— O Marie, lui disait-il, que tu es heureuse d'avoir tant de bonheur à donner !

— Tony, continua Clotilde, si jamais un hasard me rendait libre, je serais à vous et n'en serais pas moins heureuse que vous.

— Ah ! s'écria Vatinel, si tu partages mon amour et mes désirs, sois à moi et mourons.

— Quelque prompte, interrompit Clotilde, que fût votre main à me donner la mort, il y aurait toujours entre mon crime et cette mort un instant pour la honte. Je me résignerais à la mort, mais à cette honte-là jamais. — Je vous le répète, Tony, je n'appartiendrai pas à vous tant que j'appartiendrai à Arthur de Sommery. Si vous voulez me revoir, vous allez me faire un serment, un serment sans lequel nous allons nous séparer pour toujours.

— Parlez, dit Tony.

— Eh bien ! quoi qu'il arrive, quelque faiblesse que vous puissiez surprendre en moi, vous jurez de n'en jamais abuser ; vous jurez de ne pas essayer de prendre sur moi des droits qui appartiennent à un autre et ne peuvent appartenir à deux. Faites ce serment, Tony, parce que, si vous ne le faites pas, j'aurai la force de vous fuir ; parce que, si vous le faites et si vous tentez d'y manquer, le mépris me donnera la force de vous résister et m'empêchera d'avoir peur de vous. Faites-le, parce que, si je succombais, je vous jure, moi, par tout ce qu'il y a de sacré sur la terre et dans le ciel, que je tuerais et que je mourrais en vous maudissant. Et ne croyez pas que ceci soit une parole vaine comme en disent les femmes. Si vous manquez à votre serment, je ne manquerai pas au mien. Si vous hésitez, vous me perdez, vous ne me reverrez jamais.

Tony fit le serment qu'on lui demandait.

— Maintenant, dit Clotilde, je n'ai plus peur de vous ni de moi. Tony, n'es-tu pas content de ce que je te donne ? Mon âme est à toi, je t'aime et je confie mon honneur au tien. Maintenant, parce que vous me défendriez contre moi-même s'il en était besoin. Maintenant regardez et baisez ce pied que vous aimez, parce que je suis sûre que nous ne serons pas entraînés.

Et elle lui donna son pied nu, que Tony couvrit de baisers brûlants.

— Marie, dit-il, vous avez été décolletée toute la soirée, et pour moi seul vous cachiez ces épaules d'ivoire que vous n'avez cachées à personne.

— Ah ! dit Clotilde, c'est que vous... je vous aime. Mais j'oublie que je n'ai plus peur de vous. Et elle laissa tomber le châle qu'elle avait mis sur ses épaules.

Elle avait une robe de soie d'un bleu sombre qui dessinait à ravir sa taille fine et souple. Elle laissait voir seulement l'origine de la gorge, mais assez pour qu'on pût en imaginer la forme qui était d'une pureté inouïe. Clotilde, qui n'avait pas eu d'enfants, n'avait perdu de la jeune fille que l'indécision des formes et la maigreur ; mais elle en avait gardé toute la fraîcheur et toute la naïveté. La séparation de sa gorge sur laquelle sa robe était tendue faisait supposer qu'un regard furtif pourrait découvrir une partie des beautés qu'on soupçonnait par induction. Ses épaules étaient beaucoup plus découvertes, et il y avait là de quoi rendre moins bien disposé à le devenir que Tony Vatinel : c'étaient les formes et les contours les plus harmonieux et une peau fraîche à éblouir les yeux et le cœur. Tony retrouva alors cette douce odeur dont il avait gardé son âme toute parfumée.

À chaque visite, le pauvre Vatinel devenait plus amoureux. Ce qu'on

lui avait promis à la visite précédente s'obtenait à la nouvelle visite à peu près sans difficultés ; et il gagnait encore quelque chose, si c'est gagner que de gagner de nouveau feu pour dévorer ses entrailles. Ce jour-là tous ses amours furent pour le pied de Clotilde ; il s'était affaissé devant elle et il baisait ce divin petit pied, et il le réchauffait dans sa poitrine.

Je ne sais quel funeste hasard, et je ne sais surtout si c'était un hasard, lui versait toujours deux poisons à la fois. À chaque nouvelle faveur qui venait augmenter l'ardeur de ses transports, quelque nouvel indice venait aussi lui rappeler Arthur, Arthur, possesseur indifférent de Marie ; et ce petit pied aussi était à Arthur, et ces épaules et cette gorge d'ivoire étaient à Arthur, tout était à Arthur, et bientôt il reviendrait en maître dans cette petite chambre, et il n'y aurait ni lutte, ni combats, ni résistance. Clotilde, soumise tout entière ! À cette idée, il la serrait dans ses bras avec plus de haine que d'amour et plus de désir de l'étouffer que de l'embrasser ; il ne comprenait pas, quand il y pensait, comment Clotilde, si pleine d'esprit, d'intelligence et de tact, ramenait si inopportunément le souvenir de son mari. C'était au milieu des transports les plus vifs de Vatinel qu'elle parlait d'une lettre qu'elle avait reçue d'Arthur ou de son retour prochain ; et ce n'était pas pour calmer ses transports, car, l'instant d'après, elle lui permettait quelque chose qui leur donnait une nouvelle exaltation.

LI.

Il faut croire que Clotilde avait ses raisons pour ne pas faire à Tony Vatinel un mensonge que n'eût pas manqué de lui faire toute autre femme mariée. Quand on écoute ces dames, on ne saurait se figurer dans quelle innocence fraternelle et biblique vivent les ménages parisiens. Sur dix maris, il y en a... combien ?... il y en a dix pour lesquels la chambre de leur femme est le temple de Vesta, un sanctuaire impénétrable. Il y a au moins trois ans que l'on n'a vu monsieur plus matin que le déjeuner, ni plus tard que le retour du théâtre ou du

monde. Monsieur a toujours une santé délicate, que dis-je ! détruite. Toutes les femmes mariées sont vierges et tous les maris impuissants. Je connais deux hommes qui se voient beaucoup dans le monde ; chacun est l'amant de la femme de l'autre, ce qui n'empêche pas chacune des deux femmes de dénoncer son mari à son amant comme un homme fort abandonné du ciel. Par ce moyen, ni l'un ni l'autre ne s'avise d'être jaloux, ni comme amant, ni comme mari, et ils vivent en paix, se tenant l'un à l'autre en grande pitié et commisération.

Pendant que je suis sur ce sujet, je me sens pris d'une disposition bienveillante à l'égard des femmes, et je vais leur rendre un signalé service en les éclairant sur un point fort obscur de leurs relations avec nous.

En général, les femmes sont fort portées à s'exagérer leur propre finesse et l'excès de leur adresse invincible. Deux choses les maintiennent misérablement dans cette pensée. La première est que la femme, attaquée presque toujours par un homme amoureux, avant d'être amoureuse elle-même, a sur lui tout l'avantage du sang-froid. La seconde consiste dans les plaintes qu'elles entendent les hommes bourdonner à leurs oreilles sur cette finesse prétendue. Cette adresse, les imbéciles y croient, les gens d'esprit la font croire; les premiers, parce que l'amour-propre se plaît toujours à s'exagérer la force de ce qui nous a vaincus; les seconds, parce qu'on ne saurait donner trop de confiance et de présomption à l'ennemi qu'on veut vaincre. Mais voici ce qui surtout donne et doit donner aux femmes en même temps une idée hyperbolique de la finesse de leur sexe et de la stupide crédulité du nôtre. Les femmes s'imaginent que nous avons dans le cœur ou dans la tête, ou n'importe où, un type auquel il faut absolument ressembler pour être belles à nos yeux. Et il n'est sorte de déguisement, de mensonge, qu'elles n'emploient pour arriver à cette ressemblance. Les hommes, du reste, font de leur côté absolument la même chose. On se revêt, pour le combat de l'amour, chacun d'un personnage de son invention comme d'une cuirasse. Souvent on arrive à se déplaire de part et d'autre sous ces traits d'emprunt qu'on a pris pour plaire davantage, tandis qu'on se serait charmé réciproquement avec sa figure naturelle. Si une femme s'aperçoit du mensonge de l'homme qui lui fait la cour, si un mouvement maladroit lui fait voir les cordons du masque, elle annonce triomphalement sa découverte et l'homme est perdu. On comprend ici qu'elle retire de son adresse et de sa perspicacité un légitime orgueil. Mais ce qui doit surtout s'accroître, c'est quand elle voit que l'homme ne paraît en rien s'apercevoir de ses déguisements à elle qui a si bien vu les siens. Et ici son orgueil est moins légitime. Si une femme, en effet, voit qu'elle s'est trompée et qu'on l'a trompée; que ce qu'elle se sentait disposée à aimer n'est qu'une fantasmagorie, une apparence, elle n'a plus rien à faire de l'homme sur lequel elle s'est trompée et qui n'est pas ce qu'elle l'avait cru être, parce que la femme aime ou n'aime pas, sans rien d'intermédiaire à quoi elle puisse se prendre. L'homme, au contraire, séduit de loin par une apparence du roman selon son cœur, s'approche de cette réalisation de ses rêves. De près, ce n'est plus cela; il s'est trompé ou on l'a trompé. Il ne fait pas alors comme la femme; il ne jette pas les hauts cris et il ne brise pas tout. Si la femme n'a pas à lui donner ce qu'il avait cru pouvoir en attendre, il lui demandera quelque autre chose; si elle n'a pas ce quelque autre chose, il descendra un peu plus bas encore. Il y a, pour un homme, mille degrés entre adorer une femme et la désirer; tout de toute femme qui a attiré l'attention est tout au moins désirée. D'ailleurs, il y a pour l'homme, dans la possession, une victoire, et conséquemment une vengeance; il n'a donc aucune raison d'abandonner la partie pour mauvaise humeur d'avoir été trompé. Pour la femme, au contraire, il y a une défaite.

Mais, comme les gens qui se voient devinés se fâchent beaucoup plus que les gens qui devinent, l'homme qui a deviné la femme se garde bien de le lui laisser apercevoir. Quel que soit celui de ces mille degrés dont nous parlons auquel il croie devoir tendre, fût-ce le dernier, il gardera pour y arriver toutes les apparences et toute la phraséologie de l'adoration. La femme alors s'encourage par l'apparente crédulité de son adversaire, et elle fait suivre chaque mensonge qui réussit d'un mensonge plus fort et plus audacieux qui réussit également; et cependant elle tombe dans une grande admiration d'elle-même, et dans un grand mépris pour notre sexe. Voilà ce que j'avais à dire sur ce sujet. Et je m'en rapporte pour ma récompense à la générosité des personnes.

LII.

Tony avait emporté pour une semaine le souvenir de ses baisers sur les épaules et sur le pied de Clotilde et l'appréhension du retour d'Arthur de Sommery. Il y a des gens qui s'imaginent que de mieux contre l'amour que la retraite et la solitude. Autant enfermer un homme avec un tigre furieux que de le livrer ainsi seul à un amour non assouvi. Tout, dans cette situation, devient amour, jalousie et haine. Ce que l'on mange ne devient plus de chyle, mais de la jalousie, de la haine et de l'amour. — Et aussi l'air que l'on respire. Tony Vatinel n'aimait plus ni le soleil, ni les arbres, ni les prairies, ni l'aspect de la mer. Il n'avait plus d'extatiques admirations en face d'un beau coucher de soleil. Le chant des oiseaux, les majestueuses harmonies du vent ne lui causaient aucune impression; les parfums des prairies après l'orage, celui des bois de chênes étaient éteints. Tous ses sens étaient émoussés, endormis; ses yeux ne pouvaient plus voir que Clotilde; — ses oreilles n'entendaient que la voix de Clotilde; — il n'y avait plus pour lui d'autre saveur, d'autres parfums que ses baisers sur le cou de Clotilde et le parfum de sa peau.

LIII.

Le samedi suivant, Tony trouva Clotilde vêtue plus légèrement que de coutume. — La chaleur avait été excessive tout le jour. — Elle n'avait plus qu'une petite jupe de soie blanche et un petit châle pareil sur les épaules. Tony, à genoux devant elle, la regardait et s'enivrait de ses regards. Bientôt, saisissant ses genoux dans ses mains jointes par-dessous, il les couvrit de baisers, et il sentit que cette petite jupe était presque le seul vêtement de Clotilde, et que les baisers étaient bien plus près d'elle que d'ordinaire. Les genoux de Clotilde frémissaient sous ces baisers qu'elle recevait presque sans intermédiaire, — et semblaient les rendre.

— O Marie! lui disait-il, que tu es heureuse d'avoir tant de bonheur à donner!

Et quelques instants après, par une contradiction qui ne vous étonne pas, je l'espère, — ô ma belle lectrice, il se roulait par terre, en pleurant et en disant : — Marie, Marie, aie pitié de moi, Marie! aie pitié de moi!

— Tony, répondait Clotilde, qu'avez-vous à me demander, et avez-vous oublié votre serment et le mien?

Et Vatinel, — sans l'entendre, répétait : — Marie, Marie, aie pitié de moi!

— Tony, répéta à son tour Clotilde, avez-vous oublié votre serment, avez-vous oublié le mien?

— Eh! que me font les serments, s'écria Tony, que me font ma mort et la tienne? — Ai-je de la raison, ai-je de la mémoire, — quand tu es si belle, — quand je suis si amoureux? — Ah! alors, ne me laisse pas te donner de si enivrantes caresses, ne me laisse pas être si près de toi. Tu me brûles, — ton haleine me dévore. Repousse-moi, chasse-moi. Je maudis le serment que tu m'as fait faire. — Je te maudis de l'avoir exigé, je ne veux pas le tenir, je ne le tiendrai pas, — ou renvoie-moi! Tiens, — toi, tu ne sens rien, tu ne sais pas ce que c'est que ces baisers que je donne sur tes genoux.

Et il recommençait à embrasser les genoux de Clotilde.

— Tu ne sais pas ce que c'est, Marie, que ces baisers-là! — Vous avez raison, Vatinel, dit Clotilde, je ne dois plus permettre de semblables caresses, puisqu'elles ont pour résultat de vous empêcher de m'aimer, — de me faire maudire par vous, de me demander ce que vous n'aurez jamais de moi, et ce qui, si j'avais jamais la faiblesse de vous l'accorder, serait, vous le savez, l'arrêt irrévocable de ma mort. — Vous avez raison, nous sommes fous. — Il faut vous en aller.

Et elle le repoussa.

— Il faut ne plus nous revoir, il faut nous dire adieu à jamais!

— Ah! Marie, dit-il, ne m'écoutez pas, je suis fou, ne me rejetez pas du ciel où je suis près de vous. — Insensé que je suis, — de demander quelque chose! — N'ai-je pas plus de bonheur mille fois que Dieu n'a permis à l'homme d'en avoir? Le premier jour où j'ai baisé votre front, — n'avais-je pas ressenti de plus célestes félicités, de plus pures délices qu'aucune femme n'en a jamais données à son amant? Pardonnez-moi, — je ne m'écoute pas, laissez-moi près de vous. — N'écoutez pas mes plaintes insensées. Passer ma vie à tenir dans mes mains votre petit pied, et le baiser; — passer ma vie à vous voir, à tremper mes mains dans les ondes de vos cheveux; — ce serait trop de bonheur; je ne pourrais peut-être pas le supporter.

Et Tony s'était relevé, il s'était assis à côté de Clotilde, sur un divan, et il prenait des poignées de ses beaux cheveux, échappés au peigne, et il baisait ces cheveux, il les mordait avec frénésie. Le petit châle de soie tomba, et les lèvres de Tony descendirent sur les épaules et sur la gorge de sa belle maîtresse.

Puis il resta longtemps la tête sur l'épaule de Clotilde, semblable à un homme ivre qui finit par perdre connaissance.

LIV.

Le samedi suivant, Tony Vatinel trouva Clotilde sans lumière. — On a remarqué, dit-elle, samedi dernier, que j'avais conservé de la lumière toute la nuit. J'ai prétexté une indisposition, mais la même remarque faite une seconde fois ne pourrait manquer d'éveiller des soupçons. Cette nuit-là, Clotilde réserva bien peu de chose à son mari, mais cependant elle lui réserva quelque chose.

— Insensée, dit Tony Vatinel, crois-tu donc être conservée à ton mari? Ce que tu appelles un crime était commis la première fois que mes lèvres ont baisé ton front. La première fois que ma peau a touché la tienne, tu étais adultère, adultère de cœur et de corps! Au premier frisson que mes baisers t'ont causé, n'étais-tu pas entièrement à moi? A quoi sert cette résistance que tu opposes à mes désirs? Que produit-elle? moins de bonheur sans plus de vertu, crime contre moi et contre lui. Marie, écoute-moi, tu n'auras pas de témoin de ce que tu appelles ta honte; sois à moi tout entière, et, en sortant de tes bras, j'irai me précipiter par-dessus la falaise. Marie, sois à moi, je donne ma vie pour quelques instants de ton amour; sois à moi, Marie, chère Marie, et ce serment-là, je le tiendrai!

Et Vatinel couvrit de baisers tout le corps de Clotilde; tout à coup il la saisit dans ses bras, et l'emporta vers le fond de la chambre. Marie poussa un cri.

— Tony, dit-elle, laissez-moi, ou je crie, j'appelle ; je ne reculerai devant rien pour me débarrasser de vous ; je ne vous aime plus, je vous hais, je ne veux plus vous voir ; allez-vous-en !

Et, débarrassée des bras de Tony, elle était allée se rasseoir sur le divan , et, la tête dans les mains, elle resta immobile. Tony se rapprocha d'elle.

— Oh! pardonnez-moi, Marie, soyez bonne et miséricordieuse, ayez pitié d'un pauvre homme bien malheureux, bien amoureux !

Il lui prit la main, cette main était glacée.

— Marie, Marie, dit-il plein d'épouvante, Marie, parle-moi, réponds-moi, pourquoi tes mains sont-elles froides comme les mains d'une morte?

— Parce que je meurs de peur, dit Clotilde d'une voix étouffée, parce que je suis avec un homme que je hais et que je méprise ; et que je suis presque à sa merci.

Allez-vous-en , allez-vous-en , dit-elle d'une voix nerveuse, allez-vous-en ! ou je me jette par la fenêtre.

Tony Vatinel se mit à genoux, demanda pardon de mille manières, s'accusa de folie, de brutalité ; et , en demandant pardon, il baisait ses mains, ses épaules, ses genoux , ses pieds ; et il promettait de se contenter de ce qu'on lui donnait. Mais ces caresses, mêlées à ses paroles et à ses larmes, le remirent peu à peu de l'effroi que lui avaient causé la frayeur et les cris de Clotilde. Sa tête redevenue brûlante, ses baisers devinrent plus âcres et plus précipités ; et sans s'en apercevoir, il se trouva en proie aux mêmes transports.

— Ah! dit Clotilde, je vous remercie, j'aurais été trop malheureuse, si vous ne m'aviez laissée avec mon amour et mon estime pour vous ; car nous nous voyons aujourd'hui pour la dernière fois. Arthur revient cette semaine.

— Arthur, s'écria Tony en se relevant et la poussant. Et ses dents claquèrent les unes contre les autres. — Arthur !

— Oui, dit Clotilde , Arthur revient cette semaine, et il me l'annonce dans une lettre que voici.

Elle tendit la lettre à Tony Vatinel, qui la repoussa avec colère, puis se ravisa, la prit et lut.

LV. — Arthur de Sommery à madame Clotilde de Sommery.

Ma chère Clotilde, cette semaine je serai auprès de toi. Ce sera avec un grand plaisir que je me trouverai dans notre chambre, et dans tes bras. Tout ce que j'ai vu de femmes n'a servi qu'à te rendre plus jolie à mon imagination, et j'ai amassé une foule de baisers que j'ai sur le cœur, et que je te porte. Attends-moi un de ces jours de cette semaine ; arrange notre chambre toute blanche, je vais enfin reprendre ma place dans ce grand lit où tu dois être perdue. . . . .

— —

LVI.

Tony Vatinel froissa la lettre et la jeta à terre.

— Vous le voyez , Tony, dit Clotilde, c'est aujourd'hui notre dernière entrevue. Il faut nous dire adieu.

Tony Vatinel était pâle et silencieux. Il prit la main de Clotilde ; il voulut parler, mais il ne trouva pas de voix.

Il regarda cette chambre dont parlait Arthur de Sommery, et ce lit... Son œil était hagard et plein d'un feu sombre. Il revint à Clotilde et lui dit :

— Marie, il faut que je vous voie encore une fois.

— Mais, dit Clotilde, c'est impossible, mon mari pourrait arriver précisément cette nuit-là.

— Non, répondit Tony Vatinel, je ne partirai de Trouville qu'après que le dernier bateau et la dernière voiture seront arrivés.

Et il partit en courant, car une lueur blanche à l'horizon annonçait que le jour n'allait pas tarder à paraître.

LVII. — Robert Dimeux à Tony Vatinel.

Voici que j'arriverai dimanche, mon cher Tony, à notre château de Fousseron. J'espère que tu auras mis à profit l'absence d'Arthur de Sommery, et que tu es rentré dans les conditions de l'humanité et de la raison.

Peut-être vais-je te trouver au château de Fousseron regrettant tes chagrins et cet amour qui te dévorait le cœur, — et qu'un instant de possession aura fait évanouir. Car ce sont précisément les amoureux de ta trempe, — ces amoureux à passions surhumaines, — qui s'arrangent le moins de la fidélité. Tu as été fidèle à l'espoir d'une femme, — mais tu ne le seras pas à la femme elle-même. La possession t'aura montré sur quel pauvre canevas ton imagination avait fait de si riches broderies d'or et de soie.

Je suis à Paris depuis trois jours. — Il y a des gens qui me plaignent fort de passer une grande partie de l'année à la campagne, en province.

Nous l'avons souvent remarqué ensemble, il y a singulièrement peu de gens qui voient les choses comme elles sont, et qui, même en présence d'un spectacle, puissent empêcher leur mémoire de tromper leurs yeux par de menteuses hallucinations.

J'y ai surtout pensé ce printemps quand j'entendais appeler le mois de mai le mois des roses, quoique sous le ciel de presque toute la France il n'y ait pas de roses dans le mois de mai.

On en croit plus les poëtes que ses propres yeux, et les poëtes font les vers d'après les vers de poëtes plus anciens, leurs tableaux d'après les vieux tableaux, sans s'occuper de la nature. La poésie française est éclose dans la chaude Provence d'un germe apporté de la Grèce, où les lauriers-roses remplacent, sur les rives des fleuves, les saules bleuâtres de nos rivières.

Il y a des gens qui quittent leur famille, leur maison, leurs amis, leur chien et leur fauteuil accoutumé, pour aller voir la mer, font cent lieues dans une voiture infecte et écrivent à leurs amis : « Je vous écris des bords de l'Océan, père des fleuves. L'Eurus et le Notus bouleversent l'empire de Neptune ; les vagues , hautes comme des montagnes , épouvantent les nochers et brisent les carènes.

Tout cela est écrit et imprimé dans leur bibliothèque, qu'ils ont laissée à Paris. Ils n'ont rien vu, ils ont eu tort de se déranger, ils auraient pu réciter cela chez eux tout aussi parfaitement.

Il est bien singulier qu'il soit plus facile d'apprendre les pensées des autres que de penser soi-même. Le plus grand nombre des hommes a dans la tête une sorte de casier étiqueté où il met pour les retrouver au besoin, des idées, des opinions et des définitions toutes faites. C'est à cela qu'on doit tous ces lieux communs sur la province, — sur la centralisation et sur la décentralisation. Il y a sur ces sujets un certain nombre d'idées saugrenues que l'on se transmet de générations en générations, sans que malheureusement il s'en perde une seule, sans qu'il se rencontre jamais un homme qui s'avise de vérifier le titre de cette vieille monnaie fruste et effacée.

Prononcez le mot province devant dix personnes différentes, séparément. Chacune usera du même procédé.

Elle ouvrira dans sa tête le carton étiqueté Province, — et elle en tirera :

Province , — pays barbare !

Il n'y a que Paris.

Elle a d'assez beaux yeux pour des yeux de province.

Un provincial !

Une provinciale !!!

Huit, sur ces dix personnes, n'ont jamais commis de plus lointaine pérégrination qu'une promenade aux Tuileries ou au Luxembourg. Les autres sont allées regarder et n'ont pas vu. Elles ne jugent pas avec leurs impressions : elles n'en ont aucune ; d'après leurs idées : elles en ont moins encore. Elles ont simplement ouvert la case :

Province.

Elles en ont tiré tout ce qui s'y trouve ; après quoi elles ont replié et renfermé soigneusement le tout pour s'en servir à la première occasion.

Cette proscription de la province est une sottise. Paris n'existe pas par lui-même. Paris n'est rien qu'un grand bazar, un immense caravansérail, où l'on vient, de tous les points, vendre et acheter, — où l'on vend , où l'on achète tout , même des choses qui ne devraient ni s'acheter ni se vendre.

Cette proscription de la province rappelle la bévue de ce magistrat sans-culotte qui, entendant dire que la France était menacée de perdre ses colonies , demanda :

— A quoi servaient les colonies?

— Mais, lui répondit-on, si on perdait les colonies, la France serait très-embarrassée pour avoir du sucre.

— Et que nous importe? s'écria-t-il. N'avons-nous pas les raffineries d'Orléans?

En effet, Paris consomme, mais Paris ne produit pas.

Paris est un gouffre où chaque jour entrent, pêle-mêle et entassés, par toutes ses issues, par toutes ses barrières, du lait, des bestiaux, des légumes et des poëtes.

Paris mange tout cela, et la province travaille sans cesse à produire des poëtes, des légumes, des bestiaux et du lait pour assouvir les voraces appétits du Gargantua affamé.

Car Paris ne produit pas plus de poëtes que d'autres choses. C'est à la province qu'appartiennent les horizons verts des hautes et silencieuses forêts où l'on marche sur la mousse parsemée de violettes, les prairies émaillées, les rivières bordées d'iris jaunes et de myosotis couleur du ciel. La province a de hautes montagnes sur le sommet desquelles l'homme, plus près du ciel, aspire à grands flots la poésie. La province a l'Océan avec ses magnifiques colères, son sable dont chaque grain est un petit rocher, et ses gigantesques hirondelles , ses mouettes grises et blanches qui jettent de sinistres éclats de rire en se jouant dans la tempête, et ces belles harmonies du vent qui brise les navires, déracine les maisons, tue les matelots, et n'arrive à Paris qu'avec la force nécessaire pour faire trembler aux Tuileries la dentelle des mantilles. La province a la Méditerranée, immense miroir dans lequel le ciel se regarde avec amour.

Les poëtes naissent en province et viennent mourir à Paris.

Il n'y a qu'une chose que l'on ne trouve guère à Paris : ce sont des Parisiens.

Je ne crois pas connaître un Parisien.

Je jette un regard autour de moi : mon domestique est Savoyard; ma cuisinière, Bretonne; mon cheval est normand (je te prie de croire que son père est pur sang).

Cherchons ailleurs, cherchons des Parisiens. Cherchons dans les poëtes.

M. Hugo est né en Franche-Comté,
M. Dumas, à Villers-Cotterets,
M. Mery, en Provence.
M. Janin, à Saint-Étienne.
M. de Balzac, en Touraine. .
M. Jules Sandeau, en Touraine.
Madame Sand, en Touraine.
M. de Chateaubriand, en Bretagne.
M. de Lamartine, à Mâcon.
M. Casimir Delavigne, au Havre.
M. Frédéric Soulié, en Languedoc.
M. Eugène Sue, en Provence.
M. Théophile Gautier est à peu près Espagnol.
Et M. Gozlan est né en pleine mer.

J'arriverai donc dimanche à mon château de Fousseron, et n'arriverai pas incognito pour jouir de l'empressement de mes vassaux. Convoque mes musiciens; donne des ordres au gros merle noir, mon maître de chapelle; commande un beau ciel et une belle nuit bien étoilée. Ordonne aux arbres de se parer de leurs plus beaux panaches verts; que la prairie se couvre de sa parure de perles blanches; charge les giroflées de parfumer l'air.

Si tu pouvais me donner un beau clair de lune, tu me ferais plaisir.

Tâche d'avoir une certaine petite fauvette à tête noire; elle est très-coquette, très-demandée, très-courue; tu auras peut-être un peu de peine. En un mot, prépare-moi une réception digne de la magnificence du sire de Fousseron.

Adieu.   ROBERT.

LVIII. — Impression que produisit sur Tony Vatinel la lettre de son ami Robert.

Tony Vatinel ouvrit la lettre de Robert, la parcourut négligemment et la jeta dans un coin sans en avoir compris un seul mot.

LIX.

J'avoue que je ne suis pas sans inquiétude sur l'effet que produiront certains chapitres du présent livre. Beaucoup de femmes me reprocheront peut-être l'impudeur que j'ai eue de décrire des choses qu'elles montrent si librement quand elles sont habillées.

Elles auront raison, selon moi, en cela qu'il est plus agréable de voir ces choses que d'en entendre parler.

J'ai été entraîné par le récit ; en retrancher les circonstances, c'eût été le rendre inintelligible. Et d'ailleurs les portraits que je trace ne sont que trop ressemblants. Clotilde n'est pas précisément taillée sur le patron des Célimènes de théâtre; mais elle n'en est pas moins vraie pour cela , et , je vous l'ai déjà dit autre part , ma belle lectrice, la nature ne m'a doué d'aucune imagination. Je n'ai jamais rien inventé , et je suis un peu gêné quand je n'ai que vu les choses que je raconte.

LX.

Quelle nuit !

Le soleil s'est couché dans des nuées noires et épaisses sur lesquelles il jetait à peine un reflet d'un violet sombre.

Quand le soleil a été couché, on a commencé à entendre des bruits de tonnerre lointains , puis de pâles éclairs ont sillonné les nuages.

Puis, sans qu'on sentît le vent sur la terre , au-dessous des nuages gris qui formaient un dôme de plomb, couraient , roulaient rapidement, légers comme la fumée ou de l'écume, des nuages verdâtres qui de loin semblaient raser le sol, et de près ne paraissaient qu'à quelques toises des maisons.

Les feuilles des haies ont frissonné d'elles-mêmes. Aucun oiseau n'a osé élever la voix. Les grenouilles n'ont pas croassé dans les joncs de la Touque.

Il fait une chaleur accablante; — l'air est lourd et ne semble pas assez pur pour être respiré; — la poitrine haletante le renouvelle plus fréquemment.

Toutes les barques sont rentrées dans la Touque, et on les a amarrées avec plus de soin que de coutume.

Les goëlands eux-mêmes, qui ont coutume de se jouer dans la tempête en poussant des cris de joie, ont quitté la mer à tire-d'ailes et sont venus silencieusement se cacher dans les trous de la falaise,

Après de sourds roulements , on entend des claquements clairs et précipités, et l'éclair qui déchire le nuage montre, par la fente de la nuée , que , sous cette nuée grise qui nous écrase, le ciel n'est qu'une fournaise ardente, une plaine de feu et de lave. Dans les étables, les troupeaux se serrent les uns contre les autres.

La mer commence à faire entendre au loin ses mugissements ; elle s'agite dans ses profondeurs sans qu'aucune émotion vienne rider sa surface; elle roule dans son sein des galets qui font un bruit de chaînes; — elle se gonfle et se balance; puis elle blanchit à l'horizon, et commence à courir sur la plage qu'elle semble devoir couvrir une demi-lieue par-dessus les maisons.

Le vent commence à se faire entendre, tantôt en sifflements aigus, — tantôt avec des voix graves et basses. Sur la terre , il enlève en tourbillonnant la poussière des champs; — il déracine des arbres; — il émiette dans l'air le chaume des maisons; — dans le cimetière, il renverse les croix et fait ployer les cyprès jusqu'à terre avec de funèbres gémissements.

Les lames qui arrivent de la pleine mer, arrêtées par les plages, s'élèvent et retombent avec un bruit immense et courent au loin dans la plaine.

Dans les moments où le ciel s'ouvre, une sinistre clarté montre pendant un instant la terre et la mer bouleversées. Le ciel se referme et on retombe dans une nuit profonde.

Quelle nuit !

Les sifflements du vent semblent par moments les gémissements de tous ceux que l'Océan a engloutis dans ses abîmes depuis le commencement des temps. Il semble qu'ils crient, qu'ils appellent et qu'ils demandent des prières.

LXI.

Pendant ce temps, Clotilde, seule dans sa chambre , pâle et agitée, écoutait le vent qui secouait ses fenêtres, comme quelqu'un qui eût voulu entrer. Elle avait fini par se coucher ; mais elle ne pouvait dormir. Dans les grands coups de tonnerre qui se succédaient , elle cachait sa tête dans son lit en tenant sa couverture convulsivement serrée dans ses mains. Mais tout à coup elle entend un autre bruit se mêler à celui du vent , qui semble vouloir déraciner la maison. On a frappé doucement à sa porte, et une voix l'appelle tout bas; elle frémit, elle retient son haleine, mais son cœur bat si fort, qu'il l'empêche d'entendre.

On frappe encore et on appelle. Ah ! on appelle Marie; c'est Tony Vatinel.

Clotilde se précipite en bas de son lit, et va ouvrir sa porte. C'est Tony Vatinel, c'est quelqu'un , elle n'aura plus peur.

Avant que Tony fût entré, elle s'était replongée dans son lit.

Un éclair remplit la chambre d'une lueur bleuâtre.

Elle voit Tony, pâle comme un mort, les yeux étincelants comme des charbons ardents et fixes d'une manière effrayante.

— Quelle imprudence, mon Tony, lui dit-elle , de venir par une pareille nuit ! combien j'aurais souffert si je vous avais soupçonné en route par un temps si effrayant !

Tony ne répondit pas.

— Tony, continua-t-elle, je n'ai pas besoin que vous fassiez de semblables extravagances pour être persuadée de votre amour. Mais je ne me plains pas, puisque vous êtes là. J'avais bien peur. Je suis heureuse de vous voir, de vous avoir là, près de moi. Tout ce qui se passe d'horrible au dehors semble me rendre plus heureuse votre présence ici.

A ce moment, un violent coup de tonnerre se fit entendre. Par un mouvement involontaire, Clotilde saisit les mains de Vatinel, et les serra avec force. Tony, assis près du lit de Clotilde, pencha sa tête et la plaça sur l'oreiller à côté de la tête de Clotilde couchée sur le bras étendu de Vatinel.

Leurs bouches voisines se partageaient, pour respirer, le peu d'air qui les séparait, et s'envoyaient l'une à l'autre leur haleine qui les enivrait.

De douces pensées s'emparèrent alors du cœur de Clotilde. Elle aimait Tony Vatinel, et elle se l'avouait ; elle l'aimait avec passion et elle sentait que l'amour est dans l'âme comme ces arbres à l'ombre desquels meurt toute végétation. Elle aimait Vatinel et non-seulement elle ne pouvait aimer que lui, mais il lui semblait qu'elle ne pourrait plus rien éprouver que pour lui, fût-ce même de la haine; le reste lui devenait tout à fait indifférent. Elle chercha dans son cœur sa haine si profonde pour Arthur de Sommery, son ardeur de vengeance si adroitement dissimulée, et elle trouva que les injures et les outrages d'Arthur de Sommery n'avaient plus sur elle aucune prise; qu'elle ne le haïssait plus que parce qu'il la séparait de l'homme qu'elle adorait.

Elle frémit alors des projets qu'elle avait si longtemps cachés et nourris dans son cœur, qu'elle avait conduits avec une si terrible habileté; elle frémit, non par crainte ni par pitié pour Arthur , mais parce qu'elle aimait Tony Vatinel, tel qu'il était, avec sa belle et naïve loyauté; parce qu'elle ne voulait pas que Tony Vatinel commît un crime,

Leurs deux bouches, toujours sur l'oreiller, s'étaient encore rappro-
chées.

— Marie, Marie, dit Vatinel, je t'aime, je t'adore! aujourd'hui, tu
seras à moi.

Et appuyant ses lèvres sur les lèvres de Clotilde, et la serrant en
même temps contre lui du bras qu'il avait porté sous le corps de la
femme d'Arthur, il lui donna un baiser, et elle sentit qu'il aspirait
tout son sang qui s'échappait de ses veines, toute son âme qui s'exha-
lait de sa poitrine.

— Tony, Tony, dit-elle, je vous en prie, laissez-moi; Tony, ayez
pitié de moi!

Mais Vatinel n'écoutait plus que la frénésie de sa passion. La bouche de Clotilde qui se plaignait et qui demandait grâce ne pouvait
s'empêcher de répondre par une douce pression aux baisers de Tony.
Elle l'étreignait et le repoussait, elle le maudissait et rendait un baiser. — Laissez-moi, disait-elle, laissez-moi! Oh! Tony, je t'en prie,
laisse-moi.

— Marie, dit-il, aujourd'hui tu seras à moi. Je ne peux plus vivre
sans toi, tu ne sais pas ce que j'ai souffert, à quels horribles supplices
l'amour m'a condamné. Marie, comme tu es belle!

Un coup de tonnerre se fit entendre si voisin que la maison en
trembla sur sa base.

— Tenez, dit Clotilde, entendez-vous!

— Ah! reprit Vatinel, si la mort doit nous frapper, qu'elle nous
frappe dans les bras l'un de l'autre, qu'elle nous frappe heureux! Moi,
je veux bien mourir pour payer un instant de bonheur dans tes bras,
je veux bien souffrir à jamais dans l'autre vie tous les supplices réser-
vés aux damnés.

— Tony, disait Marie, Tony, je t'en prie, laisse-moi. . . . .

Et Tony, si fort contre la douleur, ne sut pas résister à tant de félicité;
il resta près de Clotilde, sans connaissance, sa tête pâle, renversée et
baignée dans ses cheveux noirs épars sur l'oreiller. Clotilde, les yeux
mouillés de larmes voluptueuses, eut peur et mit la main sur le cœur
de Vatinel; elle le sentit battre, et baisa légèrement le beau front de
son amant.

— Ah! oui, je l'aime, se disait-elle, et cet amour a purifié mon
cœur. Je n'y sens plus de haine. Je n'ai plus qu'un désir, c'est d'aller
au loin avec Tony Vatinel cacher un bonheur que nous avons acheté
par tant de combats.

Le tonnerre continuait à gronder et des éclairs venaient de temps
en temps éclairer la chambre.

— J'ai donc un amant! disait-elle.

Et son orgueil éleva un moment la voix dans son cœur contre Vatinel; mais elle ne tarda pas à ajouter : — O le plus beau, le plus noble des hommes, mon Tony! comme je suis aimée!

Tony Vatinel ouvrit les yeux. — Marie, dit-il, où es-tu? Viens dans
mes bras, viens sur mon cœur, viens me dire que je ne me trompe
pas, que tout ce qui s'est passé cette nuit n'est pas un rêve, un horrible, un charmant rêve.

— Ah! Vatinel, dit Clotilde, et moi qui avais juré...

— Vous n'avez pas trahi votre serment, répondit **Tony Vatinel**.
Clotilde, votre mari est mort!

LXII.

— Mort! mort! s'écria Clotilde épouvantée. Mort! et comment est-
il mort?

— Marie, dit Vatinel sans lui répondre, maintenant tu es à moi.
Veux-tu renoncer à tout, à ta position, à ta fortune, à ta réputation?
Veux-tu t'enfuir avec moi? Je n'ai à te donner pour tout cela que
mon amour et ma vie.

— Mais répondez-moi donc! continua Clotilde. Est-ce donc vrai ce
que vous dites, qu'Arthur est mort? Et comment cela se fait-il? On
l'a donc tué? Mais qu'avez-vous donc à la main? Tony, qu'avez-vous,
vous êtes blessé?

— Arthur est mort, reprit Tony Vatinel. Marie, veux-tu maintenant
être à moi? veux-tu me donner ta vie, comme je te l'ai depuis longtemps
donné la mienne? Veux-tu...

— Mais c'est impossible, vous me trompez. Comment le savez-
vous?

— Arthur est mort, répéta encore une fois Vatinel. Ordonne maintenant de notre sort à tous deux.

— Ma tête est perdue en ce moment, je ne comprends rien, je ne
veux rien, je ne sais rien, répondit Clotilde, qui n'osait plus faire de
nouvelles questions, et qui ne regardait Vatinel qu'avec effroi. Laissez-
moi le temps de penser, de réfléchir, de savoir. Allez-vous-en, voici
le jour. Au nom du ciel, allez-vous-en! je me meurs...

Vatinel regarda Clotilde d'un regard triste et solennel, et sortit sans
parler.

La force abandonna alors Clotilde, que l'on trouva évanouie dans
son lit.

Quand elle revint à elle, elle ne se rappelait rien, qu'une impression confuse de choses charmantes et terribles. Elle pensait avoir rêvé,

tant elle trouvait d'incohérence dans les souvenirs qui se réveillaient
un à un dans son esprit.

Au déjeuner on dit : — Arthur arrivera aujourd'hui ou demain.
Quel bonheur qu'il n'ait pas été en route par cet affreux ouragan de
cette nuit!

— Non, non, se disait Clotilde, — ce n'est pas vrai, — c'est l'orage
qui m'a épouvantée. — Oh! cependant Tony, — ses caresses, — ses
baisers, — sa voix... — Non, je me rappelle... il m'a bien dit... mais
c'est impossible! il m'a trompée... Comment faire?... comment le
voir?... — Je ne puis lui écrire de semblables choses... je ne pourrai
supporter cette situation encore une journée sans devenir folle. —
Comment se fait-il que cette vengeance que j'ai tant désirée, que j'ai
tout fait pour amener, m'inspire tant d'effroi? — Quelle lâcheté y a-t-il
dans mon cœur?

Et chaque fois que quelqu'un frappait à la porte, elle se sentait froid
et pâle. Si on parlait un peu haut au dehors, elle s'attendait à entendre la terrible nouvelle. Il y avait dans la maison une gaieté qui lui
faisait horriblement mal. Madame de Sommery donnait des ordres pour
un approvisionnement extraordinaire.

— Il faut tuer des pigeons, disait-elle, Arthur les aime beaucoup.

Clotilde sentait que son profond abattement à elle contrastait avec le
mouvement du reste de la maison. Une ou deux fois on remarqua tout
haut qu'elle était triste.

Et elle frémit à l'idée qu'on se rappellerait cette tristesse, quand
on saurait l'événement.

Elle repassa dans sa mémoire, — elle rappela l'état dans lequel il l'avait mise,
et dans lequel on l'avait trouvée le matin.

Toute la journée se passa sans qu'on entendît parler de rien.

— Allons, dit-elle, Tony m'a trompée. Mais cette blessure, ce visage
si pâle quand il est arrivé...

Et elle expliquait tout par l'orage, par un accident. Et d'ailleurs, ne
l'avait-elle pas vu bien des fois aussi pâle et aussi agité, parce qu'elle
avait dit un mot qui ne lui plaisait pas, ou qu'elle était un peu plus
décolletée que de coutume!

On frappa précipitamment à la porte. Les idées de Clotilde avaient
pris une telle direction, qu'elle s'attendait à voir entrer Arthur. C'était
l'abbé Vorlèze qui demandait à parler à M. de Sommery, et l'emmena
dans le jardin.

LXIII.

Comme je l'ai dit, depuis sa brouille avec M. de Sommery, l'abbé
Vorlèze allait presque tous les soirs passer, à se promener au bord de
la mer, le temps consacré avant la brouille à jouer aux échecs. Ce
jour-là, l'abbé était allé voir les traces de l'ouragan de la nuit.

Le vent était tombé comme de lassitude, mais la mer avait reçu un
si fort ébranlement jusque dans ses profondeurs, qu'elle se balançait
encore tout entière. Des algues, des varechs et une foule d'herbes marines de toutes sortes avaient été jetés sur la plage à une distance
où la mer n'arrive jamais, ce qui donnait la mesure de la fureur avec
laquelle elle avait lancé ses lames sur la terre, comme pour l'engloutir.
Ce bouleversement était encore attesté par cela que, parmi ces
herbes marines, il y en avait d'entièrement étrangères à la côte de
Trouville, — qui avaient évidemment été arrachées fort loin, et em-
portées par la mer furieuse. Il y avait aussi des poissons morts et des
pièces de bois.

Le soleil était pâle et comme malade; il se couchait dans un ciel
calme et pur, qu'il sablait d'or.

La mer descendait, mais son reflux était presque insensible. On
eût dit qu'elle était fatiguée. L'abbé Vorlèze regarda le soleil disparaître dans la mer, et resta assis sur une roche, où la nuit le surprit
plongé dans ses méditations.

D'abord il avait remercié Dieu des bornes infranchissables qu'il a
imposées à la mer; puis il avait songé combien, depuis qu'il était à
Trouville, il avait assisté de fois à de semblables tempêtes; et combien
de malheureux avaient été engloutis par l'océan.

— Mon Dieu, dit-il, ayez pitié d'eux! La mort du noyé est une mort
terrible; ce n'est plus cette mort à laquelle on s'essaie toute la vie
par le sommeil de chaque jour; ce n'est plus cette mort qui consiste
à s'endormir une fois de plus sur l'oreiller où l'on s'endormait chaque
soir depuis cinquante ans. C'est une mort mêlée de rage, de lutte, de
désespoir, de blasphèmes. On n'est pas préparé par l'affaiblissement
successif des organes; on n'arrive pas à n'être plus par des transitions
imperceptibles. Ce n'est pas un dernier fil qui se brise, ce sont tous
les liens qui se rompent à la fois. On meurt au milieu de la force, de
la santé, on meurt tout vivant.

Et l'abbé Vorlèze pria pour tous ces morts sans sépulture, sans croix
pour marquer la place où ils sont, sans parents et sans amis qui vins-
sent pleurer à leur côté.

— O mon Dieu! continua-t-il, ayez pitié d'eux! Dans cette mort
violente que vous leur avez infligée, ils n'ont eu auprès d'eux ni amis
pour les consoler, ni prêtres pour les réconcilier avec vous. Dans ces
immenses solitudes de l'océan, ils ont poussé des cris de douleur et de
désespoir que le fracas des vents et de la tempête n'a pas empêchés d'arriver jusqu'à vous, ô mon Dieu!

Et l'abbé passa deux ou trois fois la main sur son visage; il ne pouvait écarter l'image de ces corps pâles et roides des noyés. — La lune montait lentement derrière les maisons de *Trouville*, et ne jetait encore qu'une faible lueur qui restait au ciel. — C'était l'heure où tout prend dans la nature des formes bizarres, — l'heure où il semble que tous les objets se déguisent pour aller à quelque bal infernal et fantastique, — où les peupliers deviennent des fantômes noirs, et chaque pierre du cimetière un corps mort avec son linceul. C'est l'heure des hallucinations, c'est l'heure où l'on croirait que ces figures bizarres et ces aventures étranges que nous voyons dans nos rêves se montrent et se passent réellement pendant que nous dormons.

Des pointes de roches dépouillées semblaient à l'abbé Vorlèze des cadavres étendus. Il pria encore pour chasser ces visions, et ne put y réussir. Loin de là : les prestiges et les illusions augmentèrent à un tel degré qu'il finit par assister à un spectacle horrible.

Il vit un mouvement dans les longues algues qui flottaient à la surface de l'eau, puis il parut une tête, une jeune tête blonde d'enfant; d'une petite main livide il écarta les herbes, et rejeta en arrière ses cheveux qui retombaient appesantis par l'eau sur sa figure pâle. L'abbé reconnut cet enfant, il s'était noyé peu de mois auparavant en allant aux équilles. L'enfant dit d'une voix douce : « La mort n'a pas été un malheur pour moi, elle m'a pris dans l'enfance, c'est-à-dire dans l'ignorance, sans que j'aie eu rien à regretter de ce que je laissais dans le passé, puisque je n'avais pas de passé, ni rien de ce que m'eût promis l'avenir auquel je n'avais encore rien demandé. Cherche dans ta vie combien il y a de tes jours que tu voudrais recommencer, et pense que mon avenir aurait été ton passé. Je n'ai pas besoin de tes prières.

» Les morts ne perdent que les jours, les nuits sont à eux, et cette lune qui se lève est leur soleil.

» Que viens-tu faire ici? T'es-tu hier noyé comme moi? »

Et d'un autre point du rivage un corps plus grand sortit des algues. L'abbé Vorlèze se rappela qu'auparavant une femme s'était, par un désespoir d'amour, jetée à la mer en cet endroit. Elle écarta les herbes, sortit de l'eau jusqu'à la ceinture, rejeta ses cheveux en arrière, et dit : « Samuel Aubry ne m'a-t-il jamais vue quand, la nuit, je vais appliquer mon visage pâle aux vitres de sa chambre? Je suis-je si changée qu'il ne me puisse plus reconnaître? Je n'ai pas besoin de tes prières. Dis seulement à Samuel de me regarder, quand je vais la nuit derrière ses vitres. Les morts ne perdent que les jours, les nuits sont à eux, et cette lune qui se lève est leur soleil. Que fais-tu ici la nuit? T'es-tu hier noyé comme moi? »

Et ce corps pâle sortit de l'eau, et se dirigea vers la maison de Samuel Aubry.

Un autre corps, d'une force athlétique, sortit de l'herbe non loin de celui-là; il écarta les herbes, rejeta ses cheveux en arrière et dit : « A-t-il péri du monde cette nuit? Je suis André Mehom. J'ai été enfant de chœur du curé de Trouville, et je me suis noyé en allant au secours d'un bâtiment naufragé. Je n'ai pas besoin de prières. Les morts ne perdent que les jours, les nuits sont à eux, et cette lune qui se lève est leur soleil. Que viens-tu faire ici la nuit? T'es-tu hier noyé comme nous! »

Et alors, de toutes parts, l'abbé vit sortir de l'eau et des algues des hommes, des femmes et des enfants, tous pâles, tous écartant les herbes pour passer, et rejetant leurs cheveux en arrière. Ils se firent gravement entre eux des signes d'intelligence, et tous se mirent à parler d'une voix étrange qu'on sentait plus qu'on ne l'entendait, car tous parlaient à la fois, et cependant ne diminuaient rien du silence morne et froid qui régnait dans la nature, et voilà ce qu'ils murmuraient :

« Les morts ne perdent que les jours, et les nuits sont à eux, et cette lune qui se lève est leur soleil.

» Quelle différence fais-tu entre les vivants qui dorment la nuit et nous qui dormons le jour sur des lits d'algues et de varechs, au fond des mers? Voici l'heure où les morts du cimetière sortent de leurs tombeaux, comme nous, et se promènent sous les berceaux de chèvrefeuilles que leur font les vivants. Voici que nous allons visiter ceux qui nous ont aimés, et qui nous prennent pour des rêves. Nous jouissons d'un calme et d'une paix éternels; nous nous appelons vivants, et nous vous appelons morts; car votre vie à vous n'est qu'un combat et une agonie. Sois le bienvenu! Nous attendions du monde cette nuit, après la tempête d'hier. Les morts ne perdent que les jours, les nuits sont à eux, et cette lune qui se lève est leur soleil. Que viens-tu faire ici la nuit? T'es-tu donc hier noyé comme nous? »

Et de nouveaux corps paraissaient sur les eaux, et ils devinrent nombreux comme le galet de la mer.

L'abbé Vorlèze hâta le pas pour échapper par le mouvement à ces prestiges qui lui faisaient dresser les cheveux sur la tête; et il se mit à marcher à pas précipités. Mais tout à coup ses pieds heurtèrent quelque chose; il frémit et il lui sembla qu'un vêtement de glace descendait depuis la tête jusqu'à ses pieds; tout le rêve s'évanouit devant une réalité. Ce que l'abbé Vorlèze avait touché du pied, ce n'était pas une pierre, c'était un corps, c'était un cadavre!

Le premier mouvement de l'abbé fut de se relever brusquement, puis il revint, se pencha sur le corps, chercha si son cœur battait encore; il était froid et roidi par la mort.

La lune, qui avait monté, éclaira le corps; et l'abbé se redressa, en s'écriant : — Ah! mon Dieu!

— Mais c'est impossible! dit-il. Il devait revenir par terre.

— Il se pencha encore, se mit à genoux, écarta les cheveux du mort. — Oh! mon Dieu! dit-il, c'est bien lui, aidez-moi, mon Dieu, dans les tristes devoirs que j'ai à remplir.

Alors il traîna le corps jusqu'au pied de la falaise, pour que la mer en remontant ne vînt pas l'entraîner; il fit une courte prière et se dirigea vers le château, où il demanda à parler à M. de Sommery, et l'emmena dans le jardin.

LXIV.

L'abbé avait tout le long du chemin préparé son discours et ses précautions oratoires; — mais quand il fut au fond du jardin avec M. de Sommery, — il se prit à pleurer et lui dit :
— Mon cher monsieur de Sommery, il faut du courage pour ce que j'ai à vous apprendre. Il vous est arrivé un grand malheur.
— Qu'est-ce? dit le colonel.
— O mon Dieu! dit l'abbé, donnez à ce pauvre père la force et le courage, car toute force vient de vous.
— Arthur, s'écria M. de Sommery, où est Arthur?
L'abbé baissa la tête sans répondre.
— Parlez, parlez! s'écria M. de Sommery; il est malade, n'est-ce pas, il est blessé?
— Il est mort, dit l'abbé.
— Mon fils! s'écria M. de Sommery d'une voix forte et éclatante qui résonna dans toute la maison, — mon fils Arthur est mort! — O mon Dieu! ayez pitié de moi! — Et le vieux soldat tomba sur un banc, — et se mit à pleurer.
Au cri du colonel, tout le monde accourut au jardin.

LXV.

Excepté cependant Clotilde. — Tony Vatinel était auprès d'elle et lui disait :
— Marie, veux-tu me suivre?
— Éloignez-vous, sauvez-vous! disait Clotilde; entendez-vous ce tumulte dans la maison? — Sauvez-vous!
— Marie, veux-tu me suivre? répéta Tony froid et impassible.
— Au nom du ciel, fuyez! répondit Clotilde.
— Marie, dit une troisième fois Tony Vatinel, veux-tu me suivre?
— Allez-vous-en! répondit encore Clotilde.
— Adieu donc, Marie, dit Tony Vatinel. Et il s'en alla.

LXVI.

On fit rentrer M. de Sommery dans la maison, et alors il fut entouré de toute sa famille. Par l'ordre de l'abbé, des domestiques, avec une lanterne et une civière, vinrent avec lui relever le corps d'Arthur de Sommery, que l'on rapporta tristement dans la maison; dans cette maison préparée pour la fête de son retour; dans cette maison toute pleine des petits soins industrieux de sa mère.

Le matin, le maire Vatinel vint *constater le décès*. L'abbé Vorlèze dit à M. de Sommery : — Mon ami, mon pauvre ami!... frappé par Dieu, reconnaissez sa puissance, et demandez-lui le secours et la force dont vous avez besoin. Ce n'est qu'à l'homme présomptueux qui se croit assez fort sans sa divine assistance qu'il laisse arriver des malheurs plus grands qu'il ne peut les supporter.
— Monsieur l'abbé, dit Vatinel le maire, quelles sont vos intentions pour l'enterrement?
— Mon cher ami... dit l'abbé Vorlèze.

LXVII.

Mais comme l'abbé Vorlèze allait parler, le médecin de la commune arriva; l'abbé ressentit une sorte de plaisir de voir un peu retarder le coup qu'il avait à porter.
Le médecin constata qu'Arthur de Sommery était mort d'une balle de pistolet qui avait traversé la région du cœur.
On se perdit en conjectures; on ne connaissait pas d'ennemis à Arthur, du moins dans le pays; et on trouvait encore sur lui une montre et plusieurs pièces d'or. Le maire fit son procès-verbal.
Clotilde s'était retirée et renfermée dans sa chambre.
— Mon bon ami, mon cher colonel, dit le curé, vous ne serez n'est-ce pas, aujourd'hui, ni orgueilleux, ni incrédule? la vanité ne nous fera paraître d'opinion n'osera pas élever la voix dans le cœur d'un père qui vient d'être privé de son fils?
— Que voulez-vous dire, monsieur Vorlèze? dit M. de Sommery d'un ton sévère.
— Rien qui puisse vous blesser, mon pauvre ami; je sais la puissance et l'obstination de certaines idées, hélas! bien répandues aujourd'hui. Mais je vous connais, vous avez un bon et noble cœur. Toutes ces phrases de fausse philosophie dont vous vous servez habi-

tuellement ne sont pas dans votre cœur : c'est une malheureuse vanité qui vous les fait prononcer ; mais vous n'en pensez pas un mot.

Le pauvre abbé avait tort quand il prétendait connaître M. de
Sommery ; il prenait le meilleur moyen, en parlant ainsi, pour ne pas
réussir dans ce qu'il désirait.

S'il avait parlé à part, ou s'il avait dit au colonel : — Vous avez
vos idées, gardez-les ; mais pour ne pas scandaliser des gens plus faibles
que vous, pour flatter la douleur maternelle de madame de Sommery,
ne vous mêlez de rien, laissez faire ; certes, le colonel se fût rendu à
ce qui était peut-être son désir secret à lui-même.

Mais, attaqué aussi maladroitement, il répondit :

— Mon fils, victime d'un lâche attentat, peut paraître devant Dieu,
comme j'y paraîtrai moi-même ; croyez-vous, monsieur Vorlèze, que
Dieu attende votre messe de demain pour savoir ce qu'il a à faire ?

— Malheureusement, le médecin de la commune partageait les idées
de M. de Sommery ; c'était lui qui envoyait au journal du département
les *abus de pouvoir* du garde champêtre, suspect de tendre à l'abso-
lutisme.

Il applaudit M. de Sommery d'un mouvement de tête. Dès ce moment M. de Sommery se vit des spectateurs, se sentit sur un théâtre,
et rentra dans son rôle philosophique.

L'abbé parla, menaça, prit tous les moyens. M. de Sommery refusa
de rien écouter ; le pauvre abbé se retira triste et confus auprès de
madame de Sommery et d'Alida Meunier.

— Eh bien ! dit madame de Sommery, l'abbé, qu'avez-vous obtenu ?

— Hélas ! madame, rien, absolument rien.

— Quoi ! mon fils ne sera pas porté à l'église ?

— Non, madame.

— Mais c'est affreux ; c'est impossible.

— M. de Sommery n'a rien voulu entendre, madame.

— Ah ! monsieur Vorlèze, je vous en prie, ne vous découragez pas.

— Je reviendrai ce soir, madame ; la triste cérémonie n'est que
pour demain matin.

— Ah ! oui, l'abbé, je vous en prie, venez.

— Et vous, madame, ne tenterez-vous aucun effort ?

— Si vous échouez encore, l'abbé, je crois... je sens que j'aurai un
courage que je n'ai pas eu une seule fois dans toute ma vie. Je parlerai
à M. de Sommery ; — mais je n'espère rien de moi ; — jamais je n'ai
exercé sur lui la moindre influence, même pour les choses sans importance.

— Je reviendrai ce soir, quoique j'aie déjà employé toutes les res-
sources que me donnent mon expérience et ma *connaissance des
hommes*.

Pauvre abbé !

LXVIII.

Le soir, l'abbé crut inventer quelque chose de miraculeux en ame-
nant trois ou quatre personnes pour lesquelles M. de Sommery avait
quelque déférence. Il ne s'apercevait pas que c'était encore un *public*
qu'il amenait, et que le colonel ne pourrait quitter le rôle commencé.
Il échoua complètement, et s'attira même quelques paroles dures de
M. de Sommery.

Il rentra auprès de madame de Sommery et lui rendit compte du
mauvais succès de sa nouvelle démarche.

— Quoi ! dit madame de Sommery, il a encore refusé ? Oh ! cette
fois, j'aurai de la force et du courage ; — je ne laisserai pas mon enfant sans les secours de la religion ; — je vais lui dire que je le v...

LXIX.

A ce moment entra M. de Sommery ; il avait congédié les personnes amenées par l'abbé. Madame de Sommery fut atterrée et ne
trouva plus de voix pour achever le mot commencé ; seulement, elle
joignit les mains et tomba à genoux devant son mari. Le colonel se
sentit ému, et il s'irrita de son émotion.

— Monsieur Vorlèze, s'écria-t-il, voulez-vous donc mettre le
trouble et la désunion dans ma maison ? Les prêtres n'ont-ils donc de
respect pour rien ? et ne se mêlent-ils à nos infortunes les plus
cruelles que pour nous dominer ?

L'abbé voulut recommencer un discours.

— Monsieur Vorlèze, dit M. de Sommery en l'interrompant, vous
me permettrez de ne pas faire aujourd'hui de controverse avec vous,
n'est-ce pas ? et vous comprenez que nous avons besoin de silence et
de solitude ?

L'abbé se retira.

M. de Sommery ne voulut pas rester avec sa femme et alla s'enfermer dans sa chambre, où il resta dans une grande agitation, — se
promenant à grands pas en long et en large, — s'asseyant, se relevant et recommençant à marcher. Il sortit de sa chambre vers dix
heures du soir, — et descendit en bas. Il trouva les gens qui veil-
laient le corps ; — ils avaient mis près de lui de l'eau bénite et une
branche de buis. Il fronça le sourcil, — il ouvrit la bouche et ne parla
pas, — puis remonta. — En passant devant la chambre de sa femme,
il l'entendit qui pleurait, et retourna dans sa chambre, où il resta une

demi-heure dans la même agitation ; après quoi il sortit tout à coup et
alla chez l'abbé Vorlèze.

LXX.

L'abbé Vorlèze lisait auprès d'une fenêtre ouverte. Sur sa petite
table de bois blanc, il avait établi un échafaudage de livres pour empêcher l'air de trop hâter la combustion de sa lumière. Il lisait pour se
calmer, car il avait ressenti le premier mouvement de colère de sa vie
lorsque M. de Sommery l'avait à peu de chose près mis à la porte. Ses
yeux parcouraient les pages, ses lèvres murmuraient les paroles sans
qu'aucun son arrivât à son esprit, ni parvînt à le distraire de ce qu'il se
plaisait à intituler *chagrin*, quoique ce fût un bon gros ressentiment.

Il fut très-étonné quand sa servante lui annonça M. de Sommery.

Il se leva et alla au-devant du colonel : c'était la première fois que
M. de Sommery venait dans sa maison.

L'abbé murmura les paroles du publicain : *Domine, non sum dignus
ut intres in domum meam.*

Puis il avança une chaise à M. de Sommery. Quand le colonel fut
assis, l'abbé se remit sur sa chaise. M. de Sommery se leva dans une
grande agitation et dit en marchant dans la chambre :

— Monsieur Vorlèze, ma femme pleure beaucoup ; c'est vous qui
lui aurez fait quelques contes. Puisque vous le voulez absolument...

Ici M. de Sommery fit deux longueurs de chambre avant de continuer. Il était évidemment embarrassé. Il y avait des mots qu'il ne disait que lorsque sa promenade l'amenait à ce point où il tournait le dos
à l'abbé.

— Puisque vous le voulez absolument... et puisqu'on pleure à la
maison... on portera mon fils à l'église. — Oh ! mon bon monsieur
de Sommery, dit l'abbé, la grâce de Dieu vous a donc touché ? — Il
n'est pas question de cela, monsieur Vorlèze. On portera mon fils à
l'église. Mais daignez m'écouter : j'ai mes convictions comme vous
avez *peut-être* les vôtres ; je n'en ai pas changé ; j'ai en horreur les inutiles mômeries de l'église. Dieu est donc bien méchant, puisque, sans
vos prières, il condamnerait ce brave et digne garçon à un supplice
éternel ? Il est donc bien faible, puisque, après vos prières, il est forcé
de faire grâce au chenapan quelconque qu'il vous plaît de lui recom-
mander ? — Monsieur !... dit l'abbé. — Ne m'interrompez pas, monsieur Vorlèze, continua M. de Sommery. Je vous disais que mes convictions n'ont pas changé ; mais, puisque ma femme... et vous... et
Alida... et aussi sa femme... puisque tout le monde veut qu'il soit
porté à l'église, il sera porté à l'église... j'y consens, mais à une condition. — Et quelle condition ? dit l'abbé d'un ton un peu ironique. —
Je ne veux pas, continua M. de Sommery, par une faiblesse particulière et amenée par certaines bizarreries de situation, je ne veux pas
donner aux cagots et aux tartufes des armes contre la philosophie et
les idées libérales. — Que voulez-vous faire alors ? — Ce que je veux
faire, je le voilà. Cette nuit, à une heure, on apportera le corps à l'é-
glise, sans pompe, sans bruit, sans témoins ; vous direz la messe des
morts ; le corps sera reporté chez moi ; vous ne parlerez à personne de
ce qui se sera passé.

M. de Sommery s'assit alors ; il paraissait fatigué et ému.

— Monsieur, répondit le curé, je ne pense pas qu'un ministre de
l'Église puisse être complice d'un pareil scandale. Comment ! vous
voulez venir à l'église clandestinement ! vous voulez vous cacher pour
sauver l'âme de votre fils, comme de la chose la plus honteuse qui se
puisse faire ! Non ! monsieur. Vous ne voulez pas, dites-vous, donner
un triomphe à l'Église. Je n'en dois pas donner un, moi, au philo-
sophisme, à l'irréligion et à l'athéisme. Vous amènerez le corps de
votre fils à l'église en plein jour. Je vous en prie, monsieur de Sommery. — Impossible, monsieur. J'avais cédé aux pleurs de madame de
Sommery, à vos propres instances ; mais je ne puis aller, de concession
en concession, jusqu'au ridicule. — Ni moi, monsieur, dit l'abbé, jusqu'à
la lâcheté. — Mais, monsieur, vous parlez d'un ton... auquel je ne suis
pas accoutumé. — C'est que jusqu'ici j'ai toujours été envers vous res-
pectueux et soumis, parce que je vous croyais supérieur à moi. Mais,
quand je vous vois trahir et tourner en dérision à la fois la religion de nos
pères et votre prétendue philosophie, je sens mon âme se remplir d'un
sentiment que je ne puis définir. Quoi ! il y a encore dans votre cœur
lutte entre la vanité et l'inquiétude que ne l'est-il plus ! Non,
monsieur, non, l'église de Dieu n'est pas un mauvais lieu où l'on entre la
nuit en se cachant. — Monsieur Vorlèze, dit M. de Sommery, c'est
pour madame de Sommery, à laquelle une première résolution, conforme à d'immuables opinions, a causé une douleur qui m'inquiète.
— Monsieur de Sommery, j'en suis désespéré, mais je ne crois pas le
pouvoir, je ne le peux pas. — Je croyais, monsieur, que votre religion
enseignait la charité. — Je croyais, monsieur, que votre philosophie
défendait l'hypocrisie.

Ici M. de Sommery se promena longtemps dans la chambre sans
parler ; puis tout à coup il vint à M. Vorlèze, — lui prit la main et
lui dit :

— Eh bien ! monsieur, je n'en aurai pas ; je vais vous ouvrir mon
cœur. Monsieur, il y a bien des misères dans le cœur humain. Monsieur, pour moi, je vous aurais repoussé. Je ne sais pas si c'est de l'orgueil ou de la force, mais je défendrais qu'on me portât à l'église. J'y

ti souvent pensé, et ma résolution est depuis longtemps écrite dans mon testament. Mais, monsieur, depuis que mon fils est mort, dit M. de Sommery en criant, l'Eglise, le ciel, l'enfer, les flammes éternelles, je crois à tout, j'ai peur de tout! Je veux des prières pour mon fils; je veux les prières de l'Eglise; et dans l'église, monsieur Vorlèze, je les veux. Ecoutez; si vous l'exigez, ce sera le jour devant tout le monde; s'il le faut, je dirai tout haut ce que je vous dis là.—

Voyons, monsieur de Sommery, dit l'abbé Vorlèze, calmez-vous. Nous ferons tout ce que vous voudrez, et moi je demande pardon à vous et à Dieu de vous avoir mis dans cet état. J'ai exagéré la sévérité de mes devoirs; c'est au bénéfice de mon propre orgueil que je vous ai reproché le vôtre avec tant d'amertume. J'ai osé mettre des conditions aux prières que vous demandiez pour votre fils; j'ai été un méchant homme. Ecoutez, pour apporter le corps dans l'église, il faudrait mettre dans notre confidence au moins des domestiques. Rentrons chez vous. Attendez que je prenne tout ce qu'il me faut.

L'abbé fit un paquet assez volumineux et suivit M. de Sommery. Il n'y avait qu'un domestique qui veillait le mort.

— Mon ami, dit le curé, allez-vous coucher, je finirai la veillée.

Quand ils furent seuls, l'abbé disposa tout lui-même pour pouvoir dire la messe. Madame de Sommery baisa la main de son mari en pleurant.

— Oh! mon Dieu, dit l'abbé, comment faire? Je n'ai pas d'enfant de chœur pour répondre et servir la messe. Aller en éveiller un, c'est tout trahir. Dites-moi... monsieur de Sommery... il ne s'agit que de lire quelques réponses... — Volontiers, dit M. de Sommery. . . .

. . . .

LXXI.

Voilà tout ce que je savais de cette histoire, — et j'ai, à cause de cela, fort hésité à la raconter. — J'ajouterai cependant quelques mots que le hasard m'a fait entendre dans une des maisons où j'avais autrefois rencontré Clotilde, Tony Vatinel et Robert Dimeux.

A la fin de l'hiver qui suivit la mort d'Arthur de Sommery, — dans un salon où on avait donné une matinée musicale, on remarquait beaucoup madame Clotilde de Sommery, que l'on n'avait pas vue dans le monde de l'année. Elle était encore en deuil.

— Comme le noir va bien aux blondes! disait un homme. — En effet, répondait un autre, les femmes blondes ne sauraient trop perdre leurs maris.

Robert Dimeux, que l'on n'avait pas vu depuis longtemps, et que l'on trouvait triste et amaigri, — s'approcha de madame de Sommery, et lui dit :

— Madame, le noir vous va à ravir; tout le monde en fait la remarque. Vous devriez ne porter que successivement le deuil des deux hommes que vous avez tués.

ALPHONSE KARR.

Robert Dimeux s'approcha de madame de Sommery
— Madame, le noir vous va à ravir.

FIN DE CLOTILDE

Paris. — Typ. Walder, rue de l'Abbaye, 22.

ROMANS POPULAIRES ILLUSTRÉS

HISTOIRE
DE
ROSE ET DE JEAN DUCHEMIN
PUBLIÉE PAR
ALPHONSE KARR

CHAPITRE I.

Je me suis mariée en 1815, l'année où Bonaparte levait tout le monde pour l'armée. Comme ceux qui étaient mariés ne partaient pas, on nous maria pour que mon mari ne partît pas, quoique fils de veuve. Huit jours après mon mariage, on a appelé mon mari; il fut exempt par le mariage. J'étais la treizième enfant de la maison de mon père. On me donna à mon mariage, en effets, la valeur de six cents francs. Mon mari était fils de veuve. Elle avait encore un autre fils et une fille; elle avait un peu de biens qu'elle n'avait pas l'intelligence de ménager, ni la mère ni la fille. Mon mari n'avait en mariage que la chemise de dessus son corps, et qui n'était encore guère valable. Il était marin, il n'avait aucun filet pour faire son état, ni aucun habillement propre pour la mer. On nous mit en ménage entre quatre murailles sans meubles d'usage d'homme. Mon père nous donna une vieille couche de feu mon grand-père, que nous fîmes raccommoder un peu. On nous mit en ménage quinze jours avant Pâques. Il nous vint bientôt un enfant. Le boulanger nous donna du pain à crédit. Heureusement

Rose Duchemin

trois ou quatre semaines après la saison du maquereau arriva. Comme il ne faut pas de filet pour faire cette pêche-là, mon mari eut donc son lot comme les autres. Mon père, qui avait un petit bateau, lui en donna le commandement et la maîtrise, et moi j'étais *mousse de terre* pour appeler les autres femmes pour aider à *virer les* bateaux quand ils reviennent de la pêche. Je gagnais encore un écu, ça nous faisait un lot et demi. Ils gagnèrent trois cents francs au lot. Nous fîmes faire quelques meubles les plus nécessaires; nous achetâmes six vieux filets d'un marin qui se démontait : il nous les vendit soixante francs, et autant qu'il nous fallut pour les réparer. Pendant que nous les réparions, nous ne gagnions rien : nous mangions sur le gain à venir. La saison d'aller faire la pêche à Dieppe approchait. Il fallut bien autre chose quand il fut question de faire la *pouche* que l'on a usage de faire au marin pour faire la pêche à Dieppe, il fallut faire faire une paire de grosses bottes de marin de trente francs, une paire de souliers de huit francs, deux paires de balawant, un surouest, un caban, un gros gilet de frot, trois paires de gros bas de laine

120.

4

gris, trois ou quatre pantalons de toile ou laine, celui qui le peut. Nous fîmes tout cela à crédit. Je lui fis une chemise de laine bleue avec une jupe; je lui fis des caleçons avec une jupe blanche. Ça diminuait bien vite de mon côté. Je défis deux draps pour lui faire des chemises. Son sac se fournissait à peu près. Quand il fut parti, j'avais l'enfant à vêtir pour l'hiver. Je fus trouver ma mère, qui me donna la moitié d'une jupe. Je repris le restant dans mes effets. Je ne tardai pas à en trouver le bout. La saison ne fut pas très-avantageuse : ils ne gagnèrent que cent cinquante francs au lot.

L'hiver est toujours long à appréhender pour la pauvre gent, aussi fut-il long à passer. Nous ne tardâmes pas à trouver le bout de ce que mon mari avait gagné. Comme il ne savait aucun autre état que la pêche, nous étions malheureux. Les harengs venant à quitter nos côtes, l'on en prit peu cette année-là chez nous. Sa mère, comme je vous ai dit, qui n'avait aucune intelligence, n'avait jamais travaillé de sa vie et avait élevé sa fille comme elle. Nous étions obligés de donner du pain toutes les semaines pour les nourrir. Le frère de mon mari en nourrissait une et nous l'autre. Nous leur donnions neuf livres de pain la semaine; encore ils n'en avaient pas assez. Nous demeurions auprès d'eux; nous fûmes obligés de nous retirer plus loin. Ils devenaient si malaisés à mon égard, que je n'y pouvais plus tenir. Quand nous fûmes un peu écartés nous fûmes plus tranquilles à leur égard. Pour l'instant, nous demeurions plus près de la mer, dans la maison d'un cordonnier. Nous avions quatre années de ménage, nous avions trois enfants, trois fils. Ma mère vint à mourir : je ne vivais plus que mon père, qui ne tarda pas à manger le peu de bien qu'il pouvait posséder. Il en but plus qu'il n'en mangea. Ma mère lui laissait trois embarcations à l'usage de chez nous et trois logements. Heureusement nous lui achetâmes la maison à fonds perdu, car nous n'aurions rien retrouvé à son décès. Il se maria à soixante-dix-huit ans à une vieille fille qui avait été élevée à l'hospice à Paris; ce qui fit qu'à deux du même accord, ils ne tardèrent pas à voir le bout.

CHAPITRE II.

La cinquième année de ménage, j'étais enceinte du quatrième enfant. La pêche du hareng fut tout à fait manquée. Nous passâmes un hiver bien malheureux : il faisait grand vent tous les jours; il fut impossible de mettre aucun bateau à la mer, pour aucune pêche. Nous fûmes quatre mois sans pouvoir gagner un sou à la mer; mon mari, ne sachant aucun autre état, faisait le manger et soignait les enfants, je filais tous les jours et une partie des nuits. Je ne pouvais gagner que douze sous par jour : le pain valait quarante-deux sous les douze livres. Nous avions usage de manger à crédit entre deux saisons; et puis, quand la saison était venue, nous payions nos dettes, quand nous en gagnions assez; et quelquefois, il en restait un peu et on nous en redonnait tout de même. Mais cette fois-là, je n'osais pas en demander, voyant la pêche manquée; je ne pouvais pas dire : Je vous payerai à la saison. Mais heureusement nous avions fait des pommes de terre dans la terre de la mère de mon mari; elle n'avait pas pu la charger cette année-là; le bon Dieu pourvoit toujours au malheureux. Nous en recueillîmes vingt-cinq boisseaux; nous en mangeâmes vingt-trois à cinq, que nous étions, aussi nous n'avions pas de beurre pour les accommoder : la faim fait trouver tout bon. Nous en mangions bouillies dans l'eau de mer; d'autres, cuites sans eau, ce que l'on appelle cuire au torchon. Nous en faisions de la soupe, bien plus de pommes de terre que de pain sans beurre, salée à l'eau de mer [2].

Cette mauvaise nourriture me rendit une irritation d'estomac, que je toussais jour et nuit sans discontinuer. Je ne me plaignais jamais à personne; nous étions pauvres, honteux, c'est souvent ceux qui souffrent le plus. J'avais bien peur qu'on le sache; mais l'enfant n'avait jamais jeûné une heure, ça me faisait de la peine quand il me demandait du pain. Quand je n'en avais pas à leur donner ni à leur père, je n'osais les regarder fixement, crainte de leur voir un air triste. Le cordonnier, qui s'en doutait, me disait : Quand tu n'auras pas de pain, tu me le diras; je ne veux pas que tu jeûnes, vu que tu es enceinte. Je ne lui ai en jamais demandé : je voyais les enfants de ses pratiques qui étaient riches; quand ils venaient pour chercher des souliers, on leur donnait des grandes dorées [2]. Je disais : Ils en ont chez eux; et les miens, qui n'en ont point, on ne leur en donne pas. Je les cachais pour qu'ils ne voient pas manger les autres, de peur de leur faire envie. L'hiver s'écoulait toujours peu à peu dans cette triste vie. Mon irritation ne se passait pas. L'un, me disait : Il te faut du renforcement; l'autre, me disait : Il faut parler au médecin. Je parlais quelquefois à des personnes plus anciennes, voir si elles n'avaient pas été comme moi. L'une, me disait : Il faut mettre une chemise de laine sur la peau; l'autre disait : Il faut ne plus aller à la fontaine. Je trouvai une vieille marchande qui me dit : J'en ai guérie une comme vous, croyez-moi, achetez une bouteille de vin blanc, prenez-en une cuillerée, quand vous vous sentirez faible. Je n'avais pas d'argent, mais la fête

de Pâques s'approchait. Je pris la hardiesse de demander à un cultivateur de chez nous que je connaissais s'il n'avait pas un cent de blé à me vendre, que je lui payerais à la saison du maquereau. Il me dit : Oui, mon enfant, apporte ta pouche, que je te la mette au moulin ; on nous a apporté la farine au bout de deux jours.

Je ne puis vous estimer la joie de mes pauvres enfants quand ils aperçurent la pouche. Pendant que nous avons mangé cette farine, j'ai filé quelques livres de lin, et puis j'ai acheté une bouteille de vin qui m'a coûté trente-deux sous. J'en ai pris un peu à jeûn le matin et un peu quand j'avais mangé; j'allais mieux de jour en jour. Après, j'ai acheté une bouteille de poiré en bouteille avec une branche d'absinthe que je fis tremper vingt-quatre heures dedans, qui me guérit radicalement. La saison du maquereau arriva, et nous oubliâmes bientôt le mauvais temps que nous avions passé, quoique le pain restât toujours cher toute l'année. Le 2 d'août, j'accouchai d'un fils, ce qui nous faisait quatre ans. Mon mari, content dans sa misère encore d'avoir des garçons, me disait : — Bon, voilà des matelots qui vont pousser avec le temps; nous viendrons peut-être plus heureux quand ils seront grands. Il se trouva qu'un marin de chez nous avait une petite barque qu'il voulait vendre ; il demanda à mon mari s'il voulait l'acheter. Mon mari lui répondit : — Je voudrais bien, mais je n'ai pas d'argent pour te payer. Le marin lui répond : — Tu me le payeras quand tu pourras, j'ai besoin d'argent à la Saint-Michel, tu m'en donneras la moitié, et l'autre moitié à Pâques, si tu le peux. La petite barque n'était pas chère : il nous l'a vendue soixante-dix francs. Sitôt quitte du maquereau, il fit valoir la petite barque seul, car ses garçons étaient encore trop jeunes; nous faisions usage du varech [1] tous les ans; nous avions une place de roche tout près notre village. Quand il ne faisait pas beau temps pour naviguer dans la petite barque, nous allions arracher du varech (un métier bien dur). A l'heure de la marée, dès jour six heures chez nous , je me traînais sur les deux genoux dans l'eau pendant que mon mari emportait le varech sur le galet pour le faire sécher ; j'avais bien du mal à l'entretenir; c'était bien dur à arracher; j'en avais les ongles brisés , et même jusqu'au bout des doigts. Nous emportions nos enfants avec nous ; aussi , ne pouvant pas les laisser seuls chez nous , les plus grands soignaient les plus petits. Quand la marée était finie, fallait la fatiguée il fallait s'en retourner les bras chargés d'enfants, un autre sur le dos, l'autre qui tenait mon tablier ; mon mari restait à étendre le varech pour le faire sécher. En arrivant à la maison, point de manger de prêt ; les enfants crient la soupe, l'autre qui voulait le sein; il fallait que je monte au grenier pour descendre du bois; pas d'eau tirée du puits; le père qui allait arriver, qui allait demander à manger. C'était le moment de courir au plus vite, quelquefois la marée pas encore préparée. S'il montait un grain de pluie, il fallait recourir ramasser le varech , retrainer les enfants avec soi ; s'il y en avait de sec, il fallait le porter à l'abri de la pluie, et tous les jours à recommencer. Quand j'allais à la fontaine, je partais de grand matin avant qu'il ne soit levé; quand je voyais l'heure du réveil arriver, je recourais à la maison ; quand j'approchais, j'entendais pleurer à vingt-pas loin ; quand j'entrais, c'était comme des petits oiseaux que leur mère leur apporte à manger; ils tendaient la main et le bec; je recourais comme à l'usage vite pour le déjeuner. Je voyais quelquefois, en revenant de la fontaine, le père qui revenait avec son canot ; il fallait que j'aille lui aider à le tirer de l'eau. Je ne savais souvent pas auquel obéir. Plusieurs années se passent de cette sorte. Le fils aîné commençait à vouloir aller à la mer avec son père: comme il avait de l'intelligence précoce, il ne tarda pas à soulager son père un peu ; il lui tenait compagnie, il causait avec lui étant en mer. Comme il l'aimait beaucoup, ce garçon, il lui plaisait extrêmement de l'avoir avec lui. Il passa plusieurs années en allant toujours avec son fils aîné, jusqu'à ce que les autres fussent un peu plus grands.

CHAPITRE III.

La septième année, mon mari, voyant que la pêche du hareng était tout à fait manquée , résolut d'apprendre à faire du calicot. Nous étions , comme à l'usage, sans argent pour avoir un métier ni pour payer l'apprentissage. Nous trouvâmes le fils d'un vieux boucher qui n'avait guère envie de travailler chez lui, nous fîmes prix par un louis pour lui apprendre. Il savait très-bien lui montrer , car il travaillait bien quand il voulait; mais quand il était chez nous, il s'y tenait trop longtemps. Son père l'empêcha de revenir. Voilà mon mari resté sans pouvoir tisser, ne sachant pas comment faire. Il se trouva un vieux barbier qui lui dit : — Tiens, je veux t'apprendre pour rien. Ce bon homme venait quelquefois en passant ; mon mari tissait à son idée ; enfin, mal monté, il lui fit une pièce sans lisière. Le bourgeois voulut le frapper quand il vit son ouvrage gâté, et puis il réfléchit et dit : — C'est un malheureux, je le sais, il a été mal montré, et puis, toute réflexion faite, il lui paya la façon de sa pièce, mais il ne lui donna pas de chaîne pour recommencer.

Il fallait retourner chez un autre commissionnaire ; l'autre ne savait pas qu'il ne savait pas travailler, il lui donna une. Il travailla un

---

[1] La douane n'avait pas encore défendu aux pauvres gens de puiser de l'eau à la mer.

[2] Tartines beurrées.

[1] Récolte d'algues et d'herbes marines que l'on brûle pour en faire de la soude.

peu mieux de chaîne en chaîne ; il devint ouvrier ; il ne fut pas sitôt ouvrier , que les façons vinrent à diminuer. Le cinquième enfant vint, il fallait que je fasse des trames avec l'enfant sur mes genoux : il était méchant comme on n'en voit guère. Je gagnai un mal dans le dos à ne pas pouvoir tenir. Je ne savais pas trop comment faire : j'appris à l'aîné à faire des trames, il en fit très-bien, il me soulagea bien de ce côté-là. A la fin de l'hiver il se trouva la gremillière chez nous : le fils aîné fut pris de mal le premier ; le second fit de la trame à sa place , et au bout de huit jours il fut pris aussi, et ensuite les deux autres. Les voilà tous quatre dans le lit, je n'avais que la cinquième, qui était une fille, qui n'avait pas la gremillière, mais bien aussi pire, elle ne venait pas du tout, elle avait le ventre enflé, et ne faisait que haleter, toujours courte d'haleine. Voyant tous mes enfants dans cette situation, je demandai un médecin ; il vint les voir, les découvrit tous quatre pour voir leur gremillière, si elle était bonne ; quand il les vit, il dit : Bon, mes petits enfants, vous êtes bien, la gremillière est bonne, il ne faut que des soins. Ce bon médecin, voyant que je n'avais pas grands moyens, me dit : Je n'ai pas besoin de revenir, vous ne les mettrez pas à l'humidité, vous ouvrirez vos fenêtres quand il fera soleil ; et puis il me fit faire de l'eau de riz avec de l'eau d'orge pour ceux qui en avaient besoin. Et puis je lui montrai ma petite fille que je tenais dans mes bras, que j'avais grande envie aussi de réchapper : il me dit de la nourrir au riz bien longtemps, et puis de lui donner un peu de vin blanc, qui lui fit bien. En peu de temps elle fut rétablie, et mes fils faisaient bien aussi.

Mon mari tissait toujours et ne gagnait pas la moitié de ce qu'il nous fallait ; le pire était que nous n'avions pas de bois pour réchauffer les malades. Quand ils se sont relevés du lit, j'avais brûlé le peu que nous en avions à faire cuire l'orge et le riz. Une vieille femme, qui se disait connaître un peu la médecine, venait les voir quelquefois ; elle s'en aperçut et elle me dit : Tu n'as pas de bois pour chauffer tes enfants? Je dis non ; j'ai brûlé le peu que j'en avais. Un jour elle vint le soir en m'apportant une brassée de fagots, nous en eûmes pour quelques jours. Après , je pris la hardiesse d'aller chez un marchand de fagots à une demi-lieue de chez nous; je lui demandai un quarteron de fagots ; il ne me connaissait pas; il me demanda mon nom, je le lui dis ; je tremblais en annonçant le mot de crédit. Je dis comme d'usage : Je vous payerai à la saison ; je nous en apporta de suite. Je revins de suite à la maison, je dis à mon mari : Nous sommes encore sauvés une fois : voilà du bois pour chauffer nos pauvres enfants. Je les mis hors du lit à trois en arrivant, pour voir s'ils pouvaient tenir un peu levés; ils y tinrent bien une heure; et puis je les remis au lit pour la nuit, ils n'en reposèrent que mieux. Et moi, bien satisfaite de les voir se lever un peu tous les jours suivants, je les levais vers midi; quand il faisait du soleil, j'ouvrais les fenêtres pour leur donner un air frais ; je leur portais les soins qu'une mère doit à ses enfants, j'avais grandement peur, car j'aime beaucoup mes enfants. Le 26 mars l'on a usage chez nous d'aller sur la côte prier la sainte Vierge ; le père et la mère y vont avec leurs enfants. Le deuxième, pendant que j'étais partie à l'eau, s'échappa sans que je le vue aller ; il faisait humide, je cours après lui, je le rejoins au pied de la côte; je l'apporte dans mes bras bien vite; je fais grand feu pour le réchauffer; il avait son cou tout tors, la tête couchée presque sur l'épaule. J'eus recours au médecin bien vite : il lui fit mettre un vésicatoire de suite et des lisières d'étoffe pour tirer sa tête de l'autre côté; il en eut pour six semaines; encore il en conserva toujours un peu.

Pendant tout cela, je me trouvai enceinte du sixième enfant, nous le perdîmes aussitôt qu'il fut né; et, au bout de quatorze mois, nous eûmes le septième enfant, et toujours dans la même situation, toujours dans la misère. Au bout de quatorze mois, huit enfants, mon mari se décourageait de plus en plus. Quand l'hiver était venu et qu'il fallait tisser, il me disait : Je n'ai plus le courage de travailler; je gagne trente sous par jour; il nous faut trois francs. Je lui disais : Eh bien, mon pauvre homme, que veux-tu faire, c'est en espérance la saison du maquereau, et puis tu iras dans la petite barque depuis la saison du maquereau jusqu'à la saison de Dieppe. Voilà les garçons qui grandissent. Nous apprîmes à l'aîné à tisser ; il travaillait bien assez, il pouvait à peu près gagner le temps que le père perdait à lui montrer. Tout cela ne faisait que la même gagne; pensez combien de choses manquent au besoin quand on n'a pas d'argent. Il y avait toujours du pain et tas de vêtements : à force de prendre à la huche on en trouve bientôt le fond. Il me restait une jupe de drap de Reims, je l'avais épargnée malgré moi, vu qu'elle ne pouvait pas aller avec mes autres habillements; mon mari me la demande pour lui faire un pantalon et un gilet de dessous, je la lui donnai pour le contenter. Il me dit : Je t'en donnerai une autre quand j'en gagnerai à quelque bonne saison. Je lui dis : Oui, comme les autres : à présent on peut bien écrire sur l'armoire : Maison à vendre ou à louer.

CHAPITRE IV.

La saison de Dieppe suivante ne fut pas très-bonne, et voyant la maison pleine d'enfants, mon mari était hors de lui de chagrin, disant : Cette fois, comment allons-nous faire ! Dans moi j'étais aussi

inquiète que lui : comment passer l'hiver! Je ne voulais pas lui dire. Je lui disais : Va, nous allons travailler. L'aîné qui entendait son père s'inquiéter lui dit : Papa, je vais vous aider, nos petits frères vont nous aider à faire des trames ; vous allez voir que nous gagnerons le pain à nous deux. — Le père dit : Ah ! oui, la moitié, tout au plus, nous voilà dix personnes. Je me mis à rire en lui disant : Eh bien, quand tu es en mer, que tu rencontres la marée contraire, tu files ton ancre pour ne pas aller tant en arrière; quand il faut faire de même chez nous. S'il faut ne gagner que la moitié, le boulanger nous avancera l'autre, nous lui payerons comme à l'usage à la saison du maquereau. — Cette fois-là c'est manqué, nous ne pourrons jamais gagner assez à notre saison du maquereau ; la petite barque est usée, il nous en faut une autre, nous pouvons pas l'avoir. Je vais aller au Havre chercher une place dans un vapeur pour passer l'hiver ; je t'enverrai cinquante francs par mois et moi nourri ; ça nous fera du bien. Il fut au Havre, il trouva une place, il revint chercher quelques effets pour lui servir à le couvrir pour l'année, et puis il retourna de suite. Je restai avec mes enfants; j'étais bien triste, l'aîné qui était si raisonnable pour son âge me dit : Ma mère, je vais vous tenir compagnie, je vais travailler avec vous. Mais c'était encore un ouvrage de plus pour moi : il fallait que je lui pare ses trames pour tisser, quand j'étais à la fontaine, il ne pouvait travailler que je ne fusse revenue pour lui gréer son métier, j'avais déjà bien assez d'ouvrage sans cela. Aussitôt que mon mari fut sorti du Havre pour aller à Paris, il fit une grande gelée qui dura sept semaines, la terre était couverte de neige, de sorte que mon mari resta en rivière sans pouvoir revenir. Il fallait voir les froids que j'ai endurés; pendant ce temps-là, il fallait que j'aille à la fontaine tous les jours, comme je n'avais pas beaucoup de linge, il fallait que je sèche au feu journellement les draps et les couches des petits. Je n'étais pas sitôt quitte de faire sécher qu'il fallait raccommoder; plus d'une fois l'horloge avait sonné minuit que j'étais encore à travailler. Quand je me couchais, les enfants criaient, aussitôt je me relevais : je donnais le sein à l'un ; je remettais du linge à un autre; enfin, bien des nuits je ne chauffais pas mon lit. Il y avait une bonne dame, madame Morin, qui demeurait auprès de nous, qui m'apporta un peu de linge pour leur faire quelques chemises : c'était la belle-mère d'un ancien notaire; elle m'était bien bonne en me voyant ménager tous nos enfants. Elle me disait : Je vous compare à votre mère qui en a eu treize, je la voyais souvent ménager ses enfants. Aussi, heureusement que j'ai appris à coudre pour moi-même, je faisais bien tout ce qui était utile à mes enfants. Cette bonne dame, voyant que je mettais en pratique ce qu'elle me donnait, m'apporta souvent quelque chose utile à leurs besoins. Au bout de cette semaine je reçus une lettre de mon mari, qui me dit qu'il s'ennuyait beaucoup au loin là , et pour savoir comment le grand froid s'était passé. Et il me dit qu'aussitôt arrivé au Havre il va revenir à la maison en permission, et que si je voulais qu'il débarque je le lui fasse dire. Je ne demandais pas mieux que de le voir revenir ; je me trouvai au Havre à son arrivée et je le ramenai avec moi à la maison. Il nous apporta soixante francs que je donnai de suite au boulanger. Mon mari fut bien content, en entendant dire que l'on allait travailler à faire un canal chez nous ; il parla à notre propriétaire, dans ce moment nous demeurions dans la maison d'un ancien capitaine des gardes-côtes , il s'empressa de parler pour lui à l'ingénieur et il travailla. Comme les marins n'aiment pas à être enfermés, prix pour prix, il aima mieux le dehors , il travailla jusqu'à la saison du maquereau. Depuis plusieurs saisons mon mari allait sous maître, vu que les bateaux de mon père étaient usés, il n'en avait pas d'autres à commander.

Pendant qu'il travaillait au canal, un monsieur qui demeure au château (M. Fauvel) vint chez nous, avec notre propriétaire, me dire d'aller chercher mon mari pour lui parler; qu'il voulait faire un bateau de pêche pour le hareng, et, comme il connaissait pour bon marin, il voulait lui donner un commandement. Je fus le chercher, il vint de suite, et lui promit de le commander. Cette nouvelle encouragea un peu mon mari et il me dit : A présent nous nous ferons deux lots notre âiné va venir avec moi. Nous mîmes le deuxième mousse de terre pour appeler les femmes, pour virer [2]; comme chaque homme fournit sa vireuse, il fallut que j'en loue une pour virer pour le fils, et moi, je virais pour le père.

J'étais enceinte du neuvième enfant; j'en accouchai pendant la saison; mais heureusement que le lendemain de ma couche, je retravaillai de suite à la besogne de la maison, et ne tardai pas à faire celle du dehors. Comme il fallait être relevé de l'église au bout de neuf jours, j'ai relevé, car je n'osais y aller plus tôt, Dieu me faisait cette grâce-là. M. Fauvel ne voulant pas la garder [3] chez lui, comme c'est l'usage de la faire chez le bourgeois, on la fit chez nous; ce monsieur nous apporta du bois pour la faire cuire, mais il me manquait encore bien autre chose : pas de vaisselle assez, pas assez de chaises, pas de verres ; je courais à chaque caudraie chez les voisins, et petit à petit je me fournissais un peu à la fois.

[1] De ne pas voir la mer.

[2] Tirer ses bateaux sur la plage au moyen d'un cabestan.

[3] La chaudière. — Repas que font les marins ensemble le samedi soir. — On ne pêche pas le dimanche.

J'avais bien du tourment, je craignais que les enfants ne crient trop fort; je courais vite à l'un et à l'autre pour les faire taire et leur donner ce qu'il leur fallait. La saison du maquereau finie, il fallut faire faire une petite barque, nous n'avions, comme d'usage, pas le sou; nous avions donné tout aux créanciers, mais comme nous avions usage de payer aussitôt que nous en gagnions, on ne nous refusait jamais le crédit.

Le charpentier (Coquin) nous dit : — Je t'en ferai une tout de même; et comme nos garçons grandissaient tous à la fois, son équipage devint bien bon, ils aimaient tous l'état de marin, excepté le troisième qui avait toujours peur. Il disait : Moi, j'aime tisser ! nous avions déjà bien des filles (car les cinq derniers enfants étaient cinq filles), je leur apprendrai à tisser. C'était un enfant si doux, que jamais je ne lui ai vu de colère; il avait la patience de leur montrer bien plus que le père, car il est un homme vif et turbulent par instants; il faut le connaître pour pouvoir le pratiquer; il ne m'effarouchait jamais de ses raisons, vu que je le connais. Ce troisième fils n'alla pas à la pêche comme les autres, il resta à la maison.

Mon mari, dans sa petite barque, cette année-là, gagna bien, depuis la saison du maquereau jusqu'à la saison du hareng, la valeur de trois cents francs; nous payâmes un peu de nos dettes, et puis on se gréa pour la saison du hareng; c'était toutes les années à recommencer à faire des filets et gréer la pouche.

Le moment d'armer pour Dieppe étant venu, on fit donc la caudraie chez nous; on apporta le pot-au-feu et la grillade au cuisinier, comme c'était moi qui étais le cuisinier, je mangeai ma part de la grillade, qui me semblait bien bonne, car je n'en mangeais pas souvent. La caudraie cuite, les matelots arrivaient, prenaient leur part de la caudraie avec leurs enfants, trois, quatre, six, s'ils les avaient, car c'est une fête que la caudraie pour les enfants. On leur donne une grande gamelle de soupe tous ensemble, et puis on leur donne de la viande sur leur pain, et on les envoie chez eux pour que leurs pères puissent deviser, car quand ils sont là on ne s'entend pas parler; quand ils sont partis on entend les matelots; on les entend dire : Il faut espérer que nous en prendrons cette année s'il fait beau temps, nous en avons besoin. L'un dit : Mais il y a un an nous en avons manqué; l'autre dit : T'en souviens-tu, quand nous avons été voir à la raie de ce grand bateau? il y en avait plus d'un cent à la raie, si nous avions mis auprès de lui, nous en aurions pris de bons. L'autre dit : Nous mîmes trop à terre, c'est ce qui nous fit du mal; l'autre dit : Nous avions trop d'afalage, les harengs étaient à fleur d'eau, cette année nous y prendrons garde. On dirait à les entendre qu'ils les tiennent dans leurs filets. Après tous ces discours ils vont se coucher, prêts à partir le lendemain s'il fait beau temps. Étant de retour de la pêche, s'ils ont gagné quelque chose, on les entend dès en mer crier leur mousse : Es-tu paré; les tours sont-ils prêts? Le mousse dit oui ou non. On les entends de bateaux en bateaux gazouiller, on dit : La pêche est bonne; et qu'au contraire s'ils n'ont rien pris, ils échouent sans rien dire, et puis ils crient : Vire donc vite! en grognant. Et puis quand le bateau est viré, chacun prend sa pouche que le mousse met à terre, et puis on s'en va chacun chez soi; on ne parle pas trop de la caudraie du lendemain; car quand ils gagnent quelque chose, ils font une caudraie pour séparer leur argent; on envoie le mousse payer partout où l'on doit, et puis on sépare le reste. Il faut voir le lendemain toutes les femmes de matelots aller avec leur bourse payer le boulanger et autres, et puis se rhabiller un peu pour l'hiver ! Cette saison-là fut bien avantageuse pour le gain et bien malheureuse d'un autre côté; car il se perdit un de nos bateaux en arrivant chez nous, chose que nous n'avions pas vue de notre connaissance et de celle de nos pères : il rapportait sept mille francs avec lui; tout fut perdu, corps et bien. Quand ce malheur arriva, j'étais enceinte du dixième enfant; je gagnai une émotion que mon enfant porte avec lui qui nous fit bien du mal. L'enfant, à l'âge de dix mois, fut prise de mal, elle en a eu pour deux ans, et puis elle revint bonne, grâce aux soins. Il nous vint un autre enfant au bout de quatorze mois.

CHAPITRE V.

Mon mari, dans sa petite barque, pendant plusieurs années de suite, gagna beaucoup d'argent; le poisson était à quantité dans nos côtes; il faisait toujours de la même pêche, qui était du gros poissons congre, morue, raie. Tout cela se pêche avec des cordes que l'on attache des hameçons dessus avec un appât qu'on y met; les mêmes cordes dont on fait usage sur le banc de Terre-Neuve. Quand les poissons qu'on met pour faire les appâts viennent dans nos rochers, on gagne toujours quelque chose; quand il fait un grand hiver, ils meurent; et, faute de ces poissons, que l'on appelle chatrouilles, nous ne pouvons gagner notre vie; et pour les attraper dans les rochers il faut connaître la manière. Mon mari était un des meilleurs pêcheurs; pendant qu'il gagna quelque chose, nous payâmes un peu des dettes anciennes les plus pressantes; nous fîmes quelques filets pour les garçons, qui voulaient faire la pêche du hareng. Comme il faut six filets pour avoir son lot à la pêche du hareng, ils ne voulaient pas aller à demi-lot, on leur en fit quelques-uns. Pour l'aîné, comme il était extrêmement

fait et grand pour son âge, on parlait de le mettre dans un autre bateau, pour ne pas aller tous ensemble dans le même bateau, crainte de malheur, pour ne pas perdre toute la famille ensemble. Je différais pour qu'il ne quitte pas son père, croyant toujours qu'il serait perdu avec d'autres qu'avec lui. Cet enfant m'était si bon et si instruit, que je trouvais bien des consolations dans lui; s'il me voyait triste, il me demandait : Qu'avez-vous, ma mère? Je lui disais ce qui me chagrinait; il essayait toujours de mettre du remède à mon mal. Toujours une humeur riante, une jolie figure, des cheveux en boucles autour de sa tête, et un bon caractère; je ne lui ai jamais vu de colère; je m'admirais quand je les voyais tous ensemble, les quatre frères, tous d'une bonne prospérité et bons enfants, ils me disaient : Ma mère, nous ne vous demanderons pas d'habillement, vous savez aussi bien que nous ce qu'il nous faut; vous nous en donnerez quand vous pourrez. En effet, dans les saisons, quand on gagnait quelque chose, je leur en donnais quelque morceau, et puis je leur faisais des contents quand je leur donnais quelques sous pour faire le garçon le dimanche; ils me les prêtaient la semaine en me disant : Vous nous les remettrez dimanche, si vous en avez. Dans cette époque, nous avions douze enfants, quatre garçons et huit filles; le père, qui n'aimait pas beaucoup les filles, n'était pas plus fier; mais comme on recueille ce que l'on sème, il appelait ses fils mes garçons; et s'il parlait des filles, il disait : tes filles.

CHAPITRE VI.

Mon père, après avoir vécu quatre-vingt-quatre années, vint à mourir la quinzième année de mon mariage; je n'espérais pas recevoir grand chose à sa mort, mais je ne m'attendais pas à payer pour ses dettes soixante francs pour ma part. Comme nous étions onze personnes dans le moment, et qu'il nous revenait deux corps de bâtiment que nous avions achetés sur sa tête, nous ne pouvions pas nous y loger sans y faire des frais. Nous trouvâmes un ami qui nous prêta mille francs à cinq pour cent, pour faire relever nos deux bâtiments. Nous logeâmes dans le haut, nos enfants tissaient dans le bas; nous n'eûmes pas assez des mille francs, cela nous coûta dix-huit cents francs. Nous fûmes obligés de demander crédit pour le reste; les couvreurs ne furent pas payés, ils nous dirent marché faisant qu'ils ne nous gêneraient pas; mais nous trouvâmes bien le contraire, les échelles étaient encore debout qu'ils nous demandèrent de l'argent. Nous n'en avions pas, nous fûmes obligés de faire pour trois cents francs de billets à ordre, la moitié à payer au bout de six mois, et l'autre moitié au bout d'un an. Le premier étant échu nous n'en n'avions pas tout à fait assez, on nous prêta le restant, nous fûmes encore dégagés à peu près sans frais. La saison du maquereau fut à peu près bonne, nous rendîmes ce que nous avions emprunté pour payer, l'autre payement revint bien vite, il ne nous restait pas un sou quand nous eûmes rendu l'emprunt que nous avions fait, la Saint-Michel vient toujours trop vite quand on doit y payer. Nous avions un an de rente des mille francs, et cent cinquante francs de billets, ce qui nous fit deux cents francs. Notre onzième enfant qui était bien malade au moment du payement, il fallait que je marche pour faire les emprunts; je n'avais personne pour soigner mon enfant, je n'avais qu'une sœur qui jamais n'était venue chez nous quand j'avais mes malades; je fus forcée un soir de lui dire de m'obliger, seulement un moment, de rester un petit moment chez nous, qu'il fallait que je sorte malgré moi, sans lui dire où j'allais, car je ne disais jamais mes affaires à personne. Je la pose auprès du berceau de l'enfant précipitamment seulement; je cours bien vite de maison en maison, là où je croyais en trouver. J'entrais en disant : Prêtez-moi cinquante francs, à un autre j'en demandais cent en disant d'un air un peu embarrassé : Je vous rendrai après la saison de Dieppe. On m'en donna de suite et je revins bien vite chez nous; ma sœur criait après moi : D'où viens-tu? tu me laisses là, tu sais que je ne veux pas rester avec tes malades. J'étais bien soulagée pour le payement, mais pas pour mon enfant; le lendemain les billets arrivent, mon enfant à la mort, je ne pouvais pas seulement descendre pour les payer pour quitter mon enfant; seule, je courais d'un côté et de l'autre, bien triste. Vous devez penser combien un enfant est cher à une mère; la pauvre enfant mourut le soir. J'oubliai bien vite les embarras des payements et pas les peines de l'enfant, et elle n'avait cependant que dix mois.

La saison du hareng à Dieppe approchait; l'on part souvent quinze jours après la Saint-Michel; il fallait se mettre à gréer les effets du père et des enfants pour se disposer à partir. Comme mon mari était rarement à terre, quelquefois il quittait la petite barque de suite et retournait dans une autre; j'avais bien des fatigues à la maison, et lui en avait bien plus que moi en mer et au rocher. Bien des fois, en arrivant de faire la pêche des chatrouilles, quelquefois de trois lieues loin dans les rochers, en arrivant sans venir à la maison, lui porter à manger sur le perrey à lui et à ses enfants, de suite repartir pour la mer, tendre ses cordes, revenir à neuf ou dix heures du soir, ne pas avoir le courage de manger par la fatigue; sa chemise mouillée par la sueur, d'autres fois par la pluie et la mer; se relever à deux heures pour recueillir ses cordes, et tous les jours à recommencer le projet. Mais aussi, quand j'avais quelque embarras plus fort que d'usage, je lui disais : Aide-moi un peu, il me répondait : **Fais ton métier et moi le mien.** Nous en avions assez tous deux que de chacun le nôtre ; le mien était bien dur, et le sien était dur et exposant ; car durant l'hiver, il n'y avait aucune pêche à faire dans nos côtes, quelquefois un peu de merlan, mais rarement. Mon mari était obligé d'aller dans la roche sous falaise pour tailler du caillou que nous vendions dix francs le mille ; il ne faisait pas grand gain, mais ça lui convenait mieux que de tisser. Ainsi, quand il est en mer, il est exposé au mauvais temps ; quelque vague de mer pourrait l'engloutir sous falaise ; il peut lui tomber quelque pierre qui peut le tuer. Quand il est parti d'un côté ou de l'autre, je suis toujours inquiète, quand je le vois un peu en retard, et c'est toujours vivre inquiète et toujours dans la misère. On dit que l'on s'habitue à tout : c'est bien vrai, mais quelquefois, quand on a un petit moment de réflexion, que l'on a le moment de penser, je dis quelquefois : Mon Dieu ! quelle vie ! que je suis malheureuse ! Quelquefois tout à coup, je dis : On dit qu'il faut faire pénitence : si je la fais dans ce monde, je ne la ferai pas dans l'autre. On dit que faire son ouvrage avec patience, que c'est faire son salut ; élever ses enfants dans la crainte de Dieu, mais le pire est que je ne pouvais pas seulement leur faire prier Dieu le soir. Quand je le faisais prier à un, l'autre criait maman, les autres leur discutaient ; j'étais obligée de faire relever celui qui était à genoux, sans pouvoir lui faire faire une prière entière, et je fus obligée de les faire mettre à genoux tous ensemble, et moi dans le milieu et prier tous ensemble. Quand les plus petits étaient au lit, je mettais les plus grands auprès de moi pendant que je réparais leurs habillements pour le lendemain ; je leur donnais un livre avec une croix de Dieu, selon comme ils savaient, et puis je les faisais lire ; quand ils devenaient plus grands, je les envoyais à l'école. Ils épargnaient le peu d'argent que je leur donnais le dimanche pour payer leur école ; quand les plus grands venaient à être plus savants que moi, ils apprenaient aux plus petits, ils me tiraient de cet embarras ; les voisins qui venaient chez nous, voyant ces enfants faire l'école ensemble, s'admiraient de les voir ; ils étaient plus paisibles avec leurs frères qu'avec moi : ils les prenaient si doucement qu'ils leur faisaient faire tout ce qu'ils voulaient ; je ne les ai cependant jamais frappés pour dire, mais quelquefois la patience m'échappait à crier un peu fort pour les faire obéir ; ils venaient à se faire à mes emportements, ils n'y pensaient plus. Il ne faut pas crier après des enfants pour se faire craindre, on est plutôt servi à les prendre par la douceur ; quand on crie après eux, ils vous haïssent ; prenez-les doucement, ils vous font des caresses journellement, et vous obéissent de suite. Quand ils sont grands, ils n'ont pas à vous dire : — Vous m'avez élevé durement, vous m'avez battu. J'en ai fait une fois frapper un par le père, il ne l'a jamais oublié en me disant : — J'ai été battu une fois par votre faute.

CHAPITRE VII.

Comme la pêche du hareng ne fut pas forte cette année, et que nous avions bien besoin d'argent pour payer bien des choses, la saison du maquereau et celle de la petite barque ne furent pas bien avantageuses non plus. Le père et les enfants tinrent conseil de ce qu'ils devaient faire pour le plus avantageux. Le fils aîné dit : Moi, papa, j'irai dans les grands bateaux, ça fera que nous en aurons des deux côtés, si un côté manque peut-être que l'on rappellera. Je voulus m'y opposer en disant que dans les grands bateaux on endurait toutes les rigueurs du temps, que l'on couchait pendant six semaines à la mer ; que s'il venait mauvais temps, pendant ce temps-là j'aurais bien de l'inquiétude et bien de la peine, que depuis la paix il y avait beaucoup de monde resté là perdu. Le père me répond : Tiens, si on regardait à sa personne, personne n'irait ; il est d'aussi vieux marins comme de vieux bergers. Le samedi suivant il va à Fécamp avec un camarade s'accommoder pour la pêche ; il revint à la maison et dit à son père : Je suis accommodé avec Charles Monnier. Son père lui dit : Ce n'est pas un grand pêcheur, mais c'est un homme bien prudent à la mer ; tu auras plus d'aiseté qu'avec tous les autres. Le fils, qui n'avait jamais été qu'avec son père dans nos petits bateaux, n'avait pas beaucoup d'effets à lui seul.

Comme étant à l'âge de 16 ans et demi aussi fort que son père, ils mettaient les effets l'un de l'autre. Pour se séparer, je fus obligé d'aller, comme à l'usage, à crédit lui faire faire une quantité d'effets pour lui faire sa pouche ; nous achetâmes son filet ; nous fîmes 200 francs de frais en filets et effets. On gagnait depuis 6 à 800 francs au lot dans les grands bateaux dans ce temps-là. Nous disions : Nous gagnerons nos frais au moment du départ. Je lui disais : Mon Dieu ! que j'appréhende ton départ ; quand je verrai de grands coups de vent, je saurai bien que tu seras en mer ; où me mettrai-je pour ne pas entendre le vent souffler ? Combien j'ai hâte que tu sois de retour pour savoir comment tu seras, toi qui n'as jamais enduré de grands coups de vent avec ton père.

— Aussi, me dit-il, vous verrez que je n'aurai pas peur ; aussitôt rentré dans le port, vous verrez que je reviendrai vous voir de suite, jour

ou nuit. Je n'ai jamais marché de nuit seul, mais je viendrai vous annoncer mon arrivée dans le port.

Comme nous avions un prêtre depuis quelques années qui était un peu difficile pour la communion, il exigeait que l'on sût le gros catéchisme ; beaucoup ne pouvaient pas l'apprendre, et bien des garçons surtout étaient restés sans faire leur première communion. Nous en avions trois chez nous en âge de la faire qui étaient restés aussi. Ce prêtre vint à mourir ; il nous en vint un autre. Dès son arrivée, il fit faire la première communion aux plus grands, surtout à notre fils aîné et à un camarade qui partait avec lui ; ils communièrent quatre jours avant de partir ; nous assistâmes à la messe toute la famille. Ce fils était si joyeux, qu'au retour de la messe il va se jeter au cou du prêtre pour le remercier ; il lui donna un baiser de joie qui valait une couronne. Je pleurai de joie de voir un enfant aussi satisfait qu'il était : en arrivant à la maison il me dit : Mère, à présent je peux partir et aller à la mer, je possède celui que je désirais depuis longtemps.

Quatre jours après il partit pour Fécamp armer son bateau : le premier soir ça m'était à charge d'en voir un autre manger la soupe dans son plat. Je dis : Grand Dieu ! quel effet ça me fait de voir cet enfant partir ; il était l'aîné de douze dans l'instant, le douzième avait trois mois au moment de son départ. Je fus à Fécamp le lendemain pour l'approvisionner de vivres et de tout ce qui lui fallait.

Comme nous n'étions qu'à 19 années l'un de l'autre, on lui demandait sur le quai quelle parenté nous avions ; il leur répondit : C'est ma sœur, riant comme d'usage. Il me dit, quand nous fûmes écartés des marins : Ils croient que vous êtes ma sœur, ne me vendez pas avant de partir ; je leur dirai au revoir.

Quand nous eûmes fait ses provisions, je revins bien vite à la maison ; car depuis longtemps je n'avais pas quitté la maison d'un moment. Dans le moment, nous apprêtions les filets du père pour partir pour la saison de Dieppe.

CHAPITRE VIII.

Au moment où mon mari allait partir pour aller à Dieppe, il avait fait deux grands coups de vent ; nous étions bien inquiets comment ça s'était passé au sujet de notre fils aîné. Plusieurs grands bateaux de Fécamp étaient de retour de leur démarrage ; nous nous informions à tous les gens de ces bateaux s'ils ne les avaient pas vus ; aucun d'eux ne les avait vus. Mon beau-frère était dans le moment ; il nous dit qu'il les avait vus après le premier coup de vent, mais que le deuxième était plus dur que le premier.

Ça ne nous rassurait pas. Mon mari, prêt à pousser au large, me dit : Tu iras à Fécamp voir si on les a vus ; tu m'écriras de suite, car je suis bien inquiet de savoir où il est. Je différai encore quelques jours ; je demandais à tous les pays qui arrivaient ; aucun ne les avait vus. Mon mari, de son côté, demandait aux marins de Dieppe à mesure qu'ils arrivaient ; ils ne l'avaient pas vu non plus. Il m'écrivit une lettre, et me disait : Il m'ennuie beaucoup de ne pas avoir de nouvelles ; demande aux gens de Fécamp s'ils ne l'ont pas vu. Je ne voulais pas le décourager ; je lui dis : Il n'y a encore espoir ; on les a vus, à ce que l'on croit. Si ce sont eux, ils ne vont pas tarder.

Je m'en fus à Fécamp ; quand je fus sur le côte, je vois une quantité de bateaux qui espéraient de l'eau pour rentrer. Je disais cette fois-là : Il faut espérer s'ils sont du nombre. Je fus sur le quai ; je demandais à un vieux marin qui était entré la nuit, qui livrait son poisson, s'il n'avait pas vu un tel ; il me dit en faisant un soupir : Non, mon Dieu ! vous m'avez l'air bien triste ; avez-vous quelqu'un à bord ? Il me dit : Oui, mon Dieu ! j'y ai mon fils. Je lui dis : Les croyez-vous perdus ? Il me dit : Je n'en pense rien de bon. Nous voilà de retour de notre deuxième démarrage, et on ne les voit pas revenir.

Je revins chez nous bien triste ; les jambes ne pouvaient plus me porter ; je pleurais tout le long de la route ; on me regardait descendre la côte pour savoir quelle nouvelle j'apportais. Une grande quantité de personnes m'arrêtaient au pied de la côte pour savoir quelque chose ; je n'avais pas le courage de leur parler.

Je gagnai notre maison ; je n'avais pas mangé depuis mon départ. En arrivant, je me mis à pleurer au lieu de manger ; j'espérais encore un peu que mon mari découvrirait quelque chose. Je reçus un deuxième lettre qui me disait : Tu m'annonces que l'on a vu notre fils ; assure-t'en bien, car on a vu des débris en mer à leur égard. Il me donna un coup qui était plus fort qu'un coup de lance. Mon mari qui me connaît à l'égard de notre fils, comment me fait-il savoir une chose aussi affreuse que celle-là ? Le malheureux ! ce n'est pas lui qui m'écrivait. Je gémissais de mon côté et lui du sien ; on avait bien du mal à le faire rentrer à la maison où il logeait ; il se couchait à plat-ventre contre terre sur le perrey sans pouvoir le faire relever. Tous les enfants de chez nous étaient autour de lui pour ranimer son courage, et moi de mon côté je disais : Si mon mari était seulement chez nous pour nous raconter nos peines !

Enfin, je ne reposais pas seulement une heure la nuit. J'étais au désespoir ; je voyais tous les autres enfants pleurer autour de moi ; je n'avais pas le courage de leur parler. Je disais : Pourquoi élever des enfants, et puis, quand ils sont grands, il faut les voir mourir. Il me semblait que je n'avais que celui-là d'enfant et que les autres ne m'étaient rien; je regrettais cet enfant autant qu'il le méritait, car c'était un second père chez nous. Je me disais : Je sentais cela, car je mettais toute ma consolation dans cet enfant. Tous les paroissiens le regrettaient et me disaient : C'est dommage un enfant si doux et si beau! Bien des personnes m'avaient dit dès son enfance : C'est bien dommage que cet enfant n'appartienne pas à des personnes riches; ça ferait un beau personnage s'il avait l'esprit cultivé, car il annonce ce qu'il fera. Je ne lui ai vu jamais d'emportement, jamais il n'a juré une fois.

Il est bien vrai de dire qu'il ne faut pas s'enorgueillir de ce que l'on a de beau, car on a bientôt perdu ce que l'on aime. Pendant plus de six mois je ne pouvais pas prendre le manger; au bout de six mois je fis une petite maladie : je n'avais pas peur de mourir; je ne comptais pas du tout la vie; je n'avais pas le courage de sortir de notre maison. Le médecin vint, il me mit à la diète huit jours à ne boire que de l'eau de sureau. Au bout des huit jours je recommençai à prendre un peu de nourriture; le monsieur qui était notre armateur me fit passer deux bouteilles de vin que je buvais avec de l'eau et un peu de bouillon au poulet. Je me revins un peu; le curé de la paroisse vint me voir quelquefois me donner des consolations : c'était un des hommes le plus respectables; il était l'ami des pauvres et leur soutien; il me dit : Ma chère, il faut vous consoler, ces malheureuses femmes qui sont chargées d'enfants, qui ont perdu leur mari avec votre fils, sont plus malheureuses que vous. Je lui répondis : J'avoue que c'est bien malheureux d'avoir perdu son mari, mais vous savez que bien des femmes, un temps passé, aspirent quelquefois pour retrouver un homme; quand elles sont mariées, elles ont un homme, et moi, quand je parcourrais le monde entier, je ne retrouverai pas mon fils. Je sais bien qu'elles sont malheureuses d'avoir perdu leur homme, chacun prend sa peine telle qu'elle est. Depuis le départ de mon fils, je le pleure mort, et je l'attends tous les jours par terre ou par mer; quand on n'a pas vu mourir on ne peut se figurer qu'ils ne reviendront pas. Si je vois un navire en mer qui soit plus près que d'usage, je crois qu'il vient nous l'apporter; si je vois une personne dévaler la côte, je regarde si ce n'est pas lui, ce sont toujours inquiet, je n'ai jamais eu un moment de repos. Depuis mon mariage, que de tourments, et je n'étais pas encore quitte, car la seizième année je fus enceinte du treizième enfant. Si j'avais été malade à les porter longtemps dans mes couches, je n'aurais pas eu le temps de me rétablir qu'un autre serait venu.

CHAPITRE IX.

Mon mari de retour de Dieppe, je fus à l'arrivée du bateau comme d'usage, de peur que mon mari ne croie que je fusse malade en ne me voyant pas à virer. De retour à la maison, le cœur nous creva à tous deux ensemble en disant : « Que nous sommes malheureux ! Nous commencions à en avoir un pour nous aider à élever les autres, le voilà perdu. Que la mer est affreuse ! je ne crois pas qu'elle nous en prenne d'autres, je ne les mettrai pas en mer. Le troisième, qui n'avait pas du tout le goût pour la mer, dit : Je n'irai pas non plus, moi; je resterai à tisser jusqu'à ce que je sois grand. Le deuxième partit pour aller au Havre chercher une place de vapeur, il s'engagea pour mousse; au retour de la saison du hareng, le père fut s'y engager aussi; il remit le commandement du bateau. L'armateur lui dit : Je ne te tiens pas d'y aller, fais pour le bien. Aussitôt que le père y fut, le deuxième revint, il ne s'y plaisait pas; le troisième y fut à sa place, il nous envoyait quatre-vingts francs par mois. Nous avions toujours la mère et la sœur de mon mari à nourrir, et le pain était cher. Nous mangions pour soixante francs de pain par mois, et puis les entretenir d'habillement et les nettoyer. Nous étions bien bornés : il ne fallait pas aller trop vite. J'accouchai du treizième enfant, ça coûte toujours quelque chose; quoique nous ne fassions pas de baptême, ça paraît toujours dans les petites bourses. J'écrivis à mon mari que j'étais accouchée d'une fille; comme c'était la huitième, il répondit : Tu ne risques rien à présent, tu peux bien établir un couvent pour les mettre toutes, il nous en faudra bien comme ça pour faire fortune. Au retour de son voyage de Paris, il trouva une place au quatrième; il y fut aussi, mais il n'y resta pas longtemps; il se trouvait avec des matelots qui étaient beaucoup dépenseurs, nous fûmes obligés de le faire revenir à la maison, de peur qu'il ne prenne une mauvaise habitude. Le troisième avec son père savait un peu tisser; il faisait des commissions à l'un et à l'autre, toujours prêt à partir; il s'épargna de quoi s'avoir un habillement et une montre outre son mois; quand j'allais au Havre pour recevoir leur mois, il me donnait son argent à porter chez nous en me disant : Si vous en avez besoin, servez-vous-en, vous me le remettrez quand je serai de retour à la maison. Retournant à Paris de suite, comme c'était au moment que les Suisses passaient par bandes pour aller à l'étranger, en dévalant la rivière, une femme lavait son linge, elle ne réfléchit pas combien la vapeur va vite, il en fallait une seye pour puiser de l'eau, la seye pleine enleva la femme à la rivière; on crie : Sauve la vie ! Mon mari, nerveux comme Hercule, se jette à l'eau bien vite, car la vapeur avait déjà fait de la route, se précipite bien vite,

plonge dans l'eau, la rattrape par les cheveux, la ramène à la vie. Tous les passagers du bord le félicitèrent de son dévouement, lui donnèrent quelques petites pièces d'argent; les marins et le capitaine firent une pétition au ministre pour lui, il reçut une médaille en argent dont il est le porteur et quatre-vingts francs. Il fut lui-même au ministère; ils lui demandèrent s'il était content comme ça, qu'ils lui donnaient pour lui et pour sa nombreuse famille. Il les remercia bien en leur disant bien des choses, en leur observant qu'il avait bien fait d'autres sauvetages que celui-là; qu'il n'avait pas été écouté, qu'il avait conduit bien des navires dans un port et dans l'autre, qu'il demandoit une pratique devant notre rade; il s'est exposé bien des fois à perdre la vie pour sauver son semblable.

Il a une fois perdu son canot derrière un navire par le mauvais temps qu'il faisait; dans l'instant, il fut obligé de conduire le navire dans Saint-Valery, vu qu'il ne marchait pas; le capitaine, fatigué de la mer, lui dit : « C'est la terre qu'il faut, nos marins n'avons plus de vivres, nos marins n'en peuvent plus, il faut nous mettre dans le premier port que nous pourrons rentrer. » Et il les mit dans Saint-Valery. Il en a entré lui-même dans Fécamp et dans le Havre; les pilotes ne pouvant pas sortir par le mauvais temps, il les a tous bien conduits dans le port, et il était payé comme pratique et bien vu de tous les commissaires qui le voyaient paraître devant eux. Mon mari restait toujours dans la vapeur : nous ne fûmes pas toujours gagnant, car la saison du hareng à Dieppe fut bien peu avantageuse cette année-là. Nous avions toujours du pain, mais nous ne pouvions pas payer l'arriérage que nous avions. Je devins enceinte du quatorzième enfant, la famille croissait toujours; c'était bien tristes toujours de mal en pire : c'était toujours de grands embarras pour moi de soigner tout ensemble le père et les enfants. Le père m'enlevait toujours les plus grands et me quittait tous les petits; je leur portais tous mes soins possibles, je n'aimais à les entendre pleurer le moins possible; c'était pour moi une grande fatigue, je ne savais quelquefois où j'allais. Notre boulanger et notre épicier demeuraient dans la même rue; il m'est arrivé bien des fois d'être à la porte de l'un pour aller chez l'autre; je relevais la tête, et puis je me disais : Tiens, ça n'est pas celui-là où je vais. Je regardais si personne ne s'en apercevait pas, et puis je reprenais ma route en riant dans moi.

Le plus souvent je courais au galop quand je montais en haut pour chercher quelque chose que j'avais besoin; quand j'étais montée, je ne savais plus ce que je venais de chercher; je revenais à mon ouvrage, et puis je m'apercevais de ce qu'il me fallait et je recourais de suite. Quand il faisait froid et qu'il fallait coucher tous les enfants l'un après l'autre, je les réchauffer, les emmaillotter, je n'étais pas quitte d'un côté qu'il fallait recommencer pour l'autre qui pleurait; je parvenais par aller me coucher avec le dernier dans mes bras jusqu'au lendemain. Je ne pouvais pas seulement prier le bon Dieu, je lui offrais mon cœur, et puis c'était tout ce que je pouvais lui dire. La nuit je me levais pour faire le tour à tous les fils, voir s'ils n'avaient pas froid, mettre du linge sec à ceux qui étaient mouillés, car je n'aurais pas été à mon aise si je les avais négligés de leurs besoins. Le matin, je me levais bien vite, voyant que plusieurs étaient éveillés, je m'habillais en marchant; la prière du matin était de dire en dévalant l'escalier : « Mon Dieu, je vous offre la journée que je vais faire aujourd'hui; faites que je ne fasse rien qui soit contraire à votre sainte volonté. » Et puis je me mettais à ma besogne.

Nous demeurions sur le passage de cette dame, belle-mère de l'ancien notaire; elle venait souvent me voir en passant, s'asseyait un moment pour contempler tous ces petits enfants, et me disait quelquefois : « Vous êtes encore bien heureux que le bon Dieu vous donne tous ces enfants sans infirmités; ils sont tous bien portants, c'est encore quelque chose de bien joyeux pour vous. » Elle m'apportait quelquefois du linge pour leur faire de petites chemises, et de ses restes de fricots; il fallait voir tous les enfants la chérir quand ils la voyaient. En la rencontre un jour du curé; comme il était bien parlant, nous causâmes un peu ensemble, il me dit : Moi, ma chère, je ne vous vois pas souvent au confessionnal. Je lui dis : Mon cher pasteur, croyez-vous pouvoir m'imposer une pénitence plus dure que celle que je fais journellement ? On dit qu'il faut souffrir avec patience; eh bien ! me voyez-vous me plaindre à quelqu'un ? A me voir le cœur gai, on dirait qu'il ne me manque rien. Il me dit : C'est vrai que je ne vous vois jamais vous plaindre.

CHAPITRE X.

Mon mari, toujours encore dans la vapeur avec le troisième fils : ce fils était donc mousse, il faisait la cuisine chez la femme d'un mécanicien; elle est connaissance que j'étais enceinte, elle lui dit un jour : « Ta mère est enceinte ? » Il lui répondit : Je crois que oui. — Elle lui demanda qui serait marraine pour le nommer; il lui dit : Je ne sais pas, on ne prie jamais chez nous d'avance, on dit que ce n'est pas de chance. » Elle lui dit : « Si ta mère veut, je serai la marraine. » — Vous lui demanderez quand elle viendra chercher notre mois. Quand je fus au Havre, mon fils me dit cela en arrivant, et je fus chez elle avec lui pour faire la cuisine; elle me demanda de suite qui nommerait l'enfant que je portais ; je lui dis, comme l'enfant lui avait dit, que l'on ne priait jamais personne d'avance. Elle me dit : Quel drôle de pays, on ne peut pas faire d'apprêts pour la toilette. — Et je lui dis : Chez nous on y va tout bonnement tel que l'on est. — Eh bien ! si vous voulez, je le nommerai. — Je lui dis que c'était bien de l'honneur pour nous qui étions de pauvres gens ; que je ne savais pas avec qui la mettre ; que je ne trouverais pas quelqu'un convenable chez nous. Elle me dit : Priez le mécanicien du bord de votre mari, il ne vous refusera pas.

Prier un homme que je ne connaissais que pour l'avoir vu un peu à bord de mon mari, j'étais bien inquiète ; comment m'y prendre pour déplacer un garçon ? Je fus à bord, et tout d'un coup je pris la hardiesse de lui demander ; il me promit en me disant qu'il n'aimait pas bien cette fête-là ; mais que, connaissant mon mari, il ne le refuserait pas. Je revins chez nous ; en chemin faisant, je ruminais comment m'y prendre pour recevoir des gens de la ville chez nous ; j'appréhendais presque autant le baptême que l'accouchement. Mon mari part pour faire un voyage à Paris ; il n'y avait pas deux jours qu'il était parti du Havre que j'accouchai. Comme le parrain était embarqué avec lui, ce fut déjà un grand embarras car c'étaient des voyages de quinze jours ou trois semaines. J'écrivis au Havre à la marraine que j'étais accouchée d'un garçon, et elle envoie la lettre à la suite de la vapeur pour le faire savoir à mon mari et au parrain. Quand ils reçurent la lettre, qu'ils lurent de suite, qu'elle leur apprenait que c'était un garçon, ils furent bien contents le père et le fils. Comme nous avions déjà eu huit filles, c'était une fête pour mon mari que d'avoir des garçons. La fête ne dura pas longtemps ; comme c'était au moment du choléra, il mourait beaucoup de monde. Quand ils furent à Paris, c'était le plus fort du mal ; mon mari fut pris de peur, il s'affectait beaucoup ; ils ne se nourrissaient que de vin et de thé pour se soutenir ; ils avaient bien hâte d'être revenus. Il m'écrivit qu'il avait reçu ma lettre, qu'il était bien content, mais que le mal était si grand qu'il avait bien peur de rester en route, lui et son fils. D'un autre côté, la servante du curé vint chez nous me dire qu'il fallait, pour attendre le parrain, faire ondoyer l'enfant et payer la dispense, qui me coûta sept francs, et que j'empruntai en disant : Je vous payerai avec le mois de mon mari quand il sera de retour.

Le samedi de Pâques, mon mari arriva avec son fils, bien embarrassé, croyant avoir le choléra ; il me dit : Je ne croyais pas vous revoir. Je le remis du mieux que je pus en lui disant : Ce n'est pas la peur qui te tient ; à présent que tu es chez nous, ça va mieux faire. Quand il fut question du parrain et de la marraine, il me dit : Ils viendront dimanche. Et avec quoi veux-tu faire le baptême ? nous n'apportons pas d'argent ; nous avons dépensé tout pour nous soigner en route, sans cela nous serions morts. Il fallait voir l'embarras ! Notre pain pas payé, comment en retourner chercher ? quand dirai-je que je le payerai à présent ? Je réfléchis un peu, tu vas trouver le boulanger ; je lui dis l'affaire, et il me donna quelques pains. Mon mari retourna bien vite dans sa petite barque avec trois de ses garçons. Nous avions bien du mal à nous fournir de filets, car, quand on n'a pas d'argent, on ne se fournit pas si vite le besoin. Le samedi, le parrain et la marraine arrivèrent en char-à-banc ; c'était tout qu'ils venaient chez les millionnaires. On mène le cheval à l'auberge, et puis on les amène chez nous ; je les appréhendais et admirais tout ensemble. J'aurais voulu que tout fût fait dès le soir. L'on fit cuire un peu de poisson pour leur souper, et puis on conduisit la marraine coucher chez une voisine dont le mari était à bord de la vapeur aussi. Le parrain dépose sur la table un morceau de sucre ; il ne dit pas pour qui ; je n'osais y toucher. Le lendemain, il fallut faire le café ; je n'en avais jamais fait ; je demandai à une voisine qui vint me le faire. Le moment d'aller à l'église arriva ; je fus porter l'enfant ; c'était un dix-huit jours, je le relevai aussi le même jour, et puis on vint à la maison pour dîner, ce que j'appréhendais beaucoup. Je puisais tous les tous des poches de nos enfants pour fournir tout ce qu'il fallait au dîner. J'avais bien peur qu'ils ne s'aperçoivent de mon embarras. Le dîner passé, je croyais qu'ils allaient repartir de suite. Hélas ! ils sont restés quatre jours ! Il fallait voir mon embarras : il fallait emprunter tous les jours, de peur de leur manquer de quelque chose. Si ça avait duré, je serais tombée malade. Quand on est pauvre, il ne faut pas sortir de son pays pour avoir des parrains et des marraines ; que l'on prie de pauvres gens comme soi, on n'est pas si embarrassé ; on sert un repas à l'usage, pois ou grosse viande ; ça semble bien bon quand on est accoutumé à ne manger que du pain et des pommes de terre. Le parrain étant resté au Havre et la marraine aussi, je les les vois avec le filleul quand il marcha seul. Quand je fus arrivée chez la marraine, elle fut dire au parrain que j'étais venue avec Eh filleul. C'était à qui ne me donnerait pas à dîner ; il était grand temps que la voiture parte pour revenir chez nous ; je crois qu'ils étaient encore plus embarrassés que moi de me nourrir un repas moi et l'enfant. Je disais dans moi-même : Ce n'était pas la peine de me donner tant d'embarras ; eux qui en ont ils me sont ingrats, et moi qui aurais voulu en avoir à leur donner. Le parrain avait dit au baptême qu'il l'habillerait en garde national quand il serait en culotte ; je ne l'ai jamais revu ni entendu parler.

CHAPITRE XI.

Mon mari alla toujours jusqu'alors dans sa petite barque ; un jour il avait beaucoup de poisson, et ne voyant pas de mareyeurs, il dit au troisième, qui n'avait pas du tout de goût pour la mer : Tu vas aller porter notre poisson à Yport avec ces deux marins dans leur canot ; pendant ce temps-là nous allons pêcher des chatrous pour remettre des cordes à la mer ce soir. L'enfant, si obligeant, il fut bord de les désobéir à son père ; étant à Yport le poisson se vendit bien ; les deux marins qui étaient avec lui aimaient beaucoup à boire et se mirent en ribotte. Le vent venait de plus fort en plus fort, l'enfant ne savait que faire, s'il devait revenir par terre ou par mer, en disant : Si je reviens par terre, mes frères vont me railler et me dire : Mauvais matelot, tu as eu peur d'aller avec deux ivrognes ; peut-être que j'aurais une mauvaise marée. Si l'argent n'eût pas été dans le canot, il fût revenu à pied. Quand il fut en mer, le vent forcissait toujours ; quand il fut en travers de notre pays, il reçut une lame de mer qui emplit presque le canot ; les deux hommes ivres étaient couchés dans l'eau au fond du canot ; ce pauvre enfant ne savait de quel côté courir, il se disait : Si la deuxième lame vient, nous sommes par le fond. Il n'avait pas de gamelle pour jeter l'eau, il se servait d'un vieux panier qui se trouvait dans le canot ; quand le panier arrivait sur le bord du canot il était presque vide. Il largue l'écoute du borset pour venir debout à la lame, le tape-cul le remet en travers, il s'élance par derrière les mauvais marins qui, ne sachant ce qui arrivait, lui disaient : Si tu touches à quelque chose, nous t'allons trancher à coups de couteau. Il craignait qu'ils ne le fassent tomber dans l'eau avec eux ; quand il vit cela, il se déshabilla un prêt à se jeter à la nage ; si le canot fonçait, il se serait mis sur un morceau de bois, en disant : à la grâce ; il savait très-bien nager ; mais, comme la marée était forte, il n'aurait pas pu douter que je regardais la mer. Je vois cet enfant dans sa malheureuse position ; la mer était bien rude ; je disais à des marins qui étaient là : Mais dites-moi un peu comment font-ils donc ? leur borset est en bannière ; mais courez lancer un canot pour les secourir bien vite. Mon frère qui était là me dit : Il n'y a pas de danger. Effectivement, ils pouvaient se sauver s'ils avaient eu de bons marins ; mais la Providence tombe toujours sur ceux qui s'y réclament. Il parvint à venir à terre, j'étais sur le bord de la mer à le regarder arriver ; quand il fut à terre il sauta bien vite du canot et vint se jeter à mon cou, tout nu. Ma pauvre mère, je ne croyais pas vous revoir, — et moi je ne le croyais pas si exposé qu'il était, car j'aurais forcé les marins d'aller le secourir. Il me fit donc le récit de ce que je viens de vous dire, il me dit : Je croyais bien mourir comme mon pauvre frère, mais aussi je n'y retournerai pas ; je vais travailler de mon mieux jusqu'à vingt ans, et puis mon oncle m'apprendra son métier de bourrelier ; il n'a pas de garçon, il veut bien me l'apprendre pour deux ans de mon temps, il m'épargnera les cent cinquante francs qu'il faut encore que d'autres donnent avec. Son père lui dit : Je veux bien, car je voudrais n'en avoir aucun de matelot, il y aurait bien assez de moi à être malheureux.

CHAPITRE XII.

Le deuxième fils avait toujours envie d'avoir un bateau en commandement ; le père dit : Si je trouve quelqu'un qui veuille faire part avec moi, je t'en ferai faire un. Mon frère, qui avait un capestran, dit : Nous en ferons un ensemble, cherche qui nous avancera de l'argent : c'est un marché de trois mille francs ; il faut toujours que nous en payions un peu comptant. Nous le demandâmes à plusieurs ; il se trouva un vieux cultivateur, homme d'affaires de M. Gerville, qui nous offrit mille francs et en avait le sou pour, comme font les autres chez nous. Mon mari me dit : Vois cet homme, il nous offre mille francs, si tu veux prendre compte des marées toute la semaine, recevoir l'argent des mareyeurs ; il viendra tous les samedis régler avec toi. Je lui dis : C'est bien de l'embarras pour moi avec mes enfants ; mais c'est égal, il ne tiendra pas à moi. Nous commandâmes un bateau au charpentier pour la saison du harang ; nous partageâmes les mille francs au cordier, au maréchal et au charpentier. Nos marins gagnèrent deux cents francs au lot de la saison de Dieppe ; comme nos bateaux levaient deux lots, c'était quatre cents francs que nous donnâmes aux créanciers et au bon cultivateur qui prenait un lot en acquit. Quand la saison était finie, nous lui portions son lot ; il nous faisait faire bonne chère, un repas de Lisieux ; c'était une fête pour nous deux fois par an. La fête ne dura pas longtemps pour moi : comme il y avait trois ans que nous n'avions eu d'enfants, je croyais ne plus en avoir ; je devins enceinte du quinzième, dont j'accouchai le 15 juin, dans le milieu de la saison du maquereau, où je me fis grand tort, car jusqu'alors je n'avais pas eu de couche bien dure ; mais, cette fois-là, il m'en souvient, on m'accoucha de force.

Je fus deux jours bien malade, on m'entendait crier de loin ; tous nos enfants tournaient autour de la maison, espérant toujours que cela finirait pour venir à la maison tous bien tristes. J'accouchai à deux heures après minuit ; on appelait les marins pour partir pour aller au maquereau. Avant de partir pour embarquer, ils vinrent tous trois me voir à mon lit en me disant : Nous voulons voir no`re matelot avant que de partir pour la mer. Quand je vis mes enfants si sensibles pour moi, je pleurai de joie. Le père resta à la maison ce jour-là pour faire la déclaration de l'enfant et pour chercher un parrain et une marraine, quoiqu'il fût bien fatigué. Quand il fit jour, il vint auprès de mon lit et me dit : Je vais aller chez le curé lui dire que nous avons un enfant de né. Je lui dis : Tu vas chez le curé lui dire que tu as un enfant ; eh bien ! demande-lui s'il veut en être le parrain. Il me dit : A quoi penses-tu ? Un homme aussi riche que lui être parrain chez des pauvres gens comme nous ! — Eh bien ! pauvreté n'est pas honte ; nous sommes pauvres sans tache. Il me dit : **Je lui demanderai bien s'il ne veut pas de bon cœur, rien de force.**

Quand la marée était finie, bien fatiguée, il fallait s'en retourner les bras
chargés d'enfants.

Nous le connaissions un peu ; nous lui fournissions du poisson et de la rocaille quand il lui en fallait. Il lui demanda ; ce brave homme lui dit : Ça ne me convient pas bien, mais je ne vous refuserai pas ; donnez-moi une marraine bien vieille, c'est mon désir.

Il revint chez nous me dire comment cela s'était passé. Il me dit : Une marraine à présent ? Je lui dis : Cette bonne dame, la belle-mère de l'ancien notaire qui est âgée de soixante-dix-neuf ans, qui nous est si bonne, demande-lui si elle voudrait bien nous rendre ce service.

Il fut la voir en tremblant, car l'homme n'est pas bien hardi ; il lui dit son affaire. Elle lui dit : J'ai refusé plusieurs fois ; j'ai payé des personnes pour le faire à ma place. Mais je ne vous refuserai pas ; comptez sur moi.

Il revint bien content d'être débarrassé de cet embarras, comme c'est l'usage chez nous que toutes les femmes demandent qui est-ce qui nomme chez un tel ; on demandait comme de coutume qui est-ce ? La garde leur disait : C'est M. le curé. Enfin , dites-nous qui. — Je vous le dis , vous ne voulez pas le croire. Souvent, quand on ne veut pas dire chez qui l'on va, on dit : Chez M. le curé ou c'est M. le curé. Ils croyaient que c'était pour ne pas vouloir leur dire ; beaucoup n'ont pas voulu le croire qu'ils ne l'aient vu avec la marraine.

Le baptême se fit le même jour de la naissance ; ils se disaient en marchant : Nous nommons précisément un quinzième au 15. Les femmes avec leurs enfants leur demandaient des dragées ; le parrain leur disait : Vous voulez trouverez demain à la classe , j'irai en porter. Par derrière était la domestique du curé et la bonne de la marraine qui en donnaient à volonté. Ils revinrent à la maison leur dire ; beaucoup ne fit le repas du baptême ; nos enfants étaient de retour de la mer , se mirent tous à table pour accompagner le parrain et la marraine, et les parents.

La fête se passa très-bien ; toutes les curieuses étaient bien dans l'embarras comment nous allions nous y prendre pour recevoir des gens comme ça chez nous. Si elle en a encore, qui priera-t-elle ? Ce sera donc Louis-Philip e ? Comme vous savez que l'on a toujours des jaloux contre soi, nous n`avions cependant pas un sort heureux ; mais

comme nos enfants n'ont jamais été mendier de pain à leur porte , ils s'inquiétaient toujours comment nous pouvions faire ça. Mais elle ne se plaint pas ; elle fait tout ce qu'il veut bien , au contraire. Nous avons bien du mal , nous faisons ce que nous pouvons ; des gens qui élèvent une grande famille, sans bien ni revenu, n'ont jamais que bien du mal à espérer.

Cette fois-là, je restai trois semaines dans mon lit sans pouvoir mettre le pied à terre ; je m'étais trouvée blessée d'efforts au moment de remettre des filets à bord de la petite barque ; ils n'étaient pas réparés, mon mari qui allait toujours en mer ne pouvait pas les travailler ; il commençait à voir un peu ce que je lui valais. Il vint auprès de mon lit bien embarrassé, il me dit : Mon Dieu ! je n'ai pas de filets de prêts, voilà demain le moment de la montée. Je lui dis : Prends courage, je vais mieux, je tâcherai de me lever demain. En effet, je me levai, je me mis à travailler un peu et puis je me reposai un moment ; je parvins à lui en donner la moitié, et le lendemain le reste, comme il les portait en deux fois et les retirait en deux fois , une pêche qui se fait tous les matins pour pêcher la raie et les turbots, et notre deuxième fils conduisait donc notre bateau qui fait la pêche du maquereau ; il fallait aller virer l'un et l'autre pour les retirer de l'eau tout incommodée que j'étais. Je m'en suis sentie six mois, je disais : Est-il possible d'avoir eu un quinzième pour m'incommoder, sans cela je ne m'apercevrais pas du tout d'en avoir eu quatorze !

CHAPITRE XIII.

Au bout de deux ans que nous avions le bateau, il se trouva un ancien marin qui avait une barque de pêche à raie et à turbot ; ne s'accordant pas bien avec ses enfants, il nous dit : Tiens, si tu veux, je te vendrai ma barque et le capestran. Nous lui demandâmes deux jours pour lui rendre raison, il nous demandait sept cents francs. Je courus trouver le vieux cultivateur et lui demandai s'il voulait encore nous

Ce fils était si joyeux qu'au retour de la messe il va se jeter au cou du prêtre
pour le remercier. Je pleurai de joie.

avancer sept cents francs pour faire cet achat. Il me répond : Achetez, je vous donnerai ce qu'il vous faut. Je vais trouver le bon marin , je lui dis : Je viens pour clore le marché, que nous closîmes de suite. Un moment après , quand les autres le surent , on nous offrait deux cents francs de profit, si nous avions voulu le donner. Comme ça nous en faisait trois grands et petits, nous étions bien aises d'avoir un capestran en cas de besoin. Effectivement, l'année suivante, nous ne nous arrangions pas très-bien avec la femme de mon frère ; nous avons été obligés de vendre le bateau ne pouvant plus céder davantage.

Je fus retrouver le bon cultivateur , je lui dis l'affaire , il me dit : Je n'en suis pas surpris. Je lui demandai s'il voulait avoir affaire à nous il me dit : Achetez en votre nom le tout. Nous avons pris le marché par estimation faite par d'autres marins : nous voilà propriétaires des trois bateaux à nous seuls, nos enfants se disaient entre eux : Nos parents achètent toujours, mais à la fin de cela, comment fournir assez de filets pour l'un et assez de gréement pour l'autre, j'ai bien hâte de voir comment ça ira pour la saison.

Au moment de l'armement, tout ce qui était nécessaire se trouva fourni; nos enfants nous dirent : Nous avions bien peur que quelque chose ne manquât; — pour ne pas faire une paix honteuse, les marins en disaient autant que nous, et beaucoup n'auraient pas été fâchés; ils s'inquiétaient beaucoup comment vous vous y prenez pour faire tout cela; et je leur dis : Certainement, je ne vais pas leur dire mon affaire par le menu; mes fils, c'est pour vous que je fais cela, pour vous en donner chacun un à commander; tâchez de rester avec nous quelques années pour nous aider à payer un peu de nos dettes. Ils le promirent, mais je crois du bout des dents.

L'année suivante on me demanda le plus âgé pour le service; je fus au bureau avec lui faire mes réclamations; je l'obtins pour manque de dents; il en avait beaucoup de moins.

Mon fils était l'aîné de douze dans l'instant, le douzième avait trois mois au moment de son départ.

Au bout de quatre mois on l'appelle derechef; il était parti à Dives avec son père chercher une batte de pommes; je fus au bureau à sa place; je trouve M. le commissaire et je lui dis : Vous demandez notre fils, vous savez que vous l'avez renvoyé il y a quatre mois pour manque de dents. Il me dit bien des choses; je lui en dis aussi; nous nous quittâmes en disant que quand il serait de retour il se rendrait au bureau. Étant de retour, il y fut et il se dégagea l'année suivante. Il avait une particulière qu'il fréquentait depuis plusieurs années; il me prit à l'écart; il me dit : Ma mère, c'est pas ça, il faut me marier; ma prétendue est enceinte. Je lui dis : Malheureux enfant! tu n'as pas encore vingt-deux ans; est-ce comme ça que tu vas nous aider à payer nos dettes?

Nous l'avons marié, nous lui avons donné tout ce qui s'ensuit du ménage à usage d'homme, en disant que nous sommes malheureux, mais enfin il en a gagné comme un père, il ne faut pas qu'il soit tout à fait victime si nous sommes malheureux, nous lui en avons la valeur de six cents francs en filets et autres; il commandait toujours le plus grand bateau. Les années étaient à peu près bonnes pour la pêche; nous nous retirions à peu près du plus grand embarras.

Il vint que l'hiver suivant il fit un grand hiver; la terre fut couverte de neige longtemps. Comme mon mari avait l'usage de faire la pêche, il faisait aussi celle des cornailles à terre; en allant porter du fumier à sa fourme, il glissa et se cassa la jambe. Ce fut pour moi un double embarras : le long des nuits aussi froides, debout, à arroser cette malheureuse jambe, les frais du médecin, et souvent, comme un malheur ne vient pas sans l'autre, mon fils, qui commandait notre bateau, arrive à la maison. Je crus qu'il venait voir son père; je le vois paraître avec un air triste; je lui demande : Qu'as-tu donc? tu me parais inquiet.

Il me dit : M. le commissaire me rappelle, sans doute qu'il faudra cette fois-ci que je parte. Ah! que c'est malheureux pour nous tous,

Quand je fus sur la côte, je vois une quantité de bateaux qui espéraient de l'eau pour rentrer. Je disais : Il faut espérer qu'ils sont du nombre.

tous nos bateaux vont rester sans navigateur! Ton père dans le lit, toi parti, il faut donc que nous en voyions de bien des sortes! Il fut au bureau réclamer sur le malheur de son père; rien ne put

Il y avait dans notre endroit un Parisien qui séjourna plusieurs mois, et se disait fils de baron.

les gagner. Il revint près de son père et lui dit : Il faut que je vous quitte et ma femme et mon enfant. Il dit adieu à son père en pleurant son sort de le voir dans son lit : je plains plus votre sort que le mien ; mais il faut espérer que dans trois ans le bon Dieu nous réunira, et puis il partit.

Le soir on vient frapper à notre porte : c'était son beau - frère qui demeurait au Havre, qui était venu avec lui. Il nous dit : — Votre fils est chez lui au lieu de passer par Cherbourg. — Dites-nous comment cela se peut faire ? — Je vais vous dire : votre fils, faisant route avec son sac sur le dos depuis Bleville jusqu'au Havre, a fait route avec un monsieur qui lui a demandé : Où vas-tu, mon ami ? Est-ce que tu vas au service avec ton sac ? Il lui a dit : Oui, monsieur. — Es-tu bien content d'y aller ? — Pas trop, car je laisse mon père bien embarrassé ; il lui dit comme il l'avait laissé ; il lui répondit : — C'est bien malheureux ! Comment, tu n'as pas pu te dégager ? Tu vas venir chez moi ; je demeure telle rue, tel numéro ; viens chez moi à deux heures, nous verrons. Il a été trouver ce brave monsieur, qui lui dit : J'ai déjà été au bureau pour toi, nous allons y retourner ensemble. Ils furent au bureau et il obtint de revenir chez nous : c'était comme un miracle de le voir revenir quand nous le croyions à Cherbourg. Mais notre joie ne dura pas longtemps : un mois après on fit une levée au bureau ; un des marins qui partait pour le service le dénonça au Havre ; en passant il dit au commissaire qu'il n'était pas plus chargé de famille que lui, enfin tout ce qu'il a voulu bien dire. On le rappela. Ce bon monsieur, le directeur de l'hospice fit tous ses efforts pour lui, il n'y eut pas lieu de s'en parer. Il lui dit : Mon ami, il faut partir, vous êtes dénoncé. Il lui donna une lettre à porter à un capitaine de frégate qui était un de ses amis, pour lui donner une protection, et lui dit : Je ne puis rien faire pour toi à présent, il faut que tout marin fasse son service. Étant à Cherbourg, il fit connaissance d'un capitaine de corvette qui était marié à la cousine de sa femme qui le protégeait beaucoup. Il venait au quartier le voir, notre fils allait chez lui ; il lui apprenait à écrire. Un jour, ce brave cousin ne le voyant pas venir, fut au quartier voir où il était. On lui dit qu'il était à l'hôpital, bien malade. Il y fut et dit à la sœur qui le conduisit à son lit : Ayez bien soin de cet homme-là. En effet, elle fit tout son possible pour le ramener à la vie ; à peine reconnut-il le bon cousin. On nous écrivit que notre fils était à l'hôpital, mais qu'il allait mieux. Je m'impatientais, j'aurais voulu avoir des nouvelles tous les jours. Il nous demanda un certificat comme quoi son père était dans l'impossibilité de conduire son bateau ; nous lui fîmes parvenir, et il obtint un congé de convalescence. Sitôt qu'il put marcher, il vint se rétablir au pays. La perre n'était pas encore rétabli de sa jambe, il marcha six mois avec des béquilles ; les autres bateaux étaient armés pour la pêche du maquereau. Pendant qu'il se rétablissait, nous trouvâmes un homme par charité, qui commandait notre bateau pour un moment. Le père allait à la pêche dans sa petite barque; pour remonter le galet, il marchait sur les genoux et reprenait ses béquilles quand il était à terre. Il fallait avoir autant besoin de gagner pour qu'il aille à la mer dans sa position. Le fils se sentant à peu près de force, se mit à conduire notre bateau ; plus il allait en mer, plus la force lui revenait. Étant bien aise de lui voir reprendre sa mine et sa force, je le visitais tous les jours en arrivant.

Un jour, le père avait pris le commandement du deuxième bateau ; ils étaient tous deux dans chacun le leur ; il survint un orage très-fort sur mer, et comme j'ai toujours eu bien peur de l'orage, lorsque j'en vois apparence, je vais toujours chercher mes enfants et je les conduis chez nous. Voyant cet orage aussi fort, je vais chercher jusqu'à ceux de l'école ; je courais dans les rues en demandant si on ne les avait pas vus ; je trouvai ceux de terre, mais ceux qui étaient en mer je ne pouvais pas en disposer. Je me lamentais, mon Dieu ! Nos pauvres marins ! l'orage était sur eux ; au bout de quelques heures, on vit deux bateaux en escorter un autre ; tout le monde regardait ce que cela voulait dire, ces trois bateaux ensemble. Hélas ! c'était ce pauvre père qui traînait son propre fils : le tonnerre était tombé à bord du bateau, avait coupé les cordages et tué notre pauvre fils. Ce pauvre père, qui avait le quatrième fils avec lui, lui disait en pleurant : Nous allons porter le mort à la pauvre mère, qui a tant fait de route pour le débarrasser du service ; si par bonheur nous l'avions quitté, il n'en serait pas ainsi.

Avant d'arriver à bord, j'entends des cris de douleur ; je demandai ce qu'il y avait, on ne me répond pas : tout le monde se met à pleurer ; je dis : Ah ! c'est à moi le malheur ! je devinai le reste. Douée du vrai sentiment maternel, pensez quelle fut ma douleur, car j'aime les enfants autant qu'une mère doit les aimer. Le troisième fils était en campagne, le quatrième était avec son oncle ; ce fut lui apprendre ce malheur : il vint mêler ses larmes avec les nôtres. Il me disait : Ma pauvre mère, que vous êtes malheureuse ! il faut que vous en voyiez de toutes les manières. On dit que Dieu afflige ceux qu'il aime : il vous aime beaucoup, car il vous afflige souvent. Que la mer est affreuse à notre égard ! — Oui, c'est heureux pour toi de t'en être retiré. Le médecin arriva pour nous soigner tous, je lui dis : Vous ne m'aurez pas une goutte de sang. Il me dit en s'asseyant à côté de moi : Je le pense de même ; mais vous en avez encore d'autres qui ont besoin de vous. Dans ce moment, le prêtre arrive pour m'en dire autant, je lui dis : Monsieur, vous connaissiez mes enfants, je perds les meilleurs enfants du monde ; de toute leur vie, ils ne m'ont jamais désobéi, jamais un mot de mauvaise humeur à mon égard. Ce fils qui commandait notre bateau, ce malheureux bateau était son tombeau , je ne

pourrai jamais le revoir. Ce fils qui était tous les huit jours à la caudraie au haut de notre table avec ses marins, à présent je ne pourrai en voir un autre à sa place.

CHAPITRE XIV.

Quand le troisième fils eut fait ses deux ans d'apprentissage il se trouva à deux lieues de chez nous un bourrelier qui vendait son fonds de boutique, ce fils, qui n'avait rien gagné depuis deux ans, n'avait pas d'argent pour l'acheter. C'était bien la place qu'il lui fallait pour ne pas être éloigné de nous ; il trouva un voisin près de nous qui lui prêta ce qu'il lui fallait pour faire cet achat. La place lui devint avantageuse ; la commune est grande ; comme il avait une bonne conduite et la confiance des cultivateurs, il se mit chantre à l'église, ami du curé, il demeurait seul sans servante. J'allais souvent lui rendre visite, faire un peu son ménage. Comme il y avait près de quatre ans que nous avions eu le quinzième, le seize mars suivant j'accouchai du seizième, qui était une fille ; comme nous avions les deux derniers deux garçons, les grandes filles étaient encore bien contentes, elles lui ont donné le nom de Marie, et tout le monde de l'endroit l'appelle Marie. Elle est d'une bonne humeur, elle m'entoure de ses caresses chaque jour. Au bout de deux ans, le fils se voyant seul , ses sœurs n'aimaient pas la campagne, ne voulaient pas aller avec lui pour lui tenir sa porte ouverte ; comme on est marchand, il faut du monde à la maison, il prit le parti de se marier, et épousa la fille d'un riche cultivateur, qui lui apporta la valeur de dix-huit mille francs : avec son état il fut assez heureux. Il ne nous restait qu'un fils de grand chez nous qui fréquentait déjà une particulière, je lui dis : Malheureux, tu as déjà une particulière, tu sais que tu as trois ans de service à faire avant de te marier, si le malheur arrive avant, je t'assure que nous ne te marierons pas, nous n'avons que toi pour nous aider à nos bateaux, tu sais que tu dois nous être nécessaire. L'hiver suivant, on l'appela pour le service, il alla au bureau trouver monsieur le commissaire. Il lui dit : Monsieur, ayez pitié de mon père, il n'a que moi, vous savez que mon frère n'est plus, il lui répond : En effet, ton frère est censé faire son service, comme je n'en prends pas dans la même maison , va aider ton père. Il nous est resté un an. L'hiver suivant , on l'appela derechef, il fut pris, il arrive à la maison bien triste, il me dit : Ma mère, ce n'est pas ça, ma particulière est enceinte, il faut nous marier. Je lui dis : Voilà qui est plaisant ! tu sais ce que nous l'avons prédit, ça va t'arriver, nous ne pouvons pas te marier , il faut faire ton sac , tu te marieras quand tu seras de retour du service.

Il ne voulait pas entendre cela, il employa jusqu'au curé de la paroisse, qui vint nous dire : Il faut les marier, je les marierai pour rien, nous ferons venir deux bans de Rouen, je prends tout sur mon compte. Nous ne pûmes nous y opposer, la saison du hareng n'avait pas été très-bonne, je ne pouvais pas lui faire son sac. Comme c'est d'usage quand on doit de ne pas garder d'argent chez soi, sitôt compté, sitôt parti aux créanciers, je n'avais pas un sou ; je recommençai à retourner à crédit, j'achetai pour quarante francs de bas de laine, chemises et autres habillements ; et puis ce bon monsieur, ancien notaire, me prêta cinquante francs, que je lui donnai pour emporter avec lui en cas de besoin. On le maria à cinq heures du matin, à sept heures il partait. Sa femme resta chez son père avec son enfant. Nous voilà à nous rester encore neuf filles, petite ressource ; il faut voir l'embarras : si elles gagnent cinq sous, elles vous en demandent dix. L'une veut un morceau, l'autre en veut un autre ; quand l'on est fille, on voudrait bien ce que l'on voit aux autres. Le dimanche est bien à appréhender pour moi. Une il lui faut un bonnet blanc, l'autre un mouchoir, les autres autre chose. Quand elles reviennent de la paroisse, elles voient tout ce que les autres étrennent : celle-là étrenne ça, nous n'en avons pas, nous autres. Je leur dis : Vous savez bien qu'il y a bien des pauvres, eh bien ! nous sommes du nombre ; nous sommes bien malheureux, nous tissons toute la semaine, et nous ne pouvons pas avoir un morceau ; enfin, on vous a élevées, il faut aider à élever les autres. Ce n'était pas assez de nos enfants à élever, nous avions la mère et la sœur de mon mari qui devenaient toujours de pire en pire; la mère, qui avait tombé, avait gagné une infirmité, qui restait au lit, sale qu'il était, nous fournissions linge et nourriture, faisant mauvais usage de nourriture ; nous fûmes obligés de leur donner leur pain journellement. La première fois que l'on porta ce pain, ce pain de trois livres porté par une de nos enfants, la fille, qui avait toute sa vie été bien difficile, le prend de la main de l'enfant, vient chez nous courroucée au dernier degré, me le jette sur le dos d'une force que je croyais qu'elle allait briser le ménage, s'en fut chez elle en grondant tout le long de la route, à faire sortir tous les habitants le long du chemin. Tout le monde, qui connaissait leur manière, nous plaignait beaucoup en nous disant : Je ne lui en donnerais pas, moi. Je n'osais lui en reporter, crainte de sa fureur ; elle vint le chercher le soir, on lui donna sans parler du passé. Chaque jour nous portions le pain et autres choses.

Deux ans se passent ainsi ; mon mari, toujours chagrin de voir sa mère si mal soignée, me dit un jour : Je passe une triste vie de voir ma mère dans l'état où elle est ; ma sœur ne la soigne pas, quoique tous les jours je l'aidais à la nettoyer. Eh bien, veux-tu la prendre chez nous, tu la verras soigner. Suis mon penchant, nous enverrons notre fille aînée chercher une brouette pour l'enlever. Nous dîmes à la fille : Nous venons chercher notre mère, elle va rentrer chez nous. Elle nous dit d'un ton brutal : Prends-la. Pendant que nous cherchions une brouette, la fille consulta quelqu'un, qui lui dit : Tu abandonnes ta mère; pendant que tu es là avec, ton frère te nourrit, et quand elle sera partie tu n'auras plus de pain. La fille revient en furie, nous avions sorti la mère dehors sur une chaise, prend sa mère de son bras, l'enlève dans sa maison en disant ferme la porte, mets un verrou, de sorte que nous ne pouvions pas entrer. Je dis à mon mari : Résiste; il faut lui faire ouvrir, puisque nous sommes décidés à la prendre; frappe plusieurs coups. Elle ouvre la porte, demande pardon à son frère, que de toute sa vie elle ne lui avait demandé, en lui disant : Laisse-moi ma mère, je te promets de la mieux soigner à l'avenir. Il en eut pitié, il lui laissa.

C'était le mercredi. Le samedi suivant, vinrent les inondations. Mon mari avait toujours usage, toutes les fois que l'eau coulait dans les rues, d'aller voir si l'eau n'entrait pas dans la petite cour de sa mère; comme l'eau n'avait pas tombé sur notre endroit, l'on ne savait pas qu'il en avait tombé dans les environs. Au moment que nous vîmes cette malheureuse inondation, mon mari court chez sa mère, trouve l'eau au-dessus des croisées. Comme il demeurait au fond de la cour, il monte sur le fossé, crie : Ma mère, êtes-vous là? Personne ne répond. Ne pouvant avancer plus loin à cause des débris qui arrivaient dans la cour, les épines, les ronces, l'eau qui arrivait par torrent, il ne pouvait avoir la certitude si sa mère était sauvée ou non, ne pouvant parler à aucun voisin; tous étaient sauvés. Il revient chez nous bien triste, rencontre quelqu'un qui lui dit qu'il avait entendu crier : Sauve qui peut.

Cette malheureuse mère et la fille étaient noyées couchées dans leur lit; les cris que l'on avait entendus étaient ceux d'une de leurs voisines qui était montée au grenier, et que sa fille était noyée aussi. L'eau montant jusqu'au grenier est restée deux jours presque jusqu'au haut des fenêtres. On a été obligé de prendre une petite barque pour aller les chercher par le toit des maisons; on les transportait au pied de la côte pour faire l'inhumation, vu que presque toutes les maisons étaient pleines d'eau. Ces malheureuses, que nous avions, sans reproche, nourries depuis longtemps, étaient logées dans une petite maison à elles, à côté de celle du frère, et ensuite une à nous que nous avions fait réparer à nos frais, et payé leurs dettes en disant : Un jour à venir, quand Dieu disposera d'elles, nous jouirons de cinquante francs de rente; ça nous dédommagera un peu de ce que ça nous a coûté. Eh bien! elles ont passé en non-valeur, brisées, dévastées; nous avons tout perdu ensemble. Il se trouva au même moment que notre plus grand bateau était usé; il fallait recommencer. Un autre embarras, nous étions aussi riches à la fin du bateau comme au commencement; nous trouvâmes le charpentier et nous lui dîmes : Il nous faut un bateau, comment allons-nous faire? Il nous dit : Comme à l'usage, un peu comptant et le reste quand tu pourras. Nous avons eu recours à ce bon monsieur ancien notaire; je lui dis : Monsieur, vous nous avez prêté, nous vous avons rendu; nous avons besoin de votre secours. Il nous en prêta un peu, et on nous fit un bateau; nous avions toujours espoir que les saisons viendraient meilleures, et elles vinrent toujours de mal en pire.

CHAPITRE XV.

Notre bateau était presque fini, il y avait dans notre endroit un Parisien qui séjourna plusieurs mois et se disait fils de baron. Il disait : Je vis encore sous la garde de mon tuteur, dans quelques mois je vais prendre possession de mes biens, je possède un grand revenu; — enfin bien des choses qu'il voulut bien dire. Il eut connaissance qu'il y avait un bateau sur le chantier; il fait demander mon mari par l'aubergiste. Mon mari va bien vite voir ce qu'il voulait de lui. — C'est à vous le bateau que l'on construit? — Oui, monsieur. — Je voudrais bien en être le parrain. — Monsieur, je l'accepte avec plaisir. Mon mari revint à la maison content et me dit : Ce monsieur, qui est si riche, sans doute, nous donnera quelque chose à son filleul; sachant que nous sommes pauvres, il nous donnera toujours bien une voile. Comme les charpentiers ont usage de faire chasser la première cheville à l'armateur pour avoir la pièce, on fit l'honneur à M. Maxime de la chose; on lui mit le petit maillet garni de rubans en main et la cheville, en la chassant il nous fit déjà voir son indécence.

Le chef de douanes, étant à jauger le bateau, lui demanda quel nom il lui donnerait pour faire le certificat de jauge : il lui dit : le Lisa Boisgontier. Je me dis en moi-même, il nous en conte bien long. Il s'en va sans dire à ce charpentier, qui dit : Il ne connaît pas l'usage, il faut lui dire. Un d'entre eux lui dit : — Comment, monsieur, cette cheville ne mérite-t-elle pas qu'on la régale? — Venez, je vais

régaler, et il leur fit verser une bouteille de vin. — Ils dirent : Il n'y a pas gras, mais nous verrons au moment du baptême. Il fit, en effet, un grand baptême, tout l'équipage y fut, ainsi que moi comme femme de l'armateur; je n'y restai pas longtemps.

Une fois qu'il eut bien soupé, il commença à chanter des chansons affreuses, le ciel en rougissait. Je revins bien vite chez nous, il y eut des marins qui partirent de table aussi. Il leur conta que le nom qu'il avait donné au bateau était le nom d'une femme qui prenait dix mille francs à la soirée, à force qu'elle était belle. Nous nous regardâmes tous en disant : Voilà un joli nom pour notre bateau, nous qui ne donnons que des noms de saints ou de saintes, nous n'aurons pas de chance pour la pêche pendant que nous trouverons ce nom en mer. Aussitôt appareillés, nous offrons nos vœux à la sainte Vierge que nous voyons au bout de la pointe : oserons-nous lui demander sa bénédiction avec ce nom que nous avons à l'arrière? Si nous n'avions pas été si malheureux, nous aurions fait faire un autre acte, et changer le nom; mais le moment de partir pour la saison du hareng à Dieppe était venu. Au bout de quelques semaines qu'ils étaient partis, la pêche n'allait pas; il y avait quelque cent francs au bateau là, et il nous faut au moins quatre mille francs pour faire nos dépenses. Nous dîmes à Maxime fut à Dieppe voir nos marins, il y resta huit jours. Les marins quand ils ne gagnent pas ne récrivent pas leur pêche. Quand Maxime fut de retour, tout le monde fut le voir pour savoir le peu de gain que nos marins avaient. Je m'approche de lui, je lui demande en termes de matelot : — Nos gens, combien ont-ils? — Vos gens? qui donc est-ce vos gens? — Ah! oui, mon bateau. Je dis en me retournant : Oui, son bateau, pas la girouette qui n'est que de dix sous. Il me dit en me retournant : Nos gens ont onze cents francs. Je lui laissai faire son embarras, je revins chez nous en grognant contre lui; je me disais : Mon bateau, qu'il dit; je voudrais qu'il ne fût jamais venu au pays. Nos bateaux revinrent avec le même gain qu'ils avaient eu la première année du bateau. Nous n'étions pas heureux.

L'année suivante, la barque qui fait la pêche des raies et des turbots était usée, c'est la pêche qui nous est la plus avantageuse, nous fûmes trouver le charpentier; je lui dis : Qu'allons-nous faire? nous n'avons payé l'autre qu'à moitié, pourrons-nous en avoir un autre? Il nous dit : Nous allons en faire un, car je sais que ç'a t'aidera à payer l'autre. En effet, la pêche fit très-bien; nous avions l'espoir que si la saison de Dieppe se trouvait bonne, nous nous retirerions un peu d'affaire. Notre espérance fut vaine; on ne gagna rien. Au bout de deux mois, nous avons marié notre fille aînée; la cinquième suivant notre quatrième fils arriva de son service. Étant marié avant de partir, nous l'avons mis en ménage; dix-huit mois après, nous avons marié notre deuxième fille. Si peu qu'on leur donne, ça fait toujours du mal quand on n'est pas riche.

Après trois années de mauvaise pêche, et avoir élevé seize enfants avec la fortune de ses bras, il n'est pas malaisé de ne pas être riche. Mon mari fait la pêche depuis l'âge de dix ans : âgé de cinquante-trois ans, il est en espérant sa demi-solde; comme il n'a pas fait de service, sa demi-solde n'est que de quatre-vingt-seize francs. Nous aurions besoin que le roi ait pitié de nous; qu'il nous donne une paye plus forte, comme ayant eu sept garçons et neuf filles qui ne sont ni religieuses ni prêtres. Tous travaillent au compte du roi. Comme nous avons à présent un pays bien triste pour la pêche, nos côtes sont stériles.

◆━●●◆━◆

Je, maire de la ville d'Etretat, soussigné, certifie qu'il est à ma connaissance que les faits énoncés au présent manuscrit et qui ont rapport à la vie de Jean Duchemin et de son épouse sont exacts et véritables.

Étretat, le 4 octobre 1844.

GENTIL.

« Monsieur,

» Suivant les renseignements que vous me demandez sur la famille Duchemin, je m'empresse de vous informer que ce brave marin a commandé pour moi un bateau de pêche pendant dix ans, et que la plus grande probité n'a cessé d'exister dans toutes les relations que j'ai entretenues avec lui.

» J'aurai aussi l'honneur de vous assurer qu'après avoir pris connaissance du petit manuscrit, dans lequel la femme Duchemin rapporte toutes les circonstances de sa vie, j'ai reconnu qu'il était de sa main, et véritable dans tout son contenu. J'éprouve le besoin de vous exprimer ma satisfaction en vous voyant porter intérêt à ces braves gens.

» J'ai l'honneur, etc.

» L'ex-maire d'Etretat,
» FAUVEL. »

FIN DE L'HISTOIRE DE ROSE ET DE JEAN DUCHEMIN.

UN HOMME ET UNE FEMME,

PAR

ALPHONSE KARR.

Dans une chambre élégante, au second étage d'une maison de la rue Caumartin, était nonchalamment assise, ou plutôt à demi couchée sur une causeuse, une femme encore jeune; sa beauté était si bien dans tout son éclat, qu'elle ne pouvait que diminuer; peut-être était-elle moins belle hier, mais à coup sûr elle sera moins belle demain; en rangeant ses cheveux, elle s'était trouvée bien, et elle avait soupiré; elle avait songé à ces rêves d'amour de sa première jeunesse qui ne s'étaient pas réalisés, et qu'il ne serait bientôt plus temps d'essayer; elle sentait cette vague tristesse que l'on éprouve en voyant l'aube colorer les rideaux lorsqu'on n'a pu encore reposer, la nuit finie avant que les yeux se soient fermés. Un gros chat-blanc frottait son dos soyeux sur ses pieds, sans pouvoir attirer son attention.

Dans une chambre passablement en désordre, au quatrième étage d'une maison de la rue du Sentier, un jeune homme venait de mettre sa cravate; il se trouvait bien, et soupirait. Il songeait à ces rêves d'amour qui charmaient sa mansarde, et dont la réalisation semblait fuir devant lui. Il n'y avait avec lui qu'une souris qui rongeait une botte sous une commode.

Madame L***, de son côté, se représentait l'homme qu'elle aurait aimé. Si le hasard le lui eût fait rencontrer, il aurait été grand, bien fait; sa figure, ombragée de cheveux noirs, aurait été noble et imposante, et elle lui eût désiré l'imagination d'un poëte et le cœur naïf d'un enfant... l'esprit vif, mais sans empressement de le montrer.

Lucien songeait à la femme qu'il devait nécessairement rencontrer un jour ou un autre. Elle était petite et svelte, elle avait des yeux bleus et des cheveux blonds, quelque chose de voilé dans le regard et d'aérien dans la démarche, et dans le cœur cette conscience de faiblesse qui fait chercher un appui.

Si vous voulez connaître mes héros : Lucien était de moyenne taille; des cheveux d'un beau blond-cendré, accompagnés d'une figure douce et aimable; il ne manquait pas d'une sorte d'esprit, mais c'était un esprit bruyant et forçant l'attention.

Madame L*** était grande, et d'une remarquable noblesse dans sa démarche; elle avait alors cet embonpoint qui donne aux femmes une seconde beauté; ses yeux bruns avaient une singulière expression de puissance intellectuelle.

Madame L*** se leva et sonna sa femme de chambre pour achever sa toilette. Lucien se leva aussi, parce qu'il ne serait venu personne, et termina lui-même les apprêts de son triomphe.

Madame L*** monta dans un fiacre avec sa mère.

Lucien monta seul dans un cabriolet.

Le fiacre et le cabriolet s'arrêtèrent en même temps devant une porte de la rue Saint-Honoré.

Dans le salon où le hasard réunissait madame L*** et Lucien, la société était nombreuse. Le même hasard, ou un instinct secret les rapprocha. Ils passèrent la soirée à parler du combat de Navarin, qui était alors récent; et ils se séparèrent fort préoccupés l'un de l'autre.

Madame L*** était, de tout le salon, la femme qui avait le plus et le mieux écouté Lucien.

Lucien était l'homme qui s'était montré le plus empressé auprès de madame L***.

Lucien chercha à rencontrer encore madame L***; madame L*** ne crut pas devoir éviter Lucien.

Un mois après Lucien écrivait :

« Enfin je l'ai trouvée, cette femme que j'avais si longtemps rêvée! C'est bien vous, dont mon imagination exaltée me présentait sans cesse la forme vague et incertaine. Il m'a semblé vous reconnaître la première fois que je vous ai vue, etc., etc.

» Je vous ai vue, et mon sort est fixé, etc.

» Je vous aime pour toute ma vie, » etc., etc.

Deux mois plus tard, madame L*** répondait :

« Enfin je l'ai trouvé, cet homme que j'avais si longtemps rêvé ! C'est bien vous, dont mon imagination exaltée me présentait sans cesse la forme vague et incertaine. Il m'a semblé vous reconnaître la première fois que je vous ai vu, » etc., etc.

En quoi Lucien et madame L*** mentaient autant l'un que l'autre. Mais Lucien mentait sciemment : cette femme lui semblait faire quel-que attention à lui; il lui écrivait une lettre en lieux communs, comme il aurait écrit à toute autre.

Madame L*** était de bonne foi : l'amour que l'on éprouve est surtout en soi; la personne aimée n'est que le prétexte. Elle voyait réellement en Lucien tout ce qu'elle lui disait.

La correspondance suivit le cours ordinaire. Lucien ne changeait rien à ses habitudes; l'amour de madame L*** était simplement pour lui un plaisir de plus. Elle, au contraire, se concentrait tout entière dans sa passion, tout ce qui n'était pas Lucien lui était odieux; elle n'allait plus nulle part, ne recevait plus personne, et n'avait de bonheur que d'être seule quand elle n'était pas avec lui.

Tout ce qu'il y avait de beau, et de bon et de bien en elle, elle le réservait pour Lucien. Elle ne faisait de toilette que lorsqu'elle l'attendait.

Il lui serait venu à l'esprit le mot le plus spirituel, qu'elle ne l'aurait pas dit si Lucien n'eût pas été là. Tout ce qu'elle avait de cœur et d'âme lui devint tellement consacré, que les gens qu'elle avait le plus aimés lui furent insupportables, et qu'elle se les aliéna entièrement.

Un jour elle écrivit à Lucien :

« Tout ce que les autres prennent de moi, fût-ce seulement une minute d'attention arrachée par la politesse, me semble un vol que l'on fait à vous, et encore plus à moi, qui suis si heureuse de me réserver tout entière pour vous. Les plaisirs du monde, les triomphes du salon, les conversations inutiles, bien plus : des affections auxquelles je n'ai plus rien à donner, puisque je suis toute à vous, toute en vous; je veux échapper à tout cela. Sûre de votre amour, je ne regretterai rien; je ne veux plus m'exposer à être distraite de mon bonheur. Je vais me séparer du monde entier, et ne voir personne, passer à vous attendre le temps où vous ne serez pas auprès de moi. Il m'importe peu que cet exil volontaire soit remarqué; je veux bien que l'on sache que je vous aime, je suis fière de mon amour; ce n'est qu'un amour vulgaire qui peut être humilier, » etc.

Lucien fut effrayé; cette femme qui lui donnait toute sa vie faisait peser sur lui une grande responsabilité. Lucien était un homme léger, coquet, sans enthousiasme, sans énergie, et que toute résolution forte, que toute action en dehors des actions communes étonnait. Il ne dormit pas de la nuit, et le lendemain répondit :

« L'élévation de votre esprit et la noblesse de votre cœur peuvent seules me donner la force nécessaire pour l'accomplissement de ce que je crois un devoir.

» Ne me jugez pas sur la première lecture de cette lettre. Ne me condamnez pas à votre haine et à votre mépris, une action juste et même généreuse, si j'en mesure le mérite à l'effort qu'elle me coûte.

» Si vous étiez à mes yeux une femme ordinaire, j'aurais répondu par des lieux communs, je n'aurais pensé qu'à m'enorgueillir d'un dévouement si flatteur pour mon amour-propre et si doux à mon cœur; je me serais laissé aimer de cet amour plein d'un noble abandon, j'aurais couru les risques de n'y pas répondre dignement, mais j'aurais profité du plaisir et du bonheur qu'il m'offre.

» Mais dussé-je me perdre dans votre esprit et dans votre cœur, je vous dois un aveu inusité.

» Vous êtes belle, spirituelle, élégante, admirée. Je ne connais même aucune femme qui réunisse ces avantages à un aussi haut degré.

» Je vous aime autant que je peux aimer; mais on ne peut se créer une organisation différente de celle que la nature nous a donnée ou infligée. L'amour pour moi a toujours été un plaisir; depuis que je vous connais, il est devenu un bonheur, mais l'idée de lui donner toute ma vie est au-dessus de mes forces. Ce parti, ce je ne pourrais accepter votre dévouement sans vous offrir un amour pareil, une solennité qui m'épouvante. Le reflet de votre âme m'en donnerait le pouvoir, je le sens, pendant quelque temps, mais tout cela finirait par une lâcheté de ma part, par quelque sottise qui me ferait perdre, justement alors, votre affection et votre estime.

» Non, je ne suis pas l'homme que vous croyez; j'ai juste assez de présence d'esprit pour me connaître et m'apprécier. Au milieu de qualités assez brillantes, je manque de l'énergie nécessaire pour un sentiment exclusif; il y a en moi quelque chose de vulgaire qui me désole, mais que je ne puis combattre; quelque chose que je n'avoue pas à moi-même, et qu'il faut que je vous avoue entièrement.

» Il n'est aucune femme que j'aime, que je désire autant que vous ; aucune, je le répète, qui puisse à un semblable degré charmer mon cœur et flatter mon orgueil ; eh bien ! je renonce à ce que je ne retrouverai jamais, pour en rester digne, eu égard à ce que je suis.

» Jusqu'à présent, j'avais considéré mon défaut de forces comme l'origine de quelques agréments; aujourd'hui je maudis cette organisation mesquine et méprisable.

» Je n'accepte pas votre dévouement, parce que j'ai bien cherché en moi, et je ne suis pas assez sûr de pouvoir y répondre noblement.

» Adieu, madame, sachez-moi quelque gré du sacrifice que j'ai trouvé le courage de vous faire de vous-même. Je vous perds volontairement, car j'aurais pu vous tromper, et je n'ose le faire, » etc., etc.

Lucien reçut pour toute réponse :

« Je vous répondrai dans un mois. »

Bien précisément un mois après, une sorte de paysan se présenta le matin chez Lucien. Il était porteur d'une lettre à laquelle il avait ordre de ne recevoir aucune réponse.

« Mon ami, je ne suis plus à Paris, je suis calme, je suis heureuse. C'est par cela que je dois commencer; maintenant parlons un peu du passé.

» A la réception de votre lettre, j'ai eu de l'indignation, de la colère; j'ai pleuré, j'ai essuyé mes yeux avec orgueil, puis j'ai pensé.

» Vous avez fait pour moi ce qu'aucun homme n'a jamais fait pour aucune femme, je vous en remercie.

» Dans l'amour, il y en a toujours un qui aime et l'autre qui est aimé ; je crois que le plus heureux des deux est celui qui aime ; j'ai choisi ce rôle et je le garderai.

» Merci de m'inspirer peut-être des illusions, mais des illusions que je crois des réalités, et qui me rendent bien heureuse.

» Vous vous calomniez, vous avez plus de force que vous ne le supposez. Vous avez volontairement, et par générosité, renoncé à la possession d'une femme agréable, qui vous était toute livrée ; je vous aime et je vous aimerai toujours; le peu d'affection que j'obtiendrai en retour, j'y compterai sans défiance, sans incertitude. Je me suis séparée de tout ce qui n'est pas vous : si vous n'êtes pas tout à moi, il me reste un bonheur que peut-être vous ne comprendrez pas, mais qui suffit à ma vie, c'est d'être toute à vous.

» J'ai acheté une petite maison à une lieue de Paris, sur le bord de la rivière. C'est là que je passerai le reste de ma vie. Mais il est une chose que je tiens à vous faire comprendre. Il n'y a dans ma résolution ni désespoir, ni même chagrin ; je ne me suis pas faite ermite. Ma maison est jolie et bien rangée, j'y ai rassemblé tout ce qui peut en rendre le séjour agréable. J'y veux être, j'y suis heureuse, je vous ai divinisé dans mon cœur, et je vous aime..... sans égoïsme.... Tout ce qui vous donnera un moment de bonheur, de plaisir, fût-ce aux bras d'une autre femme, m'en réjouira. Venez une fois me voir ; je me suis fait une jolie chambre, mais il faut qu'elle soit consacrée par votre présence. J'ai des acacias en fleurs, mais il faut qu'ils aient un moment ombragé votre front. Quand vous serez venu une fois, vous ne viendrez plus si vous voulez ; vous reviendrez si cela vous plaît, et quand cela vous plaira. Je vous attendrai toujours, mais sans impatience, sans colère, sans chagrin, quand vous ne serez pas venu ; quand vous viendrez, à quelle époque, à quelle heure que vous arriverez, vous me trouverez toujours heureuse de vous voir, toujours vous attendant; vous viendrez comme amant ou comme ami ; vous viendrez être aimé ou être consolé ; vous me raconterez vos peines et vos plaisirs ; vous me ferez vos confidences entières ; je vous donnerai des conseils, et mes conseils seront bons à suivre : dans la solitude où je vivrai avec ma mère, qui, livrée à ses pratiques de dévotion, ne me parle jamais, je serai si exclusivement occupée de vous et de vos intérêts, que personne, pas même vous, ne pourra leur consacrer autant de temps et les connaître aussi bien. Quand vous serez amoureux, je discernerai si l'objet de votre amour en sera digne, si elle vous aime véritablement ; je vous apprendrai les piéges des coquettes, et je ne vous laisserai pas vous exposer à aimer seul... vous ne pourriez peut-être pas prendre la résolution que j'ai prise, et alors il faudrait mourir. Je veillerai sur vous de près comme de loin, je serai votre bon ange, il y aura des jours... des heures... où la vie vous semblera lourde... vous viendrez dans ma maison... je vous jouerai sur la harpe les airs que vous aimez, je vous écouterai; je m'affligerai de vos chagrins, car ce sont les seuls qui pourront désormais m'atteindre ; vous serez cinq ans sans venir; au bout de cinq ans, vous arriverez sans être annoncé, vous me trouverez vous attendant. Dans ma chambre seront les fleurs dont vous aimez le parfum. Jamais une plainte ne sortira de ma bouche..... Mon visage ne vous montrera que du bonheur. Adieu..., je vous attends; pour cette fois seulement, je vous demande de venir. »

Lucien partit à l'instant, et arriva une heure après à la petite maison de madame L***.

Il trouva facilement la maisonnette indiquée ; elle était basse et presque cachée sous des acacias en fleurs; il hésita un moment de frapper; son cœur battait violemment. Une domestique vint lui ouvrir. Ce n'était plus celle qu'avait autrefois madame L***, et elle paraissait

être la seule de la maison. C'était loin d'être une coquette femme de chambre, c'était une grosse fille propre, avenante. maladroite ; elle se fit répéter deux fois le nom de Lucien, et vint lui dire qu'il pouvait entrer.

Il trouva madame L*** nonchalamment assise sur un divan. Il ne reconnut aucun des meubles qu'il avait vus chez elle autrefois. La chambre était tapissée d'une étoffe de laine d'un bleu de la nuance des bleuets. Les rideaux du lit et ceux des fenêtres étaient bleus et blancs; le divan, les grands fauteuils étaient bleus, le tapis avait des rosaces variées sur un fond bleu d'une grande richesse. Pour madame L***, elle était vêtue d'une robe de cachemire blanc, dont les plis n'étaient formés que par une ceinture qui dessinait la taille sans la presser ; ses cheveux, en nombreuses et épaisses boucles, retombaient sur les côtés de son visage.

Jamais Lucien ne l'avait vue si belle. Elle était si heureuse; quand ils furent seuls, Lucien, troublé, demeura longtemps sans prononcer une seule parole : il se sentait oppressé. Tout, autour de madame L***, avait un air de bonheur qui donnait à Lucien envie de pleurer. Cette femme était si heureuse de l'aimer, si heureuse d'avoir tout abandonné pour lui !

Elle, elle le regardait avec attention comme pour se faire des souvenirs bien arrêtés, pour se mettre dans l'esprit une empreinte qui ne devait pas être souvent renouvelée.

Le premier mot qui vint aux lèvres de Lucien fut le nom de madame L***.

— Adèle !

Elle détourna les yeux comme si l'expression de la voix de Lucien lui eût fait mal.

Il lui prit la main, et dit :

— Adèle, je t'ai trompée ; je me suis trompé ; je t'aime de toute mon âme : il s'est révélé en moi une énergie que j'ignorais. Je veux vivre pour toi, ne vivre que pour toi !

Madame L*** parut d'abord fort troublée. Puis elle lui mit la main sur la bouche, ou lui prenant la main à son tour, mais avec fermeté et une expression qui disait : Ecoutez! elle lui dit :

— Lucien, si vous me dites cela, si vous me dites n'importe quoi, je vous croirai un moment et ensuite je ne vous croirai plus. Je perdrai même cette certitude que j'ai jusqu'ici et avec laquelle j'ai construit mon bonheur, de votre franchise à mon égard. Vous sentez aujourd'hui ce que vous me dites, mais le naturel l'emportera bientôt; et un bonheur dont je suis me passer, parce que j'en ai trouvé un suffisant, me sera devenu tellement nécessaire, que je serais exigeante, importune, maussade. Laissez-moi vous aimer. Vous m'aimez en ce moment; votre imagination est violemment frappée par l'inusité de votre situation. Ne nous abusons pas ; ne déshéritons pas notre avenir. Vous trouverez quelque douceur à savoir qu'il y a toujours une asile où vous retirer, un sein pour appuyer votre tête, un cœur qui amasse des consolations pour vous. Moi, je serai heureuse; soyons amis. Venez voir mon jardin.

Lucien soupira, se leva et la suivit.

Le jardin se composait d'abord d'un beau couvert d'acacias ; ensuite de fraîches plates-bandes de jacinthes; quelques tulipes aussi commençaient à ouvrir leur splendide calice ; plus loin des lilas entremêlaient leurs grappes parfumées. Une belle pelouse s'étendait sous les pieds parsemée de violettes, dont il fallait chercher sous l'herbe les fleurs d'une si riche couleur qu'elles semblent autant d'améthystes odorantes.

Madame L*** se plaisait à faire passer Lucien dans toutes les allées, comme pour multiplier ses traces et remplir sa maison de sa présence; elle semblait faire avidement sa provision de bonheur, pour le temps où elle serait seule.

Après quelques instants, elle lui dit du ton d'une simple question

— Dînez-vous ici?

Lucien lui baisa la main et lui dit :

— Je veux rester avec vous le plus longtemps qu'il sera possible.

Ils dînèrent ensemble dans la chambre bleue.

— Mon ami, dit madame L*** à Lucien, qui soupirait, soyez tel que je vous aime : ne me trompez jamais. Un serrement de main, un signe de tête amical, me paraît bien vrai, mais bien senti, mais tel qu'il ne puisse m'inspirer aucun doute sur le motif qui le cause, me donnera toujours plus de bonheur que les plus vives protestations. Je vous serai reconnaissante lorsque je vous verrai me quitter sans prétexte, sans excuse, sans autre raison que votre volonté ; je serai sûre alors que le temps que vous avez passé auprès de moi, je ne le dois ni à un parti pris, ni à un procédé, ni à des égards. Loin de me choquer, votre départ m'enchantera ; ce ne sera pas un abandon, ce sera une charmante certitude du bonheur que m'aura donné votre présence ; il me prouvera que j'aurai eu raison d'être heureuse ; comprenez bien cela, mon ami; ne venez jamais pour me faire plaisir, ni parce que vous croirez devoir venir ; venez quand vous voudrez venir. Songez, si vous êtes six mois sans me donner de vos nouvelles, combien je serai certaine, le jour qui vous ramènera près de moi, que vous avez réellement besoin de me voir.

« Ne vous contraignez pas. Comptez sur moi, mais ne vous imaginez pas que je compte sur vous. Je vous saurais, de la moindre gêne que je vous verrais vous imposer, plus mauvais gré que je ne le puis dire ; car cela m'enlèverait toute ma confiance.

» Une pensée peut-être se glissera dans votre esprit. Je vais y répondre à l'avance, car cette pensée pourrait vous engager à me tromper, en vous trompant vous-même.

» Je suis à vous, toute à vous. Tout ce que je pourrai jamais vous donner de bonheur sera un bonheur pour moi ; je me donnerai à vous comme je vous donnerai une autre femme, que vous aimerez plus tard, parce qu'elle sera plus belle ou plus spirituelle, ou tout simplement parce qu'elle sera *une autre*. . . . .

. . . . »

Lorsque Lucien partit, madame L*** fit bonne contenance ; elle lui donna une dieî ; elle lui dit adieu d'un visage riant. Elle le suivit des yeux, puis, s'enfermant, elle se jeta à genoux la tête dans les mains, et les mains sur son divan, et elle donna cours aux sanglots qu'elle retenait et amassait sur son cœur depuis que Lucien avait commencé à parler.

Puis elle se releva, resta quelque temps pensive, et se dit :

« Je ne suis pas encore telle que je veux qu'il me croie, mais je le deviendrai.

» Mon Dieu, dit-elle en joignant les mains, quelle est la femme aussi heureuse, aussi certainement heureuse que moi ? quelle est celle qui, comme moi, peut être sûre que son amant n'est pas resté une seconde de plus que l'amour l'y a retenu, et que l'amour l'y a retenu tout le temps qu'il y est resté ? »

Lucien revint le soir, puis le lendemain, puis le surlendemain. Le jour suivant, il dit à madame L*** :

— Je ne reviendrai pas ce soir, des affaires...

Madame L*** lui mit la main sur la bouche, et lui dit :

— Pas de raisons, pas de prétextes ; rappelez-vous nos conventions.

Plus tard, Lucien fut deux jours sans venir, puis un mois. Chaque fois qu'il venait, il se trouvait toujours attendu. Le jour, la nuit, tout était préparé pour le recevoir ; il était facile de voir que madame L*** n'avait pas, depuis son départ, donné accès à une seule pensée qui n'eût rapport à lui.

Une fois il fut quatre mois sans paraître.

Une nuit, madame L*** fut réveillée par un bruit de pas dans sa chambre : c'était Lucien. Depuis quatre mois, elle l'attendait chaque jour, à chaque instant ; elle avait cette coquette toilette de nuit d'une femme qui peut avoir besoin d'être belle.

Lucien était sombre et soucieux.

Il lui prit la main, et ne baisa pas cette main ainsi qu'il avait coutume.

— Adèle, lui dit-il, je suis triste, malheureux, désespéré ; je viens ici demeurer, blasphémer.

— Soyez le bienvenu, dit madame L*** ; voulez-vous souper ? Vous paraissez fatigué.

Et de la main elle lui montre un souper qu'elle lui préparait chaque soir, et qu'elle faisait enlever le lendemain sans murmurer.

Lucien fit signe qu'il ne voulait ni ne pouvait manger. Il paraissait embarrassé.

— Qu'avez-vous ? dit madame L***, avez-vous besoin d'argent ? j'en ai.

— Non, répondit Lucien.

— Je n'insiste pas, pas plus que vous hésiteriez ; ce serait vulgaire et indigne de nous. Rappelez-vous nos conventions, et parlez. Vous êtes amoureux ?

— Oui.

— On vous a trompé, ou on vous repousse.

— L'un et l'autre : on me repousse, après m'avoir laissé concevoir les espérances les mieux fondées.

— Cette femme vous aime, ou ne vous aime pas. Si elle vous aime, il suffit de la convaincre qu'elle est aimée, ou de la persuader, ce qui est plus facile et revient au moins au même, et elle vous aimera. Il n'y a donc pas sujet de vous désoler.

» Si elle ne vous aime pas, c'est une partie d'échecs à jouer, et avec mon aide vous la gagnerez. . . . .

. . . .

» Et, dit-elle en terminant, je vous promets que vous réussirez. »

Lucien était un peu ému de l'aspect de madame L***. Ils étaient seuls au milieu de la nuit et du silence.

— Mon ami, lui dit-elle, partez ! ne gâtez ni mon bonheur passé ni mon bonheur à venir.

Elle le repoussa doucement, et Lucien s'en alla.

— Comme il m'obéit ! dit-elle amèrement quand elle n'entendit plus le bruit de ses pas ; comme il s'empresse d'aller triompher par mes conseils !

— Mais, ajouta-t-elle, je veux être pour lui comme un ange protecteur ; je veux que tout ce qui pourra lui arriver de bonheur lui vienne par moi ; je veux lui préparer la vie de telle sorte qu'elle ne lui offre que succès et joies.

— Allons, dit-elle, ne pleurons pas ! Heureuse femme que je suis d'avoir tant de bonheur à donner !... J'ajouterai ma part à la sienne. Oh ! merci, mon Dieu, de cette noble inspiration ! Et elle passa le reste de la nuit à s'oublier elle-même, à se faire un égoïsme d'un bonheur d'un autre, et d'un bonheur qui la déchirait.

Lucien fut encore assez longtemps sans retourner chez madame L***. Pendant ce temps, il serait difficile de dire par quelle épreuve elle passa ; son imagination lui faisait endurer de cruelles tortures. Souvent elle s'éveillait au milieu de la nuit, elle croyait Lucien, aux bras d'une rivale, s'enivrer du bonheur qu'elle-même lui avait préparé par ses conseils. Alors elle pleurait, elle s'accusait de dureté ; elle ne concevait pas comment il n'était pas touché de tout cet amour qu'elle avait pour lui. Puis elle finissait par songer que, défiante comme elle l'était, Lucien assidu, dévoué, ne lui eût pas donné autant de bonheur que Lucien ne venant que lorsque la fantaisie le prenait. Les moments où elle le voyait étaient courts et rares, mais quand ces moments arrivaient, elle pouvait se livrer sans hésitation, sans restriction, à la foi, qui est le plus grand charme de l'amour.

Vers le mois de mai, à l'époque où le chèvrefeuille et l'aubépine sont en fleurs, Lucien, fatigué, malade des plaisirs de l'hiver, arriva une nuit et annonça à Adèle qu'il resterait un mois près d'elle. Elle fut d'abord surprise, interdite, oppressée ; elle le regarda de ce regard profondément interrogatif, auquel on ne pourrait mentir.

Lucien lui répéta qu'il venait lui demander l'hospitalité pendant un mois.

Alors elle se livra à une joie d'enfant ; elle rit, elle pleura, elle couvrit de baisers les mains et les cheveux de son amant ; elle fit mille projets pour ce mois, pour lui rendre la maison agréable.

Le lendemain elle employa à examiner le jardin. Il contenait, cultivées avec un soin particulier, toutes les fleurs qu'aimait Lucien. C'est là, sous cette tonnelle de chèvrefeuille, qu'Adèle aimait à relire ses lettres. Sur ce banc de gazon, elle restait souvent, par les belles soirées, à écouter de loin le sourd bourdonnement que le vent apportait par bouffées. Peut-être est-ce le bruit de la ville, de la ville où est Lucien ; une partie de ce bruit est causée par la voiture qui le porte à quelques plaisirs. Puis elle regardait le ciel avec ses riches étoiles ; son âme s'élevait à une vague contemplation ; et elle trouvait la force de ne pas être jalouse ; de penser avec bonheur que Lucien était heureux. Elle se voyait elle-même comme un ange protecteur et elle faisait au ciel le serment de ne pas faiblir dans la tâche qu'elle s'était imposée.

Elle voulait que Lucien donnât à manger à ses pigeons, qu'il respirât ses premières roses.

Le troisième jour, le matin, Lucien trouva dans la petite cour un joli cheval sellé et bridé ; il avait été emprunté à l'excellent manège de Pellier et Baucher, et devait rester dans la maison aussi longtemps que Lucien.

Le soir, après dîner, un petit bateau offrait aux deux amants le plaisir de la promenade. Ils se laissaient dériver entre les saules, et une douce confiance ouvrait leur cœur. Adèle n'avait presque rien à dire ; une seule pensée l'occupait : c'était Lucien. Il y avait bien au fond de son cœur le souvenir de quelques heures de chagrin et de découragement, mais elle était résolue de ne pas les avouer à Lucien. Elle se plaisait à se faire raconter ses plaisirs, ses amours même ; elle voulait qu'il lui fît le portrait de ses heureuses rivales.

Un soir, comme le bateau s'était arrêté aux branches d'un vieux saule, le calme de la nuit n'était interrompu que par le léger bruissement de l'eau contre les obstacles qu'elle rencontrait ; une douce odeur de jeune feuillage embaumait l'air ; les étoiles scintillaient à travers le feuillage, sans nuire au mystère et à l'obscurité.

Adèle, la tête penchée sur la poitrine de Lucien, était si heureuse qu'elle multipliait ses questions sur les femmes qui l'avaient successivement occupé.

Semblable au naufragé, qui, jeté à la rive, se retourne et se plaît à regarder ces lames puissantes qui ont failli cent fois le briser contre les rochers, à écouter leur sinistre mugissement mêlé au sifflement aigu du vent en fureur.

— Parle-moi, dit-elle à Lucien, de celle que tu aimais quand tu vins me voir la dernière fois ; où est-elle ? l'aimes-tu encore ? était-elle jolie ?

— Je répondrai à deux questions par une seule réponse, reprit Lucien : Je ne sais plus où elle est.

Elle n'était pas peut-être d'une grande beauté, mais il y avait en elle, dans les moindres détails, une incroyable distinction : sa main était charmante, sa voix était d'une suavité que l'imagination n'attribue qu'aux anges ; ses cheveux, d'un beau blond-cendré, étaient plus fins et plus moelleux que la soie.

Il y eut ici un moment de silence.

Lucien, en parlant, avait passé la main dans les cheveux de madame L***, et ils étaient aussi d'un beau blond-cendré, ils étaient aussi plus fins et plus moelleux que la soie. Lucien fut frappé de ce rapport.

Madame L*** comprit ce qui préoccupait son amant, et elle sentit avec une joie indicible la main de Lucien qui continuait à caresser les ondes de ses beaux cheveux.

Lucien alors parla de rentrer ; il craignait qu'elle n'eût froid. Adèle ne répondit rien. Et le bateau remonta le courant, grâce aux efforts de Lucien. Adèle cependant était en proie à une délicieuse rêverie.

Soit entraînement naturel, soit coquetterie, elle se mit à chanter une mélodie simple et pénétrante. Sa voix, accentuée par l'émotion, vibrait au milieu du silence et de la nuit.

Lucien écoutait ; il retenait le mouvement de ses rames et jusqu'à son haleine.

Cependant trois semaines à peine s'était écoulées, que Lucien commença à paraître distrait, préoccupé.

Adèle le vit le matin monter à cheval, et il poussa sans y songer son cheval du côté de Paris.

Le soir même elle lui dit adieu, et le pria de partir.

Pendant longtemps, Adèle vécut du souvenir de son bonheur. Elle ne pouvait aller nulle part où Lucien n'eût été avec elle. Sous ces lilas, ils avaient lu ensemble ; sur cette mousse, ils avaient fait un frugal repas. C'est ce vieux saule qui un soir a arrêté le bateau ; cette fauvette, il l'a écoutée toute une matinée ; ce rosier est le premier qui ait fleuri, et il a porté la rose tout le jour.

Cependant elle cherchait un moyen de s'occuper de lui plus immédiatement. Pour Lucien, il s'empressa de retourner dans le monde. Il se fit présenter chez une famille anglaise, où commença pour lui une des phases les plus importantes de sa vie. Il y avait là une jolie personne nommée Sarah, douce et silencieuse personne, frêle, élancée, timide, qui s'empara entièrement de son imagination. Quelques amis lui firent entrevoir un mariage avec Sarah comme une chose possible, et surtout comme une chose fort avantageuse sous le point de vue de la fortune.

Lucien répondit tout haut :

— Ce n'est pas la fortune qui me décidera.

Il se dit tout bas à lui-même : — La fortune seule ne me déciderait pas. Et il fit faire la demande de Sarah à son père.

Lucien n'était pas riche, mais il avait un oncle dont on le croyait l'inévitable héritier.

Lucien seul savait très-bien qu'il n'avait rien à attendre de cet oncle, et voici pourquoi :

Le cher oncle, tout garçon qu'il était, avait une fille qu'il faisait élever mystérieusement à la campagne. Un jour il avait dit à Lucien :

— Tout le monde te regarde comme mon héritier ; eh bien ! il n'en est rien. J'ai une fille à laquelle je laisserai de mon bien tout ce dont je pourrai disposer.

Cependant, comme j'ai de l'amitié pour toi, j'ai songé à un moyen d'assurer ton bonheur. Tu épouseras ma fille, et vous aurez ma fortune à vous deux.

Or la fille était un peu contrefaite et d'une humeur fort peu avenante. Lucien fit une réponse évasive, et ne retourna plus chez son oncle.

Le père de Sarah répondit qu'il donnerait volontiers sa fille à Lucien, et il cherchera le moyen le plus convenable de mettre fin à ses jours. Le pistolet... le poison... le charbon... la rivière... avaient des avantages à peu près égaux, et il fut charmant créature n'avait de force intellectuelle que pour se renfermer dans quelques strictes observations de convenance et d'usage.

Lucien eût désiré la voir un peu plus émue, mais il se persuada facilement que la jolie Sarah s'animerait au souffle de l'amour, et qu'on aurait mauvaise grâce à se plaindre de cette douce innocence, de cette pudeur si craintive, qui ne réservait pas seulement à son heureux époux un premier amour, mais aussi les premières impressions et la primeur de la vie.

Après tout, ou avant tout, si vous l'aimez mieux, Sarah était fort jolie ; elle paraissait une vignette de Tony Johannot, si ce n'est que les vignettes de Tony ont plus de mouvement et d'animation.

Une chose cependant n'allait pas très-bien avec cette poétique figure ; Sarah, dans ses conversations avec Lucien, ne répondait à ses expressions d'amour, parfois un peu emphatiques, que par des projets relatifs au confortable de leur maison.... Elle précisait combien de pièces il fallait dans leur appartement ; elle s'occupait du choix des domestiques ; elle faisait faire le linge et donnait des ordres pour l'argenterie, etc.

Un soir, comme Lucien rentrait chez lui, son portier lui dit :

— Monsieur ne loge plus ici ; il demeure au numéro 15 dans la même rue ; voici la clef de son nouvel appartement, que l'on m'a chargé de lui remettre de la part de monsieur son oncle.

— Mais, dit Lucien, mes papiers... mes meubles ?

— Tout cela est transporté, et votre chambre de là-haut est déjà louée.

Lucien croyait rêver... Il alla au numéro 15, où on l'introduisit dans un appartement complet, meublé avec la plus grande élégance et le meilleur goût ; rien n'y manquait ; les choses utiles n'y étaient pas plus négligées que les choses d'agrément. On voyait que le soin de cet ameublement n'avait pas été confié entièrement à la routine du tapissier.

Lucien se coucha dans un excellent lit, où il ne dormit pas ; non qu'il se piquât de coucher sur la dure, mais, préoccupé à la fois de son mariage et des mystérieux bienfaits de son oncle, il avait incontestablement autant de droits à l'insomnie qu'un poëte qui cherche une rime rebelle ou une pensée fugitive.

Le lendemain matin il reçut une lettre d'Adèle ; la lettre ne contenait que ce peu de mots :

« Je vais faire un voyage de quelques mois. »

— Pauvre Adèle ! dit Lucien ; elle aura appris mon mariage.... Allons, allons, dit-il, n'admettons aucune idée triste ; c'est bien assez d'avoir des idées graves.

Il se mit à son nouveau secrétaire, trouva dans les tiroirs tout ce qu'il fallait pour écrire, et commença pour son oncle une lettre de remerciments.

Il avait déjà mis en haut du papier : « Mon cher oncle. »

Il s'aperçut qu'il était tard, et laissa sa lettre inachevée pour se rendre chez Sarah.

Sarah le reçut comme de coutume ; chaque jour approchait le moment de leur union sans qu'elle parût plus agitée ou plus expansive.

Elle se mit au piano et chanta d'une voix assez agréable, mais monotone et sans expression.

L'air qu'elle chantait était celui que, quelques mois auparavant, avait chanté Adèle sur la rivière.

Lucien ne put se défendre d'une sorte d'émotion ; il sortit.

Lucien trouva chez lui une riche corbeille ; ce qu'elle contenait était choisi avec une distinction parfaite. On n'avait pas oublié, dans le choix des couleurs, que Sarah était blonde.

Le jour des noces était fixé à trois semaines. Le lendemain, un homme d'affaires devait venir communiquer à Lucien les clauses du contrat.

Le soir il ne trouva pas Sarah au salon ; et plusieurs portes étant entr'ouvertes, il entra successivement dans plusieurs pièces et trouva Sarah dans sa chambre.

Elle devint rouge comme une cerise. C'était la seconde émotion que Lucien eût jamais surprise sur son visage.

La première avait été une émotion de confusion et d'impatience à propos d'une opinion que Lucien avait émise un peu légèrement, relativement à des confitures qu'elle avait pris plaisir à confectionner elle-même.

Elle seconde était une émotion un peu plus forte, mais elle avait à peu près les mêmes causes : un mélange de confusion et d'impatience.

Elle reprocha aigrement à Lucien la liberté qu'il avait prise d'entrer dans sa chambre. Lucien s'excusa du mieux qu'il put ; mais il y a cela de particulier dans la mauvaise humeur des femmes qu'il faut nécessairement qu'elle ait son cours ; les meilleurs arguments, les raisons les plus évidentes, les preuves les plus convaincantes ne font au cours que ce que les cailloux font au cours d'un ruisseau : le ruisseau murmure un peu plus fort et continue son chemin.

Lucien sortit. La mauvaise humeur est contagieuse ; il ne savait trop que faire ; il avait consacré son temps à la visite à Sarah, il songea à faire une visite à son oncle.

L'oncle le reçut froidement ; il n'était revenu que de la veille. Lucien manifesta sa reconnaissance par tout ce qu'il put imaginer, l'oncle reprit sèchement : — Ah çà, monsieur, êtes-vous fou ou un mauvais plaisant ? Croyez-vous que j'aie pris le moyen de vous combler de bienfaits, le moment où vous vous êtes montré désobéissant et ingrat ?

— Mais, dit Lucien.

— Mais, dit l'oncle, je ne vous ai rien donné et je ne vous donnerai rien ; je ne veux voir jamais ni la femme que vous prenez ni vous-même ; et je ne recevrai jamais pas de lettres de vous.

Lucien sortit.

Comme il rentrait chez lui son portier lui dit :

— Voici une lettre qu'a apportée le domestique de l'oncle de monsieur.

— Allons, pensa Lucien, que me veut encore ce vieillard obstiné ? si c'est un présent, je le refuse.

Il ouvrit la lettre ; c'était d'Adèle.

« Mon ami, lui disait-elle, mon voyage durera toute la belle saison : je serai enchantée que vous vouliez bien accepter pour un temps ma petite maison à la campagne. Croyez que je prends une part bien vive à tout ce qui vous arrive d'heureux ; j'espère que votre mariage sera de ce nombre. Ne me refusez pas, vous me causeriez un vif chagrin. »

Lucien redescendit.

— Comment, dit-il au portier, comment avez-vous cru que le porteur de cette lettre était le domestique de mon oncle ?

— Je l'ai bien reconnu, dit le portier, un grand brun avec un habit gris.

— Nullement, dit Lucien, le domestique de mon oncle est un petit vieillard et sa livrée est bleue.

— Je ferai observer à monsieur que monsieur son oncle aurait alors plusieurs domestiques ; car c'est bien celui-là qui a loué le logement qu'occupe monsieur, c'est lui qui a amené les meubles et a présidé à tous les arrangements.

Lucien resta immobile sur l'escalier. Une idée subite s'était emparée de son esprit :

« Ce domestique qui m'apporte une lettre d'Adèle est celui qui a loué le logement! Et mon oncle qui nie si formellement!... »

Il sortit, courut chez le portier de son ancien logement, et lui demanda des renseignements sur la personne qui avait fait son déménagement

— C'est, dit le portier, un grand homme brun, vêtu de gris.

Lucien resta quelque temps pensif.

— Et, ajouta-t-il, qui habite ma chambre?

— C'est une dame?

— Comment est-elle?

— Blonde, belle femme, fort avenante, et au moins aussi triste.

— Ce domestique vêtu de gris, ne vient-il jamais la voir?

— Une ou deux fois par jour.

Lucien rentra chez lui préoccupé et soucieux au dernier point. Le lendemain matin, arriva l'homme d'affaires du père de Sarah. Il était porteur d'une lettre et du projet de contrat.

Dans la lettre, son beau-père lui recommandait de tout préparer pour la cérémonie, de retenir des voitures, de prévenir à la mairie, à l'église, car Sarah était catholique.

Les clauses du contrat étaient ce que sont celles de tout *contrat de mariage* : des clauses de haine, de défiance, de restrictions perfides, de précautions injurieuses.

Quelques-unes surtout avaient pour but évident de maintenir Sarah dans une entière indépendance de son mari, et même de tenir celui-ci dans la dépendance de sa femme. . . . .

Lucien pria l'homme d'affaires de se charger d'une lettre pour le père de Sarah. Puis il alla à la mairie faire afficher ses bans. Il retint les voitures et fit tout préparer à l'église.

Quinze jours après, Lucien se réveilla plus heureux qu'il n'avait ja-

mais été de sa vie. Il prit un bain et s'habilla. On vint prendre ses ordres pour l'heure où devaient arriver les voitures. Il prit un cabriolet et sortit. Il alla à son ancien logement et y monta sans rien dire au portier. Il frappa.

Adèle ouvrit la porte elle-même.

Elle pâlit en le voyant. Puis elle s'assit pour ne pas tomber, et fit signe à Lucien de s'asseoir.

— Adèle, c'est aujourd'hui le jour de mes noces.

— Je le sais, dit madame L***.

— Je serai marié dans deux heures.

— Je le sais encore, j'irai à l'église, et personne ne priera avec plus de ferveur pour votre félicité.

— Adèle, dites-moi la vérité, vous voudriez en vain me la cacher : je sais tout. C'est vous qui avez loué et meublé le logement que j'occupe aujourd'hui; c'est vous qui m'avez envoyé un contrat de rentes au porteur; c'est vous qui m'avez fait remettre une riche corbeille.

Adèle baissa la tête.

— Vous êtes restée pauvre, continua Lucien, pour me faire riche et me donner les moyens d'épouser une autre femme.

— Je ne suis pas pauvre, dit Adèle à demi-voix; j'ai assuré l'existence de ma mère; j'ai gardé ma maison à la campagne et tout ce dont j'ai besoin.

Lucien ouvrit la porte et appela : un homme entre porteur de la corbeille destinée à Sarah.

— Adèle, dit Lucien, habillez-vous, car c'est vous que j'épouse, c'est vous qui serez ma femme dans deux heures. On nous attend à la mairie et à l'église.

Adèle tomba à genoux à demi morte.

— Habillez-vous, mon Adèle, reprit Lucien en la relevant et en la serrant sur sa poitrine, tout est prêt. J'ai trouvé à votre maison, et grâce à votre mère, qui est dans ma confidence, les papiers nécessaires. Nos bans ont été publiés : tout est prêt.

On entendit rouler une voiture. Une femme âgée monta; c'était la mère de madame L*** en grande parure; Adèle ne pouvait dire un seul mot. Sa mère l'habilla, tandis que Lucien allait donner quelques ordres. Elle avait eu soin de faire arranger à la taille de sa fille tout ce que celle-ci avait préparé pour Sarah. . . . .

Deux heures après, Lucien et Adèle étaient unis ; trois heures après, ils étaient seuls, renfermés ensemble dans la petite maison de campagne.

Paris. — Typ. Walder, rue de l'Abbaye, 22.

PARIS AGRANDI

NOUVEAU PLAN

DIVISÉ EN 20 ARRONDISSEMENTS

20 Cartes coloriées en 80 Quartiers — 1 Carte générale

DRESSÉES PAR DESBUISSONS

ON Y TROUVE :

LE DICTIONNAIRE COMPLET DES RUES DE PARIS
LE TABLEAU DES RUES PAR ARRONDISSEMENT — LES MONUMENTS PUBLICS — LES THÉATRES
LES MAIRIES ET JUSTICES DE PAIX — LES COMMISSAIRES DE POLICE, ETC.

LES LIGNES D'OMNIBUS, Parcours et Correspondances

ON PEUT :

Le mettre dans sa poche — Le tenir à la main — Le consulter en marchant sans le déplier.

———————————

L'extension de la Capitale a pour ainsi dire détruit et annulé d'un seul coup les anciennes histoires et les anciennes cartes de Paris. L'éditeur Georges Barba, qui se place à la tête de la maison de son père, a inauguré la continuation de ses importants travaux de librairie, par une édition nouvelle d'un livre justement estimé, le *Nouveau Paris* par E. de Labédollière, mais, à côté de cet ouvrage de luxe, qui trouve sa place dans toutes les bibliothèques, il fallait un livre du genre de celui que l'éditeur a si heureusement intitulé : *Plan de Paris agrandi*.

Depuis l'annexion qui a si considérablement accru l'étendue du territoire parisien, il a paru un grand nombre de plans de Paris ; mais, comme leurs devanciers, ils sont tous d'une telle dimension, qu'il est impossible de les consulter sans les étaler préalablement sur une table. C'est un grand embarras pour les étrangers, et nous comprenons sous cette dénomination, non-seulement les touristes qui nous viennent de tous les points du globe, mais encore nos compatriotes des départements ; il y a plus, l'ouvrage dont nous avons l'initiative manquait aux Parisiens eux-mêmes.

En effet, le *Plan de Paris agrandi* se compose des cartes des vingt arrondissements et des quatre-vingts quartiers, reliées par une carte d'ensemble qui permet d'embrasser d'un coup d'œil Paris et les communes annexées jusqu'à l'enceinte des fortifications.

Souvent, le voyageur, après avoir vainement examiné la carte qu'il avait déployée, la repoussait avec dépit, sans avoir pu y trouver telle ou telle rue vaguement indiquée. Grâce à la division adoptée par l'éditeur du *Plan de Paris agrandi*, un volume d'un format commode et portatif renferme une carte complète et détaillée de chaque arrondissement, où seront minutieusement indiqués les monuments, rues, places, carrefours et passages.

L'habile géographe Desbuissons a tracé la carte générale et les cartes particulières, qui sont coloriées avec le plus grand soin. Rien n'est omis dans ce compendium de la Capitale ; le texte le complète en donnant les renseignements les plus circonstanciés sur les arrondissements, les quatre-vingts quartiers qui en forment la subdivision, les édifices publics, les mairies, etc., etc.

Cette publication a pour elle le mérite de la nouveauté et d'une utilité incontestable. Celui qui visitera Paris pour la première fois, avec notre plan, ne pourra jamais s'égarer. Un dictionnaire général et des tables faites avec une scrupuleuse attention lui faciliteront les recherches ; quant aux habitants de Paris, négociants, industriels, propriétaires, magistrats, fonctionnaires publics, leurs relations se sont multipliées depuis l'annexion, et le *Plan de Paris agrandi* sera pour eux d'un usage constant.

Les cartes et le texte de ce plan ont pour base et pour point de départ les derniers changements accomplis. Ils tiennent note, par exemple, du déplacement de plusieurs théâtres, de l'ouverture des boulevards Malesherbes et du Prince Eugène, et d'autres transformations non moins essentielles. Cela seul suffirait pour justifier le droit que la publication nouvelle prétend avoir à la supériorité. Ajoutons toutefois que, malgré les sacrifices qu'elle a exigés, elle est d'un prix qui, en la mettant à la portée de tous, lui garantit un succès populaire.

LE PLAN DE PARIS A LA MAIN FORME UN VOLUME GRAND IN-18 JÉSUS, CONTENANT 21 CARTES COLORIÉES, TEXTE EN CARACTÈRES NEUFS, TIRÉS SUR PAPIER VÉLIN COLLÉ DE LA FABRIQUE DU MARAIS

Prix : 3 francs

Publié par GEORGES BARBA, Libraire-Éditeur, 7, rue Christine, Paris.

LA
FRANCE ILLUSTRÉE
GÉOGRAPHIE, HISTOIRE, ADMINISTRATION ET STATISTIQUE
PAR
V.-A. MALTE-BRUN
ACCOMPAGNÉE D'UN
NOUVEL ATLAS COLORIÉ
DRESSÉ PAR DÉPARTEMENTS
PAR A.-H. DUFOUR

108 CARTES GÉOGRAPHIQUES COLORIÉES dressées Par A.-H. DUFOUR.

117 LIVRAISONS DE TEXTE

349 VIGNETTES Gravées par J. BEST

On vend séparément, au choix des acquéreurs :

1° LA FRANCE, par ordre de souscriptions, 5 beaux volumes brochés, avec cartes........................ 45 »
2° — par ordre alphabétique, d° d° .... 45 »
3° — d° 2 volumes brochés, sans cartes.................. 23 »
4° L'ATLAS cartonné, contenant 105 cartes coloriées......................... 22 »
5° L'OUVRAGE COMPLET, relié en 2 beaux volumes, et un Atlas......................... 55 »

DÉPARTEMENTS

1re Série
1 CHER.......................... » 40
2 NORD.......................... » 40
3 SEINE-ET-MARNE................ » 40
4 LOIRET........................ » 40
5 PAS-DE-CALAIS................. » 40

2e Série
6, 7 RHONE, plan de Lyon........ » 80
8 DOUBS......................... » 40
9 BAS-RHIN...................... » 40
10 OISE......................... » 40

3e Série
11 HAUT-RHIN.................... » 40
12 INDRE-ET-LOIRE............... » 40
13, 14 SEINE INFÉRIEURE, pl. du Havre. » 80
15 CHARENTE-INFÉRIEURE.......... » 40

4e Série
16, 17, 18 SEINE-ET-OISE, plans de Versailles, Saint-Germain.......... 1 20
19 LOIRE-INFÉRIEURE............. » 40
20 INDRE........................ » 40

5e Série
21, 22 EURE, plan de Louviers... » 80
23 AISNE........................ » 40
24 NIÈVRE....................... » 40
25 AIN.......................... » 40

6e Série
26, 27 BOUCHES-DU-RHONE, plan de Marseille...................... » 80
28 CALVADOS..................... » 40
29 YONNE........................ » 40
30 CORSE........................ » 40

7e Série
31, 32 GIRONDE, plan de Bordeaux.. » 80
33 EURE-ET-LOIRE................ » 40
34 ORNE......................... » 40
35 ILLE-ET-VILAINE.............. » 40

8e Série
36 SAONE-ET-LOIRE............... » 40
37 LOT.......................... » 40
38 SOMME........................ » 40
39 MANCHE....................... » 40
40 DROME........................ » 40

9e Série
41 ISÈRE........................ » 40
42 CHARENTE..................... » 40
43 MORBIHAN..................... » 40
44 LOIR-ET-CHER................. » 40
45 ALLIER....................... » 40

10e Série
46 COTES-DU-NORD................ » 40
47 ARIÈGE....................... » 40
48 FINISTÈRE.................... » 40
49 HAUTES-ALPES................. » 40
50 BASSES-PYRÉNÉES.............. » 40

11e Série
51 MARNE........................ » 40
52 HAUTE-VIENNE................. » 40
53 TARN......................... » 40
54 AUBE......................... » 40
55 MAINE-ET-LOIRE............... » 40

12e Série
56 PYRÉNÉES-ORIENTALES.......... » 40
57 BASSES-ALPES................. » 40
58 AUDE......................... » 40
59 HAUTE-MARNE.................. » 40
60 DORDOGNE..................... » 40

13e Série
61, 62 COTE-D'OR, plan de Dijon... » 80
63 VAUCLUSE..................... » 40
64 ARDENNES..................... » 40
65 MAYENNE...................... » 40

14e Série
66 SARTHE....................... » 40
67 VIENNE....................... » 40
68 HÉRAULT...................... » 40
69 LOT-ET-GARONNE............... » 40
70 CREUSE....................... » 40

15e Série
71 HAUTE-LOIRE.................. » 40
72 GERS......................... » 40
73 VENDÉE....................... » 40
74 LANDES....................... » 40
75 DEUX-SÈVRES.................. » 40

16e Série
76 CORRÈZE...................... » 40
77, 78 HAUTE-GARONNE, pl. Toulouse. » 80
79 VAR.......................... D 40
80 JURA......................... » 40

17e Série
81 LOIRE........................ » 40
82 GARD......................... » 40
83 VOSGES....................... » 40
84 HAUTE-SAONE.................. » 40
85 ARDÈCHE...................... » 40

18e Série
86 TARN-ET-GARONNE.............. » 40
87 MEURTHE...................... » 40
88 LOZÈRE....................... » 40
89 HAUTES-PYRÉNÉES.............. » 40
90 CANTAL....................... » 40

19e Série
91 MOSELLE...................... » 40
92 PUY-DE-DOME.................. » 40
93 MEUSE........................ » 40
94 AVEYRON...................... » 40
95 COLONIES D'AMÉRIQUE.......... » 40

20e Série
96 COLONIES D'ASIE, D'AFRIQUE.... » 40
97 ALGÉRIE...................... » 40
98, 99, 100 SEINE, pl. Paris, environs. 2 00

21e Série
101 LA FRANCE, Géographie, Carte physique.................... » 40
102 LA FRANCE, Histoire, Carte des Provinces et Départements... » 40
103 LA FRANCE, Littérature, Cartes des communications........... » 40
104, 105 LA FRANCE, Industrie, Carte générale (double)......... » 80

PROVINCES

ALGÉRIE (Algérie)......................... » 40
ALSACE, Bas-Rhin, Haut-Rhin.............. » 80
ANGOUMOIS, Charente...................... » 40
ANJOU, Maine-et-Loire.................... » 40
ARTOIS, Pas-de-Calais.................... » 40
AUNIS, SAINTONGE, Charente-Inférieure.... » 40
AUVERGNE, Puy-de-Dôme, Cantal............ » 40
BÉARN, Basses-Pyrénées................... » 40
BERRY, Cher, Indre....................... » 40
BOURBONNAIS, Allier...................... » 40
BOURGOGNE, Côte-d'Or, Yonne, Saône-et-Loire, Ain.......................... 2 10
BRETAGNE, Ille-et-Vilaine, Côtes-du-Nord, Finistère, Morbihan, Loire-Inférieure. 2 10
CHAMPAGNE, Aube, Haute-Marne, Marne, Ardennes........................ 1 70
COLONIES FRANÇAISES, colonies d'Amérique, colonies d'Asie et d'Afrique..... » 80
COMTAT VENAISSIN, Vaucluse............... » 40
COMTÉ DE FOIX, Ariège.................... » 40
CORSE, Corse............................. » 40
DAUPHINÉ, Isère, Drôme, Hautes-Alpes,... 1 30
FLANDRE, Nord............................ » 40
FRANCHE-COMTÉ, Doubs, Jura, Hte-Saône 1 30
GASCOGNE, Landes, Gers, Hautes-Pyrénées 1 30
GUYENNE, Gironde, Lot, Dordogne, Aveyron, Tarn-et-Garonne, Lot-et-Garonne... 2 50
ILE-DE-FRANCE, Seine, Seine-et-Oise, Seine-et-Marne, Oise, Aisne......... 2 10
LANGUEDOC, Haute-Garonne, Tarn, Aude, Hérault, Gard, Lozère, Haute-Loire, Ardèche........................ 3 70
LIMOUSIN, Haute-Vienne, Corrèze.......... » 80
LORRAINE, Meurthe, Moselle, Meuse, Vosges 1 70
LYONNAIS, Rhône, Loire................... 1 30
MAINE ET PERCHE, Sarthe, Mayenne........ » 80
MARCHE, Creuse........................... » 40
NIVERNAIS, Nièvre........................ » 40
NORMANDIE, Seine-Inférieure, Eure, Calvados, Orne, Manche............ 2 10
ORLÉANAIS, Loiret, Eure-et-Loire, Loir-et-Cher............................ » 40
PICARDIE, Somme.......................... » 40
POITOU, Vienne, Vendée, Deux-Sèvres...... 1 30
PROVENCE, Bouches-du-Rhône, Var, Basses-Alpes........................ 1 70
ROUSSILLON, Pyrénées-Orientales.......... » 40
TOURAINE, Indre-et-Loire................. » 40

NOUVEAUX DÉPARTEMENTS ANNEXÉS
SAVOIE, HAUTE-SAVOIE, ALPES-MARITIMES pr. 20.

TABLE DE LA FRANCE ILLUSTRÉE
NOUVEAU DICTIONNAIRE DES COMMUNES DE L'EMPIRE FRANÇAIS
(incluant les nouveaux départements et les colonies — Prix : 8 fr.)

Paris. — Imprimerie Walder, rue Bonaparte, 44.

www.ingramcontent.com/pod-product-compliance
Lightning Source LLC
LaVergne TN
LVHW022116080426

835511LV00007B/857